给孩子的哲理

周国平 选编

中信出版集团 | 北京

图书在版编目（CIP）数据

给孩子的哲理/周国平选编.--北京：中信出版社，2019.12（2023.9重印）
ISBN 978-7-5217-1185-1

Ⅰ.①给… Ⅱ.①周… Ⅲ.①哲学–少儿读物 Ⅳ.①B-49

中国版本图书馆CIP数据核字（2019）第230155号

给孩子的哲理

选　编：周国平
出版发行：中信出版集团股份有限公司
（北京市朝阳区东三环北路 27 号嘉铭中心　邮编　100020）
承　印　者：北京联兴盛业印刷股份有限公司

开　本：889mm×1194mm　1/32	印　张：13.375	字　数：258千字
版　次：2019年12月第1版	印　次：2023年9月第8次印刷	
书　号：ISBN 978-7-5217-1185-1		
定　价：59.80元		

图书策划：活字文化

版权所有·侵权必究
如有印刷、装订问题，本公司负责调换。
服务热线：400-600-8099
投稿邮箱：author@citicpub.com

给孩子的哲理

目 录

编者的话

1 希腊早期哲学家 1
Thales/Pythagoras/Ksenophanes/Anaxagoras/Empedocles

泰勒斯：最困难之事和最容易之事 / 毕达哥拉斯：男人的配偶有神圣的名字 / 克塞诺芬尼：智慧高于体力 / 阿那克萨哥拉：哲学家的祖国是宇宙 / 恩培多克勒：灵魂是被神放逐的流浪者

2 赫拉克利特 11
Heraclitus

人不能两次踏进同一条河流 / 博学不能使人智慧 / 性格就是命运 / 幸福不在于肉体的快感 / 一个优秀的人抵得上一万人 / 自然喜欢躲藏起来 / 最美丽的猴子与人类相比也是丑陋的

3 德谟克利特 17
Democritus

幸福居于灵魂之中 / 节制使快乐增加 / 应该能享乐也能忍苦 / 道德是行为和意愿的统一 / 卓越的精神品质 / 智慧的生活态度 / 不要企图无所不知 / 教育创造第二本性 / 友谊的价值和有价值的友谊 / 人性现象 / 有灵性才美 / 真理隐藏在深渊中

4 苏格拉底 31
Socrates

我知道我一无所知 / 未经省察的人生没有价值 / 哲学就是预习死亡

5 Plato 柏拉图.................39

哲学家的天性是关注永恒 / 哲学的生长需要合适的土壤 / 哲学王的理想 / 智慧在于自知无知 / 快乐和活得好是两回事 / 智慧引领幸福 / 幸福在于美德 / 正确对待财富 / 人在任何情况下不可作恶 / 做自己的主人 / 错误的教育危害最大 / 爱情是上苍给人的最高恩赐 / 男女天性相同，权利平等

6 Aristotle 亚里士多德.................59

幸福是一切行为的目的 / 幸福是合于德性的活动 / 哲学思辨是最高幸福 / 幸福需要身体和外在的善为补充 / 快乐有品质的不同 / 运气的作用取决于素质 / 好的德性要靠实践 / 明智和智慧是两回事 / 伦理的德性是中庸 / 论友谊 / 家庭、亲情和爱情 / 自爱者才能爱人 / 人性现象

7 Epicurus 伊壁鸠鲁.................83

快乐是身体的无痛苦和灵魂的无烦恼 / 节制你的欲望 / 简单的生活方式 / 智者的品质 / 论道德和信仰 / 论友谊 / 论死亡

8 Cicero 西塞罗.................91

哲学是灵魂的医生 / 快乐不是终极目的 / 合乎人性的善 / 社会性是人的天性 / 人性和道德 / 道德现象 / 自然法是人类法律的依据 / 统治者的品格 / 论友谊 / 论死亡

9 Seneca 塞涅卡 111

心灵的宁静 / 贤哲的坚强 / 内在的宝藏 / 美德以自身为报偿 / 自由人以茅屋为居室 / 服从命运 / 承受不幸 / 苦难是美德的机会 / 忙人的生命何其短促 / 人生的智慧 / 人性现象 / 论恩惠和感恩 / 论愤怒 / 阅读经典和独立思考 / 论死亡

10 Epictetus 爱比克泰德 145

理性能力是人身上的神性 / 分清人可支配的和不可支配的 / 错误的判断导致痛苦 / 不受制于外部事物 / 满足于拥有比财富更有价值的东西 / 关心你的真正的自我 / 对自己的最大伤害是什么 / 生活的智慧

11 Aurelius 奥勒留 161

人的本性与宇宙本性相一致 / 保持心灵的宁静 / 一切取决于看法 / 做一个既正直又仁爱的人 / 宽容是正义的一部分 / 承受不幸 / 人性和修养 / 论死亡

12 Montaigne 蒙田 177

我知道什么 / 我研究我自己 / 以平凡的人性为楷模 / 理性对人的害处 / 人性的弱点 / 不要出租你自己 / 生活的艺术 / 听凭命运的安排 / 处世的智慧 / 控制你的情绪 / 良心是戴不上假面具的 / 给欲望设立禁区 / 世间百态 / 婚姻的利和弊 / 友谊是尽善尽美的交往 / 学习为了启迪心智 / 知识型的无知 / 论写作 / 论文风 / 论教育 / 论死亡

13 Bacon 培根 213
学术的落后 / 勇于创新 / 知识就是力量 / 方法照亮经验 / 人心的迷误 / 习惯的力量 / 论道德 / 论信仰 / 论处世 / 论人性 / 论人生

14 Hobbes 霍布斯 231
闲暇是哲学之母 / 欲望和激情的心理学 / 人性及其现象 / 世间情态 / 论法律 / 论信仰

15 Descartes 笛卡尔 245
为求真理而怀疑一切 / 把怀疑和行动分开 / 我思故我在 / 哲学思考的特性和价值 / 正确地运用才智 / 为何阅读和写作

16 Pascal 帕斯卡尔 259
人的全部尊严在于思想 / 信仰是人生最重要的事 / 信仰是赌博 / 感受到上帝的是人心而非理智 / 直觉比理智重要 / 精神现象 / 梦和醒难以区分 / 人性研究 / 正常的人性 / 人性的弱点 / 论自我 / 幸福在何处 / 论无聊 / 独处和交往 / 阅读和写作

17 Spinoza 斯宾诺莎 287
人类情绪的界说 / 遵循理性的指导而生活 / 如何用理性指导情感 / 用爱制服恨 / 做一个有精神力量的人 / 不可贪爱无常之物 / 德性本身就是幸福 / 人性和道德现象

18 Locke

洛克 303

思考和写作的快乐 / 不思考是常态 / 信仰和理性 / 知识的限度 / 信仰在于内心 / 论宗教宽容 / 法律与自由的关系 / 教育的重要性 / 道德教育 / 智力教育

19 Hume

休谟 325

向哲学家们宣战 / 哲学必须回到研究人性 / 温和的怀疑论 / 社会本能和利己本能 / 理性是情感的奴隶 / 适度的骄傲 / 虚荣和荣誉 / 爱和恨 / 两性之爱

20 Rousseau

卢梭 343

教育的主题是怎样做人 / 尊重儿童的天性 / 警惕书本知识 / 道德教育切忌说教和虚伪 / 幸福在于控制欲念和减少痛苦 / 让生命贴近自然 / 人生的道理 / 自爱和博爱 / 人性研究 / 良心是灵魂的声音 / 两性的互补 / 论女人 / 论爱情 / 论婚姻和家庭生活

21 Schopenhauer

叔本华 369

生存的痛苦和虚无 / 幸福主要源自人的内在 / 独处和交往 / 闲暇与无聊 / 理性地面对他人 / 论道德 / 个性指引人生 / 精神禀赋决定生活品质 / 论天才 / 智力活动的特点和规律 / 人性现象 / 虚荣和骄傲 / 荣誉和名声 / 年龄和岁月 / 论性爱

22 Mill

穆勒 397

个人自由的原则和社会干涉的界限 / 思想自由和讨论自由 / 个性的价值 / 人类面临个性泯灭的危险 / 防止多数的暴虐 / 限制政府的权力

编者的话

应北岛之约，我编选了这本《给孩子的哲理》。在我心目中，孩子都是哲学家，而在事实上，我从孩子口里听到的含有哲理的精彩的话，也的确比从大人口里听到的多得多。所以，编选的时候，我没有特别注意要照顾孩子的水平，因为我对孩子的理解力很有信心。同时，据我所见，好些大哲学家的文字本来就是通俗明白的，好像是在向一些聪明的孩子谈话，我只要把孩子们引到这些大师面前就可以了。因为同样的原因，这本书也是给聪明的大人读的。我说的聪明的大人，是指那些保持了孩子性情的人，他们一旦来到人类智慧的大海边，就会像孩子一样忘情地戏水和捡拾贝壳，从智慧中获得单纯的快乐。

由于篇幅的限制，我不得不对题材有所取舍。首先，我把本书的内容定位于西方哲学，不涉及中国哲学，中国传统哲学是另一套思想系统，而且其文献基本是文言文，不宜放在同一本书里。其次，对于西方哲学，我只从古典哲学家的著作里摘取内容，不涉及现代哲学家。本书的重点是人生哲理，而在我看来，在西方哲学中，关于人生的道理，最重要的话都已经被古希腊古罗马和近代的哲学家说出，后人说不出多少新东西了。最后，我还是不能不顾及文风，有的哲学家非常重要，比如康德，但文字过于艰涩，就只好舍弃。

尽管如此，西方古典哲学著作仍是汗牛充栋，我费了很大的工夫斟酌挑拣。我先整理了一个百余万字的文本，把我觉得精辟的语句尽量收全，然后一遍遍筛选，最后才精简成了现在这个近十八万字的文本。作为一本小书，篇幅还是有点大，但我实在舍不得进一步删减了。我相信，读完了以后，你们一定会觉得，花时间读这十几万字是值得的。

人活在世上，自幼及长，从生到死，会面临许多问题，其中有一些是共同的、重大的、根本性的问题。比如，人生有没有意义，什么是幸福，怎样做人处世，如何面对死亡，等等。哲学家的特点是，心灵敏感，头脑认真，因此对这一类问题想得格外多而且深入。编选这本书的过程，我觉得好像在逐一拜访西方两千年里那些最智慧的头脑，倾听他们的嘉言隽语。现在，这本书就像是一个沙龙，我请他们聚集一堂，对人生问题发表各自的高论。你们将发现，对于同一个问题，他们也许会有共通的认识，但也常会有很不同乃至相反的见解。看一群高智商的人时而灵犀相通，所见略同，时而针锋相对，观点迥异，岂非人生乐事？当然，在这个沙龙里，你们不只是旁听者，我希望智者的讨论会激起你们同样的求真热情，从而在人生的道路上做一个自觉的思考者和践行者。

本书的文字从已有的中译本摘取，每章末尾注明了主要资料来源。在编选时，我对少量译文稍许做了改动，包括三种情形。其一，译文比较冗长，或夹杂了其他论点，在不损害原义的前提下，我做了精简，省略了一些文字。其二，摘取的译文语境不明，我根据上下文加上了点明语境的文字。其三，译本的年代比较早，译文用的语词不合今天的规范，我就改为今天通用的语词。

周国平
2019年2月5日农历年初一

希腊早期哲学家

Thales
Pythagoras
Ksenophanes
Anaxagoras
Empedocles

3　泰勒斯：最困难之事和最容易之事
4　毕达哥拉斯：男人的配偶有神圣的名字
5　克塞诺芬尼：智慧高于体力
7　阿那克萨哥拉：哲学家的祖国是宇宙
8　恩培多克勒：灵魂是被神放逐的流浪者

泰勒斯：
最困难之事和最容易之事

泰勒斯（Thales），鼎盛年约公元前585年前后，古希腊最早的哲学家，伊奥尼亚地区米利都人。在世时以天文学成就闻名，被尊为天文学之父，希腊七贤之一。后世因为他提出"水是万物的本原"命题，公认他是欧洲历史上第一个哲学家。下面仅摘取他论人生的三段精彩语录。

- 什么是最困难之事？
  ——认识自己。
  什么是最容易之事？
  ——给别人提建议。
- 多言不表明有才智。
- 幸福的人就是有健康的身体、智慧的头脑、温良的天性的人。

毕达哥拉斯：
男人的配偶有神圣的名字

毕达哥拉斯（Pythagoras），约公元前582—约前500年，古希腊早期哲学家、数学家、天文学家，发现勾股定理。意大利萨摩斯人，在克罗顿建立宗教团体，治理城邦，死于民众的暴动。据传他最早用philosophia（爱智，哲学）这个词，并自称philosopher（爱智者，哲学家）。在哲学上，他认为数是世界的本体，建立了哲学史上第一个唯心主义体系。他的学派从公元前6世纪末持续存在至公元3世纪，达八百年之久。下面摘取的三段语录，前两段是对女性的崇高评价，他可称为西方历史上第一位女性主义者，第三段是他对哲学家（爱智者）的定位。

- 女人天然地比男人虔诚。
- 男人的配偶有神圣的名字，先后叫处女、新娘、母亲。
- 赴奥林匹克运动会的有三种人，最低等的来做买卖，次等的来竞赛，最高等的只是来观看。生活中同样如此，分别是爱利者、爱名者和爱智者。

克塞诺芬尼：
智慧高于体力

KSENOPHANES

克塞诺芬尼（Ksenophanes），约公元前565—约前473年，古希腊早期哲学家。生前是游吟诗人，生活贫困，漂泊终生。作为哲学家，他被归属于爱利亚学派。在他的著作残篇中，我选取两个内容，一是对神话的人神同形说的批判，二是对奥林匹克运动会重视体力甚于重视智慧的批判，他是最早提出这两种批判的哲学家。

1. 批判人神同形说

凡人以为诸神是诞生出来的，穿着衣服，并且有同他们一样的容貌和声音。

埃塞俄比亚人说他们的神的皮肤是黑的，鼻子是扁的；色雷斯人说他们的神是蓝眼睛、红头发的。

假如牛、马和狮子有手，并且能够像人一样用手作画和塑像，它们就会各自照着自己的模样，马画出和塑出马形的神像，狮子画出和塑出狮形的神像。

2. 智慧高于体力

如果一个人在奥林匹克运动会中得胜，这个人便会在公民们眼中充满荣誉，会在竞技场上赢得显赫的地位，会被邀参加城邦的盛筵，得到珍贵的奖品。然而，重视体力甚于重视智慧是不公正的,因为纵然在人们中有一位优秀的拳击手,或者有人在五项竞赛或角力中获得冠军,可是城邦却并不因此而治理得更好。

在人们中间,要赞美那个饮酒之后仍然清醒、心里仍然不忘记美德的人。

阿那克萨哥拉：

哲学家的祖国是宇宙

ANAXAGORAS

阿那克萨哥拉（Anaxagoras），约公元前500—约前428年，古希腊早期哲学家。希腊殖民城邦克拉佐美尼人，出身高贵富有，放弃祖产，潜心研究自然。把哲学引入雅典第一人，政治家伯里克利的老师。因为他的自然哲学学说，被雅典民众控诉不敬神，缺席判处死刑。此后在米利都人殖民地兰萨库斯定居，执教授徒，备受尊敬。在哲学上，他被归入唯物主义路线，但他重视心灵在宇宙生成中的作用，下面所摘第一段话受到哲学史家们的高度评价。第二段话引自第欧根尼·拉尔修《名哲言行录》中他的传记，表达了哲学家以宇宙为祖国的胸怀。

+ 万物混合，有心灵出，赋予它们以秩序。
+ 问：你生出来为了什么？
  答：为了研究太阳、月亮和天空。
  问：难道你不关心你的祖国吗？（指着天空）
  答：我非常关心我的祖国。

恩培多克勒：
灵魂是被神放逐的流浪者

EMPEDOCLES

恩培多克勒（Empedocles），约公元前495—约前435年，希腊早期哲学家。意大利西西里岛阿克拉加斯人，经常身穿紫袍，腰束金带，脚着青铜拖鞋，浓密头发上戴一顶德尔斐月桂花环，表情庄严，一群男童侍立左右，如此出现在公共场所，向信众布道。南意大利医派奠基人，其特点是医术与巫术相混合。阿克拉加斯城邦民主派领袖，率众推翻僭主政权，建立民主制。剧作家，剧本皆失传，亚里士多德称他为修辞学的创立者。在哲学上，他认为火、土、气、水四元素是万物的本原，因此被归入唯物主义路线。但是，他的学说实际上有浓厚的神秘主义色彩，主张灵魂轮回，人生是苦，并且以先知自居，其使命是帮助人们净化灵魂，解脱痛苦。

1. 论灵魂和先知

我从前生为男孩和女孩，灌木和鸟，一条跃出海面的哑鱼。

灵魂是寄居在身体里的，它有别的来源，是被神放逐的流浪者。

他们作为先知、诗人、医生和王子，来到这世俗的人中间。

我现在也是一个被众神放逐的流浪者。

从那光荣之乡，从那至高的福境，我堕落在这大地，徘徊在芸芸众生之中。

牢记在你沉默的心中。

2. 论人类的无知

人的感官是迟钝的，遭遇许多灾难又使人的精神迟钝。他们只看见自己生活的一小部分，便离开生命，结束了短促的一生，像青烟一样没入空中。所以每个人都只相信自己在各方面的迷途中所碰到的东西，便以为自己发现了全体。

3. 论人间的苦难

一个没有欢乐的地方，那里有残杀、愤怒和那些命运女神，使人枯萎的瘟疫、灾害和死亡，黑暗之中，游荡在命定的牧场。

可怜可悲的有死的人类啊，你们从倾轧和呻吟的东西中生成。

■ **主要资料来源**
《古希腊罗马哲学》，北京大学哲学系外国哲学史教研室编译，生活·读书·新知三联书店，1957。
《古希腊哲学》，苗力田主编，中国人民大学出版社，1989。
《名哲言行录》，(古希腊)拉尔修著；马永翔译，吉林人民出版社，2003。

2

赫拉克利特

人不能两次踏进同一条河流
博学不能使人智慧
性格就是命运
幸福不在于肉体的快感
一个优秀的人抵得上一万人
自然喜欢躲藏起来
最美丽的猴子与人类相比也是丑陋的

HERACLITUS

赫拉克利特（Heraclitus），约公元前540—约前480年，古希腊哲学家。伊奥尼亚地区爱非斯人，出身于城邦奠基人之王族，把王位让给弟弟。生性孤傲，与全爱非斯人决裂，隐居于阿耳忒弥斯神庙近旁，后躲进深山，以草根树皮为食，患水肿病而死。在西方哲学史上，他以辩证法思想著称，主张世界没有一个不变的本质。下面摘取的第一节文字，即表达了他这个方面的思想。后面的几节，分别表达了他对人性、人生、信仰、审美的看法，其中贯穿了一种愤世嫉俗、痛恨平庸之辈的立场。在他生前，他的文字就以晦涩著称，因此得到了一个"晦涩哲人"的称号。实际上他的文字极其简洁有力，后人赞美他是世界文学中风格最有力的作家之一。

人不能两次踏进同一条河流

+ 这个世界对一切存在物都是同一的,它既不是神也不是人所创造的,它过去、现在、将来永远是一团永恒的活火,按一定的尺度燃烧,按一定的尺度熄灭。
+ 人不能两次踏进同一条河流。
+ 我们踏进又不踏进同一条河流,我们存在又不存在。
+ 时间是一个玩骰子的孩子,孩子掌握着王权。
+ 太阳每天都是新的。
+ 疾病使健康舒服,坏使好舒服,饿使饱舒服,疲劳使休息舒服。
+ 在变化中得到休息;服侍同一个主人是疲劳的。

博学不能使人智慧

+ 博学不能使人智慧。
+ 人人都有认识自己和健全思想的能力。
+ 思想是最大的优点。智慧就在于说出真理,并且按照自然行事,听自然的话。
+ 眼睛和耳朵对于人们是坏的见证,如果他们有粗鄙的灵魂的话。
+ 如果没有理解,即使他们听见了,也像聋了一样。关于他们有谚语为证:人虽在场却不在场。
+ 眼睛是比耳朵更可靠的见证。

性格就是命运

- 我寻找过我自己。
- 人的性格就是他的命运。
- 获得好名誉的捷径是做好人。
- 教养是有教养的人的第二个太阳。
- 不要对重要的事情过早下判断。
- 掩盖自己的无知要比公开表露好些。

幸福不在于肉体的快感

- 如果幸福在于肉体的快感,那么就应当说,牛找到草料吃的时候是幸福的。
- 驴子宁愿要草料不要黄金。
- 猪在污泥中取乐。
- 如果一个人所有的愿望都得到了满足,对于这个人是不好的。

一个优秀的人抵得上一万人

- 一个人如果是最优秀的人,在我看来就抵得上一万人。
- 多数人对自己所遇到的事情不假思索,即使受到教训后也不明白,虽然自以为明白。

- 人们既不懂得怎样听,也不懂得怎样说。
- 他们相信街头卖唱的人,以庸众为师。因为他们不知道多数人是坏的,只有少数人是好的。
- 浅薄的人听了无论什么话都大惊小怪。
- 狗咬它不认识的人。

自然喜欢躲藏起来

- 祭神分为两种。一种是内心完全净化的人所奉行的,偶尔在一个人或少数几个人那里出现。另一种是物质的祭祀。
- 他们向神像祷告,正如同向房子说话一样,因为他们并不知道什么是神和英雄。
- 颂扬使神和人俯首帖耳。
- 自然喜欢躲藏起来。
- 那个在德尔斐庙里发布谶语的大神既不挑明,也不遮掩,而只是用隐喻暗示。
- 人们在清醒时拥有一个共同的世界,在睡梦中人人各有自己的世界。
- 灵魂的边界是找不到的,即使你走尽了每一条大路也找不到。灵魂的根源是那么深。
- 死亡是我们醒时所见的一切,睡眠是我们梦中所见的一切。
- 人们死后所要遭遇到的事,并不是人们所期待的,也不是人们所想象的。
+ 凡是在地上爬行的东西,都被神的鞭子赶到牧场上去。

最美丽的猴子与人类相比也是丑陋的

+ 看不见的和谐比看得见的和谐更好。
+ 最美丽的猴子与人类相比也是丑陋的。
+ 最美丽的世界也像是一个草草堆积起来的垃圾堆。
+ 在神眼里一切都是美、善、公正的,在人眼里才有公正和不公正的区分。
+ 所有人类的法律都凭借那唯一的神的法律而存在。

■ 主要资料来源
《古希腊罗马哲学》,北京大学哲学系外国哲学史教研室编译,生活·读书·新知三联书店,1957。
《古希腊哲学》,苗力田主编,中国人民大学出版社,1989。

德谟克利特 3

幸福居于灵魂之中
节制使快乐增加
应该能享乐也能忍苦
道德是行为和意愿的统一
卓越的精神品质
智慧的生活态度
不要企图无所不知
教育创造第二本性
友谊的价值和有价值的友谊
人性现象
有灵性才美
真理隐藏在深渊中

DEMOCRITUS

德谟克利特（Democritus），约公元前460—约前370年，古希腊哲学家。米利都地区阿布德拉人，先后游历世界各地，在埃及向祭司学几何学，在波斯结识星相家，在印度和苦修者交往。到过雅典，但在那里默默无闻。他的哲学学说以原子论著称，他和他的老师留基伯是最早提出物质由基本粒子构成的人。他的人生哲学充满乐观主义精神，西塞罗、贺拉斯称其为"欢笑的哲人"。写有大量著作，卷帙之多，内容之广，同时代无人可比，但均遗失。作为残篇留存下来的道德格言，其真伪存疑，尽管如此，仍值得重视，其中充满了对人生的真知灼见。本章的语录，除最后一节外，皆摘自道德格言，内容十分丰富，涉及幸福、道德、人性、智慧、教育、友谊等话题。在西方哲学史上，伊壁鸠鲁被视为快乐主义学派的创始人，而伊壁鸠鲁最崇拜的哲学家就是德谟克利特，终身奉为自己的导师。事实上，在这些道德格言中，已经包含了快乐主义学派的基本思想。

幸福居于灵魂之中

- 生活的目的是灵魂的安宁,这和某些人由于误解而与它混同起来的快乐并不是一回事。由于这种安宁,灵魂平静地、安泰地生活着,不为任何恐惧、迷信或其他情感所扰。这种状态叫作幸福。
- 凡期望灵魂的善的人,是追求某种神圣的东西,而寻求肉体快乐的人则只有一种容易幻灭的好处。
- 给人幸福的不是身体上的好处,也不是财富,而是正直和谨慎。
- 心灵应该习惯于在自身中汲取快乐。
- 幸福和不幸居于灵魂之中。
- 幸福不在于占有畜群,也不在于占有黄金,它的居处是在我们灵魂之中。
- 人们比留意身体更多地留意他们的灵魂,是适宜的,因为完善的灵魂可以改善坏的身体,至于身强力壮而不伴随着理性,则丝毫不能改善灵魂。

节制使快乐增加

- 凡想安宁地生活的人,就不应该担负很多的事,不论是私事或公事,也不应该担负超乎他的能力和本性的事。甚至当命运向他微笑并似乎要把他引向高处时,也还是小心为妙,不要去触动那超过他的能力的事。因为中等的财富比巨大的财富更可靠。
- 恰当的比例是对一切事物都好的，不论豪富或赤贫在我看来都不好。
- 对人最好的是在一种尽可能愉快的状态中生活，并且尽可能少受痛苦。如果他不听任欲望执着于那些容易破灭的财富上，这一点就能达到。
- 通过享乐上的有节制和生活的宁静淡泊才能得到快乐。赤贫和富豪惯于变换位置，并且引起灵魂中的大骚动。
- 动物只要求为它所必需的东西，反之，人则要求超过这个。
- 节制使快乐增加并使享受加强。
- 如果对财富的欲望没有餍足的限度，这就变得比极端的贫穷还更难堪。因为最强烈的欲望产生出最难当的需求。
- 为孩子们积累太多的财富，只是一种借口，用以自欺欺人地掩饰自己的贪欲。
- 凡为身体所需要的东西，是一切人都很容易接近的，毫无痛苦，也毫不费力。而那些要很辛苦很困难地获得，并且使生活不快的东西，则不是身体所想要的，而是错误的判断所想要的。
- 穷和富是表示缺乏和充足的字眼。因此，凡缺少某种东西的人就不富，而不缺少什么的人就不穷。
- 如果你所欲不多，则很少的一点对你也就显得很多了，因为有节制的欲望使得贫穷也和富足一样有力量。
- 应该深切想到人生是变幻无常而且很短促的，它常为许多不幸和困难所烦扰，因此应该仅安排一个中等的财富，并且把巨大的努力限制在严格必需的东西上。

+ 对一种特定对象的强烈欲望，使灵魂看不见其余的一切。

应该能享乐也能忍苦

+ 省吃俭用而忍饥挨饿，当然是件好事情，但在适当时机挥金如土，也同样是好事情。这就在于修养成熟的人来加以决断。
+ 一生没有宴饮，就像一条长路没有旅店一样。
+ 愚蠢的人永远向往着不在眼前的东西，却贬低眼前的东西，即使这些东西对他们比那些过去的东西更有好处。
+ 一个人不愁他所没有的东西，而享受他所有的东西，是明智的。
+ 应当拒绝一切无益的享乐。
+ 不应该追求一切种类的快乐，应该追求高尚的快乐。
+ 对不正当的获利的希望，是失利的开始。
+ 保持尊严地忍受贫穷，是贤智之士所固有的特性。

道德是行为和意愿的统一

+ 应该热心地致力于照道德行事，而不要空谈道德。
+ 言辞是行动的影子。
+ 一篇美好的言辞并不能抹杀一件坏的行为，而一件好的行为也不能为诽谤所玷污。

- 有很多人，虽然做了最可耻的事，却毫不在乎地说着最漂亮的话。
- 要留心，即使当你独自一人时，也不要说坏话或做坏事，而要学得在你自己面前比在别人面前更知耻。
- 不是由于惧怕，而是由于义务，应该不做有罪的事。
- 不做不义的事还不是善良的标志，应该甚至连不义的意向都没有。
- 认识好人和坏人，不仅是从他们的行为看，而且也要从他们的意愿看。
- 对可耻的行为的追悔是对生命的拯救。
- 行不义的人比遭受这不义行为的人更不幸。

卓越的精神品质

- 在不幸的处境中完成了义务，是比较伟大的。
- 平静地忍受一件由于疏忽而犯的过错，是灵魂伟大的一种标志。
- 好人毫不在乎坏人的责骂。
- 让别人来称赞比自己称赞好。
- 不要去讨好自己的邻人。
- 勇气减轻了命运的打击。
- 我们应该不仅把那对敌人取得胜利的人看作是勇敢的人，而且也把那对自己的欲望取得胜利的人看作是勇敢的人。有些人能治理城邦，但却是女人的奴隶。

- 和自己的心进行斗争是很难堪的,但这种胜利则标志着这是深思熟虑的人。
- 坦白是精神独立不倚的特征。
- 优秀的人是本性命定了来发号施令的。

智慧的生活态度

- 仅仅找到一个原因的解释,也胜于成为波斯人的王。
- 整个大地对贤智的人都是敞开着的,因为一个高尚的灵魂的祖国,就是这个宇宙。
- 人们捏造出了"碰巧"这个偶像,借以掩盖自己的轻率。碰巧造成的悖理的事情是很少的,一个心智敏锐的人能够把生活中大部分事物安排妥当。
- 命运是阔绰然而无常的,至于自然则自满自足。所以,自然总能以它较差却可靠的手段赢得伟大的希望。
- 愚蠢的人按照命运所提供的好处来安排生活,但认识这些好处的人则按照哲学所提供的好处来安排生活。
- 不要对一切人都以不信任的眼光看待,但要谨慎而坚定。
- 应该只在有心做更大的报答的条件下才接受恩赐。
- 很小的恩惠而施得及时,对受惠的人就有很大的价值。
- 尊重的表示,对那些富于高尚思想和有荣誉感的人有很大的力量。
- 自愿的辛苦,使我们能比较容易地忍受不自愿的辛苦。
- 连续不断地工作通过习惯而变得比较容易。

不要企图无所不知

+ 不要企图无所不知,否则你将一无所知。
+ 很多博学的人是并不聪明的。
+ 应该尽力于思想得很多而不是知道得很多。
+ 想把那自以为机灵的人引回到理性的路上来,是白费力气的。
+ 有很多人,并没有学过道理,却生活得很合理。
+ 只有天赋很好的人能够认识并热心追求美的事物。

教育创造第二本性

+ 本性和教育有某些方面相似:教育很可以改变一个人,但这样做了它就创造了一种第二本性。
+ 如果儿童让自己任意地不论去做什么而不去劳动,他们就既学不会文学,也学不会音乐,也学不会体育,也学不会那保证道德达到最高峰的礼仪。礼仪其实是这一切东西共同产生出来的。
+ 精神的教养,在幸运的人是用作装饰,而在不幸的人是用作庇护所。
+ 在青年中有聪明的人,而在老年中也有愚蠢的人;因为其实并不是时间,而是适当的教育和天然的禀赋教会人思想。
+ 父亲的智慧是对儿童最有效的诫命。

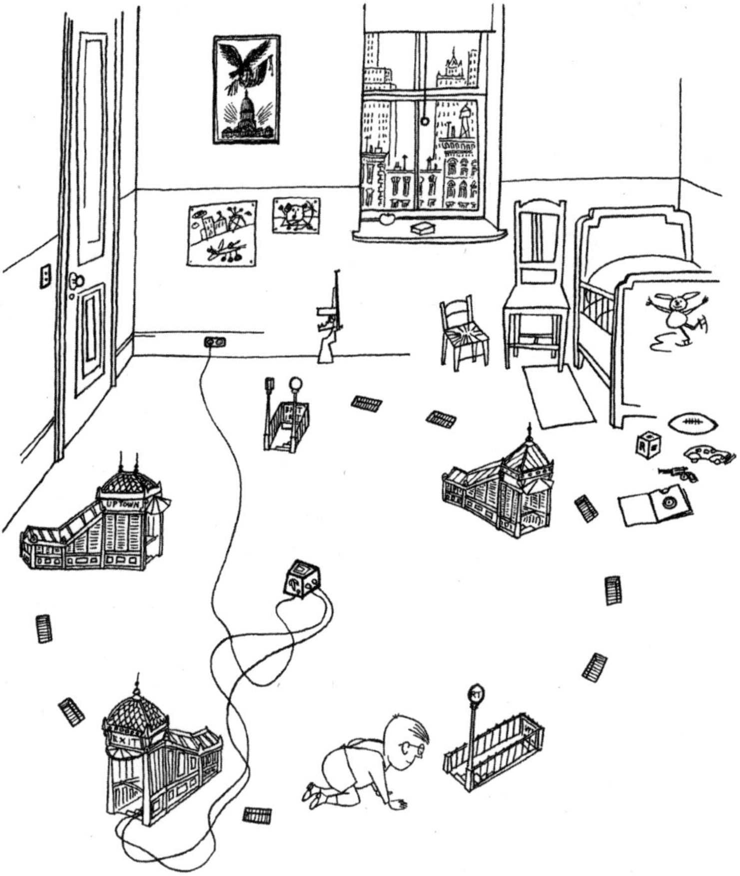
UPTOWN
EXIT

+ 儿童教育是一件充满不确定性的事。如果教育成功了，也是经过很大的努力和操心才能达到，而如果不成功，则此中所受到的烦恼是无与伦比的。

友谊的价值和有价值的友谊

+ 很多显得像朋友的人其实不是朋友，而很多是朋友的倒并不显得像朋友。
+ 单单一个有智慧的人的友谊，要比所有愚蠢的人的友谊还更有价值。
+ 连一个高尚朋友都没有的人，是不值得活着的。
+ 不能长久保持已证明可靠的朋友的人，他的性格是不可爱的。
+ 思想感情的一致产生友谊。
+ 不爱任何人的人，据我看也是不能为任何人所爱的。

人性现象

+ 人是一个小世界。
+ 不幸的经验使蠢汉变得谨慎起来。
+ 能使愚蠢的人学会一点东西的，并不是言辞，而是厄运。
+ 对于那些愚蠢的人，受命要比发号施令好。
+ 嫉妒的人常自寻烦恼，这是他自己的敌人。

- 亲人之间的嫌怨比与外人的嫌怨要难堪得多。
- 如果你打开你的内心，你将看到里面是一大堆各种各样坏的情绪。
- 喜欢吵架是不合理性的，因为尽盘算着敌人的失败，就看不见自己的利益了。
- 称赞那不应当称赞的和斥责那不应当斥责的，都是很容易的，但两者都显示一种坏的性格。
- 卑劣的人在有所需求时所做的誓言，一旦他们得以脱离窘境，就不加信守了。
- 犯错误总是难以避免的，但要人原谅自己的错误可不容易。
- 畏惧产生谄媚而丝毫不是产生善意。
- 大胆是行动的开始，但决定结果的则是命运。
- 逃避死亡的人是在追逐死亡。
- 当人碰到运气好，有个好女婿时，就是得了一个儿子，但如果碰到运气不好，那就外加把女儿也失掉了。
- 女人比男人更容易怀恨。
- 少说话对于女人是一种装饰，而装饰简朴在她也是一种美。
- 一个老人如果善于在言辞中把逗乐和严肃结合起来，是很可爱的。
- 身体的有力和美是青年的好处，至于智慧的美则是老年特有的财产。
- 在一种民主制度中受贫穷，也比在专制统治下享受所谓幸福好，正如自由比受奴役好一样。
- 其实，正如不应该称赞那把受人之托的财物还给别人的人，而应该谴责并处罚那不还的人一样，对于官吏也应该这样。因为把他选出来本来不是叫他来做坏事,而是叫他来做好事的。
+ 坏的公民愈达到他们所不配占据的崇高地位,他们就愈粗心大意和愈表现得愚蠢可笑、狂妄自大。

有灵性才美

+ 追求美而不亵渎美,这种爱是正当的。
+ 身体的美,若不与聪明才智相结合,是某种动物性的东西。
+ 那些偶像穿戴和装饰得看起来很华丽,但是,可惜!它们是没有心的。
+ 莫大的快乐来自对美的作品的瞻仰。
+ 一个诗人充满热情并在神圣的灵感之下所创作的一切诗句,当然是美的。

真理隐藏在深渊中

+ 有三种真理标准:现象是了解可见事物的标准;概念是研究的标准;情感是应当选择和应当逃避的标准。凡是合乎我们本性的是应当寻求的,凡是违反我们本性的是应当避免的。
+ 要认识任何事物的实在本性是不可能的。
+ 我们实际上丝毫不认识任何确实的东西,只认识那依照我们身体的结构以及进入其中的东西而变化的东西。
- 实际上我们丝毫不知道什么,因为真理隐藏在深渊中。
- 颜色是从俗约定的,甜是从俗约定的,苦是从俗约定的,实际上只有原子和虚空。
- 可怜的理性,在把你的论证给予我们之后,你又想打击我们!你的胜利就是你的失败。

主要资料来源

《古希腊罗马哲学》,北京大学哲学系外国哲学史教研室编译,生活·读书·新知三联书店,1957。

《古希腊哲学》,苗力田主编,中国人民大学出版社,1989。

苏格拉底

我知道我一无所知
未经省察的人生没有价值
哲学就是预习死亡

SOCRATES

苏格拉底（Socrates），公元前469—前399年，古希腊最伟大的哲学家。在苏格拉底之前，希腊哲学家热衷于探究宇宙问题，他是第一个把哲学从天上召唤到地上来的人，关注人的灵魂生活，致力于探究人生和道德问题。苏格拉底的哲学活动，基本上是在雅典街头与人谈话，揭露人们对灵魂中事情的无知，启迪人们思考人生的意义。由于这种活动，他被民众告上法庭，以不信神和败坏青年的罪名判处了死刑。作为雅典第一个土生土长的哲学家，他死于自己的同胞之手，这是哲学史上一个令人震惊也耐人寻味的重大事件。

苏格拉底不留文字，我们对他的思想的了解，主要来自他的学生柏拉图的著作。柏拉图的著作，大多是以苏格拉底为主角的对话，往往借苏格拉底之口表达柏拉图自己的思想。有三篇著作，即《申辩篇》《克里托篇》《斐多篇》，是记录苏格拉底从审判到服刑这一段最后日子里的言论的，比较可信，下面的摘录大多出自这三篇，少数出自其他篇章。语录共三节，表达了苏格拉底对哲学的看法，包括三个论点，即：哲学开始于自知无知，哲学的内容是思考人生，哲学的价值是预习死亡。

我知道我一无所知

- 我们两人都无任何知识值得自吹自擂,但他却认为他知道某些他不知道的事情,而我对自己的无知相当清楚。在这一点上,我似乎比他稍微聪明一点,因为我不认为自己知道那些我不知道的事情。
- 真正的智慧是神的财产,而我们人的智慧是很少的或是没有价值的,那个神谕无非是用来告诉我们这个真理的一种方式。在我看来,神并不是真的在说苏格拉底,而只是在以我的名字为例,他就好像在对我们说,你们人中间最聪明的是像苏格拉底一样明白自己的智慧实际上毫无价值的人。

未经省察的人生没有价值

- 真正重要的事情不是活着,而是活得好。
- 未经省察的人生没有价值。
- 神派我一生从事哲学活动,我却因怕死而擅离职守,这才荒谬。雅典人啊,我敬爱你们,可是我要服从神过于服从你们。只要我一息尚存,就决不放弃哲学。
- 只要我还有生命和能力,我将永不停止实践哲学,对你们进行规劝,向我遇到的每一个人阐明真理。我将以我通常的方式继续说,我的好朋友,你是一名雅典人。属于这个因其智慧和力量而著称于世的最伟大的城市。你只注意尽力获取金钱，以及名声和荣誉，而不注意或思考真理、理智和灵魂的完善，难道你不感到可耻吗？

+ 我把自己所有的时间都花在试探和劝导你们上，不论老少，使你们首要的、第一位的关注不是你们的身体或职业，而是你们灵魂的最高幸福。

+ 在我看来，神把我指派给这座城市，就是让我起一只虻子的作用，我整天飞来飞去，到处叮人，唤醒、劝导、指责你们中的每一个人。先生们，你们不容易找到另一个像我这样的人。

+ 如果你们怀疑神是否真的把我作为礼物派到这座城市里来，那么你们可以用这样的方式来使自己信服。你们可以想一想我的所作所为符合人的天性吗？放弃自己的私事，多年来蒙受抛弃家人的耻辱，自己忙于用所有时间为你们做事，像一名父亲或长兄那样来看望你们每个人，敦促你们对美德进行思考。如果我从中得到什么享受，或者如果我的良好建议是有报酬的，那么我的行为还会有其他一些解释，但是你们亲眼看到，尽管控告我的人厚颜无耻地说我犯有各种罪行，但有一件事他们不敢提出来控告我，这就是说我曾经勒索或收取报酬，因为他们没有任何证据。而我能为我的陈述的真实性提供证据，最令人信服的证据就是我的贫穷。

+ 我关心的不是处在分娩剧痛中的身体，而是灵魂。我的技艺最高明的地方就是通过各种考查，证明一位青年的思想产物是一个虚假的怪胎，还是包含生命和真理的直觉。就我本人不能产出智慧来说，我和产婆是一样的，人们对我的普遍责备是对的，说我只管向别人提问，但自己却由于没有智慧而不能做出任何回答。这里的原因就在于上苍强逼我接生，但禁止我生育。

+ 我的受审就像一名医生受到一名厨师的指控，而那个法官是一名儿童。如果那个厨师用这样的话来指控他，想一想在这样的情景下这个医生能做出什么样的辩护吧：儿童法官，这个家伙给你们带来了种种伤害，他用外科手术和烧灼术杀死你们中最年轻的，用饿肚子和窒息的方法迷惑你们，给你们吃苦药，迫使你们又饥又渴，而我却曾经给你们提供过大量的、各种各样的甜食。你认为在这样令人绝望的处境下，那个医生还能说什么呢？如果他说真话，噢，孩子啊，我所做的一切都是为了健康，你认为在这个时候，这样的法官会怎样喊叫？他难道不会大声喊叫吗？

+ 正义的真正斗士，如果想要活下来，哪怕是很短暂的时间，也一定要把自己限制在私人生活中，远离政治。

+ 逃脱死不难，逃脱罪恶难，罪恶追人比死快。我又老又钝，所以被跑得慢的追上，你们敏捷，所以被跑得快的追上。我们各受各的惩罚，理应如此。分手的时候到了，我去死，你们去活，谁的去路好，唯有神知道。

哲学就是预习死亡

+ 在我看来，一个真正把一生贡献给哲学的人，在临死前感到欢乐是很自然的，他会充满自信地认为当今生结束以后，自己在另一个世界能发现最伟大的幸福。普通民众似乎无法理解，那些以正确的方式真正献身于哲学的人，实际上就是在自愿地为死亡做准备。如果这样说是正确的，那么他们实际上终生都在期待死亡，因此，如果说他们在这种长期为之做准备和期盼的事真的到来时感到困惑，那么倒确实是荒谬的。

+ 哲学家并不关心他的身体，而是尽可能把注意力从他的身体引开，指向他的灵魂。
+ 事实上，哲学家的事业完全就在于使灵魂从身体中解脱和分离出来。
+ 怕死只是不聪明而以为自己聪明、不知道而自以为知道的另一种形式。没有人知道死亡对人来说是否真的是一种最大的幸福，但是人们害怕死亡，就好像他们可以肯定死亡是最大的邪恶一样。
+ 现在看来，要否定灵魂不朽是极端危险的。如果死亡是一种摆脱一切的解放，那么它对恶者来说是一种恩惠，因为借助死亡，他们不仅摆脱了身体，而且也摆脱了他们与灵魂在一起时犯下的罪恶，然而实际上，由于灵魂是不朽的，因此除了尽可能变得善良和聪明以外，它不能逃避恶而得到平安。灵魂在去另一个世界的时候什么都无法带去，能带去的只有它受到的教育和训练，这些东西，有人说过，在人死后灵魂开始启程去另一个世界的时候是极端重要的，会给刚刚死了肉体的灵魂带来帮助或伤害。

- 当然了，有理性的人一定不能坚持说我所描述的情景完全是事实。但是我的描述或其他类似的描述真的解释了我们的灵魂及其将来的居所。因为我们有清楚的证据表明灵魂是不朽的，我想这既是合理的意向，又是一种值得冒险的信仰，因为这种冒险是高尚的。我们应当使用这种解释来激励我们自己的信心，这就是我为什么要花那么长时间来讲这个故事的原因。
- 有一个办法可以使人免除所有对自己灵魂将来命运的担忧，这就是在生前抛弃肉体的快乐与装饰，对他的目的来说，这些东西带来的损害大于好处，献身于获得知识的快乐，以此使他的灵魂不是拥有借来的美，而是拥有它自身的美，使他的灵魂拥有自制、良善、勇敢、自由、真理，使他自己适宜旅行去另一个世界。

主要资料来源

《柏拉图全集》第一、二卷，（古希腊）柏拉图著，王晓朝译，人民出版社，2003。

5 柏拉图

- 哲学家的天性是关注永恒
- 哲学的生长需要合适的土壤
- 哲学王的理想
- 智慧在于自知无知
- 快乐和活得好是两回事
- 智慧引领幸福
- 幸福在于美德
- 正确对待财富
- 人在任何情况下不可作恶
- 做自己的主人
- 错误的教育危害最大
- 爱情是上苍给人的最高恩赐
- 男女天性相同,权利平等

PLATO

柏拉图（Plato），公元前 427—前 347 年，生于雅典，希腊大哲学家，西方哲学主流传统的奠基者，他建立的世界二分模式支配了西方哲学两千年之久。曾经是一个文学青年，二十岁时改变志向，成为苏格拉底的学生。苏格拉底被处死后，他离开雅典，去麦加拉、意大利、埃及等地游学。四十岁回到雅典，创立学园，自己担任园长，同时从事写作，直到八十岁去世。他的主要哲学学说是理念论，认为由抽象概念构成的理念世界是真实的世界，现象世界只是理念世界的模仿和影子。

本章仅摘取柏拉图论述哲学与人生的语录，可分为三个方面。一、论哲学和哲学家，包括：哲学家的天性是关注永恒；哲学的生长需要合适的土壤；哲学王的理想；智慧在于自知无知。二、论幸福和道德，包括：快乐和活得好是两回事；智慧引领幸福；幸福在于美德；正确对待财富；人在任何情况下不可作恶。三、论人性和教育，包括：做自己的主人；错误的教育危害最大；爱情是上苍给人的最高恩赐；男女天性相同，权利平等。

哲学家的天性是关注永恒

- 我们必须一致同意这是哲学家的天性方面的东西,他们永远酷爱那种能把永恒的本质揭示出来的知识,而不会在生成与死亡这两极动摇不定。
- 如果一个人不是冒牌的哲学家,而是一名真正的哲学家,那么当他的欲望被引向学习知识一类的事情上去时,我认为,他的灵魂会充满快乐,而对那些以肉体为工具的活动,他会无动于衷。
- 哲学家的灵魂一直在寻求一切人事和神事的整全,没有什么品质比思想狭隘与哲学家更加对立了。
- 那些真正关注永恒实在的人的心灵确实没有时间去关心凡人的琐事,也不会参与充满妒忌和仇恨的争斗。
- 哲学家在把别的快乐和他知道的永远献身研究真理的快乐相比较时,他会认为别的快乐远非真正的快乐。
- 相传泰勒斯在仰望星辰时不慎落入井中,受到一位机智伶俐的色雷斯女仆的嘲笑,说他渴望知道天上的事,但却看不到脚下的东西。任何人献身于哲学就得准备接受这样的嘲笑。他确实不知道他的邻居在干什么,甚至也不知道那位邻居是不是人;而对什么是人、什么力量和能力使人与其他生灵相区别这样一类问题,他会竭尽全力去弄懂。
- 这就是两种人。一种人是在自由和闲暇中培养出来的,是哲学家。如果他在做某些琐事时显得愚蠢或无能,比如不会铺床、不会烹调、不会说奉承话,那么可以得到原谅。另一种人做起这些伺候人的事来非常能干,但就是没有学会像一名贵族那样穿衣，或者掌握正确的说话语调，可以用来颂扬诸神和人的真正的幸福生活。
+ 这些人，我指真正的而非假冒的哲学家，周游列邦，高高在上地俯视人寰。由于世人的盲目，他们以各种形象显现。有人说他们不值一提，有人说他们高于一切；有时候他们披着政治家的伪装，有时候以智者的面目出现，还有些时候看上去就像疯子。

哲学的生长需要合适的土壤

+ 要是哲学家不能碰巧生活在一个适合他本性成长的国度里，那么他肯定不能做成任何大事。只有在一个合适的国家里，哲学家本人才能充分发展，进而保护他自己和公共利益。
+ 说哲学家中的最优秀者对于世人无用，这话是对的；但是同时也要说清楚，最优秀哲学家的无用，其责任不在哲学本身，而在别人不用哲学家。
+ 现有政治制度中有哪一个适合哲学呢？一个也没有，但我之所以要抱怨，乃是因为它们与哲学的本性不合。哲学的堕落和变质也正是由于这个缘故，就好像外来的种子播在异乡土地上，结果总是受当地水土的影响而退化变质，或者根本无法在当地生存。但若哲学能够找到像它自身一样最优秀的政治制度，那么显然可以看到哲学确实是神圣的，而其他技艺的本性和实践都只不过是人事而已。
+ 剩下来还配得上与哲学结合的人屈指可数。他们中有些人出身高贵而又受过良好教育，由于处在流放之中而没有受到腐蚀，因此他们仍旧在真正地从事哲学。或者也可能是一个伟大的灵魂出生在一个小镇上，他不屑于关注这个小地方的事务。还有很少一些人或许因为天赋优秀，脱离了他所应当藐视的其他技艺，改学了哲学。属于这个群体的极少数人已经尝到了拥有哲学的甜头和幸福，已经充分理解了民众的疯狂，看到在当前的政治事务中没有什么可以说是健全的或正确的，也没有人可以作为正义之士的盟友援助正义之士，使他们免于毁灭。极少数真正的哲学家就好像孤身一人落入猛兽群中，既不愿意参与作恶，又不能单枪匹马地抗拒所有人的野蛮行径，在这种情况下他一事无成，无法以任何方式为朋友或城邦做好事，在他能这样做之前就英年早逝。由于上述原因，哲学家都保持沉默，独善其身，就好像在狂风暴雨或风沙满天之时避于矮墙之下，目睹他人干尽不法之事，而他只求洁身自好，终生无过，最后怀着善良的愿望和美好的期待而心满意足地离世。

哲学王的理想

+ 除非哲学家成为我们这些国家的国王，或者那些我们现在称之为国王和统治者的人能够用严肃认真的态度去研究哲学，使政治权力与哲学理智结合起来，而把那些现在只搞政治而不研究哲学或者只研究哲学而不搞政治的碌碌无为之辈排斥出去，否则，我们的国家就永远不会得到安宁，全人类也不能免于灾难。

+ 只有在某种机遇下，那些被人们称为无用的极少数尚未腐败的哲学家被推上统治地位，出来掌管城邦，无论他们是否自愿，并使公民服从他们的时候，或者说，只有在神的激励下，那些当权者的儿子，或那些君主本人对哲学产生真正的热爱时，城邦、国家或个人才能达到完善。

+ 除了真正的哲学生活以外，你还能举出别的什么蔑视政治权力的生活方式吗？当然举不出来。我们就是要那些不爱权力的人掌权，否则就会出现热衷于权力的人之间的争斗。事实上，由最不热衷于权力的人来统治的城邦能够治理得最好、最稳定，而由相反类型的人来统治的城邦情况必定相反。

+ 事实上只有当你能够为你们将来的统治者找到一种更好的生活方式时，治理良好的城邦才有可能出现。因为只有在这样的国家里，统治者才是真正富有的，当然他们的富有不在于拥有黄金，而在于拥有幸福的生活，一种善的和智慧的生活。但若未来的统治者是一些乞丐和饿死鬼，一旦由他们来处理公务，他们想到的首先就是从中为自己捞取好处，在这种情况下国家要想治理好就不可能了。因为一旦职位和统治成了竞赛的奖品，那么这种自相残杀的争夺不仅毁了竞争者自己，也毁了国家。

+ 但若一个人自己不去担任公职和实施治理，那么对他最大的惩罚是让他受比他差的人管。在我看来，好人怕受到这种惩罚，所以勉强出来担当责任，他们这样做不是为了自己的荣华富贵，而是迫不得已，因为实在找不到比他们更好的或同样好的人来担当这个责任了。我们可以大胆地说，如果有一个城邦全是好人，那么大家都会争着不当官，就像现在人们争着要当官一样热烈。

智慧在于自知无知

+ 智慧就是关于我们知道什么和不知道什么的知识。
+ 如果有人笑话我们这把年纪还要去上学，那么我会引用荷马的话来回答："羞怯对于乞讨人不是好品格。"
+ 以为自己知道，而实际上并不知道，这是理智所犯全部错误的最大根源。这就是专门被称作愚蠢的那种无知。
+ 强者的无知是可怕的和可恨的，因为它会给周围的人带来灾难，即使在戏台上也是这样，但弱者的无知是可笑的，事实上亦如此。
+ 我们必须承认，心灵的疾病产生于理智的缺乏，而对理智来说有两种情况：一种是疯狂，另一种是无知。
+ 我们全都说，有的人是他自己的快乐或欲望的主人，有的人是他自己的快乐或欲望的奴隶，这种说法确实道出了真相。但我们从来没有听人这样说过，某些人是他自己的无知的主人，有些人是他自己的无知的奴隶。
+ 人的愚蠢情况更加复杂，它意味着愚蠢者不仅只受无知之苦，而且也受他本人的知识的欺骗，设定他自己知道所有他其实并不知道的事情。当这样的无知伴随着出众的能力或权力，立法者会视之为一种滔天大罪的源泉。
- 人类不断地想象自己做出了某些伟大的发明，以为只要知道使用它的恰当方式，无论什么样的奇迹都可以创造出来。就在这一点上，人们的想法可能已经误入歧途了。

快乐和活得好是两回事

- 真正重要的事情不是活着，而是活得好。
- 真正的人也许应当漠视能活多久这个问题，他不应当如此迷恋活命，而应当相信那些老妇人说的话，没有人能够逃脱他的命运，他应当把诸如此类的事留给神，而去考虑其他问题，一个人应当以什么方式度过他的一生才是最好的？
- 快乐不是第一位的，不是，即使所有牛和马，以及存在的每一个动物，依据它们对快乐的追求这样告诉我们，快乐也不是第一位的。当民众认定快乐对于我们的良好生活具有头等重要性的时候，他们是在以动物为理由，把动物的欲望设定为权威性的证据。
- 一个人在他身上有一对愚蠢的、相互争吵的顾问，它们的名字是快乐与痛苦。
- 快乐应当以善为目的，而不是善以快乐为目的。讨论的主题是人应当过什么样的生活。
- 有两个过程，分别旨在照料身体和灵魂，一个过程以身体的快乐为目的，另一个过程则以使灵魂成为最优秀的为目的。后一个过程不会沉迷于快乐,而会与之交战。
- 我们必须注意到,每个人都有一条所要遵循的主导原则。这样的原则有两种:一种是旨在追求快乐的天生的欲望;另一种是旨在追求至善的后天获得的判断力。这些内在的指导有时候是一致的,有时候是不一致的;有时候这个原则占据上风,有时候那个原则占据上风。当我们在判断力的理性指导下追求至善时,我们有了一种指导,称作节制;但当欲望拉着我们不合理地趋向快乐并统治我们时,这种统治的名称就是奢侈。

智慧引领幸福

- 把幸福全部或尽可能建立在自身基础上,而不是依赖他人或听凭命运摆布的人,是最能应付生活的。
- 除了有智慧的人而外,别的任何人的快乐都不是真实的纯净的,而只是快乐的一种影像。
- 那些没有智慧和美德经验的人,只知聚在一起寻欢作乐,终身往返于我们所比喻的中下两级之间,从未再向上攀登,看见和到达真正的最高一级境界,或为任何实在所满足,或体验到过任何可靠的纯粹的快乐。
- 最优秀的人是一个自己内部有神圣管理的人。
- 财富、健康、俊美是好东西,但一个人仅仅拥有它们而不加以使用,就不会因此而幸福。他还必须正确地使用,或者说,如果他错误地加以使用,结果也一样。正

- 确使用它们的向导是知识。
- 让我相信有智慧的人是富足的,至于财产,请让我拥有一个有节制的人可以承受和携带的也就可以了。
- 一般说来,这些非心灵事物之善取决于我们心灵的性格,而心灵本身的东西要成为善的,取决于智慧。
- 除了智慧是善、无知是恶以外,其他任何东西都无所谓善与恶。
- 所有其他所谓的"政治活动"——政治活动有许多,例如使民众普遍富裕和自由——这些东西自身都无所谓善恶,重要的是使民众聪明,使他们分享知识,因为知识对他们有益,使他们幸福。
- 各种快乐之中,灵魂中那个我们用以学习的部分的快乐是最真实的快乐,而这个部分在灵魂中占统治地位的那种人的生活也是最快乐的生活。
- 遇到不幸时尽可能保持冷静而不急躁诉苦,是最善的。因为,这类事情的好坏是不得而知的;不做克制也无补于事;人世生活中的事本也没有什么值得太重视的;何况悲痛也只能妨碍我们在这种情况下尽可能快地取得我们所需要的帮助。

幸福在于美德

- 无论你们有什么目标,都要凭借美德去实现,要知道没有美德,你们拥有的一切财富和追求的东西都是可耻的，罪恶的。
- 我把那些高尚、善良的男男女女称作幸福的，把那些邪恶、卑贱的人称作不幸的。
- 正义和节制是幸福的保证，是一个人应当终身追求的目标。
- 他们已经从神明处得到了金银，藏于心灵深处，他们更不需要人世间的金银了。他们不应该让它同世俗的金银混杂在一起而受到玷污；因为世俗的金银是罪恶之源，心灵深处的金银是纯洁无瑕的至宝。
- 我们必须深信，一个正义的人无论陷入贫困、疾病，还是遭到别的什么不幸，最后都将证明，所有这些不幸对他都是好事。因为一个愿意并且热切地追求正义的人，在人力所及的范围内实践神一般的美德，这样的人是神一定永远不会忽视的。
- 如果一个人享有终生的健康、财富、绝对的权力——如果你乐意，我还要加上罕见的力气，长生不死，与一切所谓的恶无缘——但只要他是不正义的，内心是傲慢的，那么这样的人生是可悲的，而不是幸福的。
- 一切知识如果离开了正义和美德，都可以看作是一种欺诈而不是一种智慧。
- 当一个人耽于欲望，孜孜不倦地追求欲望的满足时，他的全部思想必定是有生灭的，为了能够实现他的目的，他必定是完全可朽的，因为他十分重视他的有生灭的部分。热忱地喜爱知识与真正智慧的人，使用理智多于使用身体其他部分的人，必定拥有不朽的、神圣的思想，要在人性所能分有的不朽性的范围内获得真理，他一定要完全不朽，因为他永远珍视神圣的力量，并使他身上的神性保持完美，他能得到至高无上的幸福。

正确对待财富

+ 有三样东西：灵魂、身体、金钱。你们要把灵魂的美德放在最荣耀的位置上；其次是身体的美德，然而要使之从属于灵魂的美德；把第三、最末一位的荣耀给金钱，使之成为身体和灵魂的奴仆。
+ 富裕确实是一切社会最真实的善和荣耀，但财富是为身体服务的，就好像身体本身是为灵魂服务的一样。由于财富对实现这些善来说只是一种手段，因此它必定在身体之善和灵魂之善的后面占据第三的位置。从这个学说中我们应当明白，人应当以幸福生活为目的，而不应以获得财富为目的，但以正确的方式获得财富并将财富置于自己的控制之下则是允许的。
+ 富裕导致奢侈和懒散，贫穷导致粗野和低劣。
+ 你们要知道，对有一丝一毫自尊的人来说，不是由于他自身的功绩，而是由于他祖先的功绩而受到赞扬，这是一种耻辱而不是光荣。父母的光荣对子女来说是一个美丽而珍贵的宝库，但若子女只是使用宝库中的财富和光荣，而自己却既无钱财又无名声，不能为他们自己的后代留下任何东西的话，那么这样的子女是卑劣的、可耻的。
+ 我决不承认富裕的人是真正幸福的人，除非他也是一个善人，但要说一位极为善良的人也应当极为富裕，那完全是不可能的。有人会问，这是为什么？我的回答是，这是因为以公正和不公正二者加在一起为本所获得的利润大于仅以公正为本所获得的利润的两倍，而一个既不愿体面地花费又不愿不正当地花费的人的开销少于一个准备在荣耀的目的上体面地花钱的人的开销的一半。因此，按相反方式行事的人绝不会变得比那赢得双倍利润的人更为富有，而他的花费也只有后者的一半。

人在任何情况下不可作恶

+ 人即使受到恶待也一定不能作恶。
+ 人无论受到什么样的挑衅，都不可对任何人作恶或伤害别人。
+ 有权力作恶的人仍能终生过正义的生活，是最值得赞扬的。
+ 我们应当十分警惕自己不要去作恶，这种警惕要胜过不去受恶。一个人首先要学习的就是如何做一个好人，无论是在公共的还是私人的生活中。
+ 正义属于最好的一种善，一个人要想快乐就必须爱正义，既由于它本身又由于它的后果。
+ 你难道没有注意到，有些人通常被认为是坏人，但却又非常精明能干？他们的灵魂渺小，但目光敏锐，能很快地察觉那些他感兴趣的事情，这就证明他们的灵魂虽然渺小，但视力并不迟钝，只不过他们的视力被迫服务于邪恶，所以他们的视力愈敏锐，做的坏事也就愈多。
- 他们不知道不公正会遭到什么惩罚，而这正是他们最应当关心的事。这种惩罚并非像他们所想象的那样是鞭笞和死亡，这些事情并非总是落在做错事的人身上，而是一种无法逃避的惩罚。事物不变的性质有两种类型：一种是神圣的幸福，另一种是不敬神的不幸。他们要支付的罚款就是要过后一种类型的生活。
- 没有人会如此不合理，胆小到仅仅害怕死亡这件事，只有作恶者才害怕死亡。带着一个犯下许多罪行的灵魂抵达另一个世界，这是一切罪恶中最坏的。

做自己的主人

- 人的灵魂里面有一个较好的部分和一个较坏的部分，而所谓做自己的主人，就是指较坏的部分受较好的部分控制。
- 正如城邦分成三个等级一样，每个人的心灵也可以分解为三个部分，就是理性、激情和欲望。在有些人的心灵里是理性统治着，在另一些人的心灵里却是激情或者欲望统治着，依情况不同而不同。正因为这个原因，所以我们说人的基本类型有三种：哲学家（或爱智者）、爱胜者和爱利者。
- 欲望占据着每个人的灵魂的大部分，欲望的本性是贪婪。理智和激情会监视欲望，这两样东西联合在一起，就能最有效地保卫整个灵魂和身体，一个出谋划策，另一个投入战斗。
- 看起来，正义的真相确实就是我们所描述的这样一种东西，它与外在的各司其职似乎关系不大，而主要涉及内在的各司其职，在其真正意义上，它只和人本身有关，只和个人自己的事情有关。也就是说，一个人一定不能允许自己灵魂的各个部分相互干涉，做其他部分该做的事，而应当按照正义这个词的真实意义，安排好自己的事，首先要能够成为支配自己的人，能做到自身内部秩序良好，使灵魂的三个部分相互协调。
- 美德似乎是灵魂的一种健康、美好、有力的状态，而邪恶似乎是灵魂的一种有病、丑陋、虚弱的状态。

错误的教育危害最大

- 我们绝对不可以轻视教育的任何一个方面，因为教育是上苍赐给人类的最高幸福，最优秀的人所接受的恩赐最多。如果教育发生了错误的转向，我们都应当献出毕生精力来修正它。
- 教育乃是从小在学校里接受善，使之抱着热情而又坚定的信念去成为一个完善的公民，既懂得如何行使又懂得如何服从正义的统治。我认为，我们的论证会把这种训练与其他训练分开，把教育这个名称完全归于它；任何以财富、身体的力气以及其他与理智和正义无关的事物为宗旨的训练，都是粗俗的、不高雅的，完全不配称作教育。

- 教育实际上就是把儿童引导到由法律宣布为正确的规矩上来，其正确性为最优秀的人和最年长的人的共同一致的经验所证明。
- 我更加担心那些已经按照错误方式学习知识的学生。完全不熟悉某种学问绝不是一种危险或者不可克服的障碍，也不是最大的恶，更大的危害来自对一门学问有广泛深入的学习，但同时接受一种坏的训练。
- 我们不是同样可以说，天赋最好的人在受到坏的教育之后，就会变得比谁都坏吗？而一个天赋贫弱的人是绝不会做出任何大事的，无论好事还是坏事。
- 一般说来，一个人从小所受的教育已经决定了他今后会朝哪个方向发展，决定了他今后行为的性质。
- 用体育来训练身体，用音乐来陶冶灵魂。
- 教育实际上并不像有些人在他们的职业中所宣称的那个样子。他们声称自己能把真正的知识灌输到原先并不拥有知识的灵魂里去，就好像他们能把视力塞入盲人的眼睛似的。
- 请不要强迫孩子们学习，而要用做游戏的方法。你可以在游戏中更好地了解每个孩子的天性。
- 学习没有终结，只要生命在延续，就要努力学习，没有任何灵魂会把学习视为累赘。

爱情是上苍给人的最高恩赐

- 爱是最古老的神，是诸神中最光荣的神，是人类一切善行和幸福的赐予者。

+ 我们不要害怕迷狂,不要被那种论证吓倒,认为神志清醒就一定比充满激情好。这种论证要想说服我们就还得证明另一点,这就是爱情并不是上苍为了爱者和被爱者双方的利益而恩赐的。我们要证明的正好相反,这种迷狂是诸神的馈赠,是上苍给人的最高恩赐。

+ 一切行为就其本身来说并无好坏之分。行为的方式正确,做得好,那么这个行为就是好的,但若做得不好,那么这个行为就是坏的。这个道理也适用于爱,因为值得敬重的或高尚的并不是爱这个行为本身,而只有在爱神的推动下,我们高尚地去爱,这个时候爱才是值得敬重的或者是高尚的。

+ 雅典的法律规定,过分迅速地接受情人是不道德的,在此之前应当有一段时间间隔,人们一般认为这是最有效的考验。第二条规定是,出于金钱或政治上的考虑,或者害怕受到威胁而委身于人是不道德的,简言之,年轻人在各种好处的诱惑下接受爱情是不道德的。

+ 我们每个人都只是半个人,我们每个人都一直在寻求与自己相合的那一半。男人作为切开的阴阳人的一半当然就会受到女人的吸引,而作为切开的阴阳人的一半的女人也一样,也会追求男人。凡是由原始女人切开而来的女人对男人则没有多大兴趣,只眷恋和自己同性的女人,这就是所谓女同性恋者。凡是由原始男人切开而来的男人是男人的追随者,从少年时代起就爱和男人交朋友。我们本来是完整的,而我们现在正在企盼和追随这种原初的完整性，这就是所谓的爱情。全体人类的幸福只有一条路，这就是实现爱情，通过找到自己的伴侣来医治我们被分割了的本性。

+ 爱的行为就是孕育美，既在身体中，又在灵魂中。
+ 我们每个人都有生育能力，既在身体方面，又在灵魂方面，我们长到一定年纪，我们的天性就会催促我们生育。丑不能加速这种生育，只有美能够。人的生育是神圣的，可朽的人具有不朽的性质，靠的就是生育，但它不能在不和谐的事物中实现。丑与神圣不能和谐，而美与神圣完全相配。所以在生育过程中，美是主宰交媾和分娩的女神。

男女天性相同，权利平等

+ 管理国家的工作没有一件由于只适合女人干而专门属于女人，也没有一件由于只适合男人干而专门属于男人。各种天赋才能同样分布于男女两性，女性可以做任何事情，男性也可以做任何事情，不过总的说来，女性比男性要弱一些。
+ 为了能够培养好的女卫士，我们的教育不能男女有别，尤其是因为他们的天性是一样的。
+ 你们要注意，我的法律在各方面也适用于女孩，女孩也应当接受与男孩一样的训练。在讲述我的理论时，我不想对骑马或体育训练有什么保留，视之为适宜男子而不适宜女子。事实上,我完全相信那个古代的故事,我确实也知道今天仍有成千上万的妇女生活在黑海周围,她们被称作萨玛提亚人,不仅精通骑术,而且弓箭娴熟,使用起各种武器来绝不亚于她们的丈夫,她们同样是有教养的。如果这样的事情是真的,那么我要说在我们世界的这个部分当前的做法极为愚蠢,因为在这里男人和女人并不联合起来以他们的全部精力从事相同的事业。事实上,在我们现有的各种城邦制度中,几乎每个城邦都可以发现自己只是半个城邦,而在探险和处理麻烦时它们要付出的代价是相同的。

+ 在教育问题上和在别的事情上一样,女性一定要和男性完全结合在一起。
+ 立法者应当彻底,不能半心半意,他一定不能在为男性立法之后,就把另一种性别的人当作放荡的奢侈生活的工具和取乐的对象,这样做的结果必然使整个社会的幸福生活只剩下一半。

主要资料来源
《柏拉图全集》第一至四卷,(古希腊)柏拉图著、王晓朝译,人民出版社,2003。

亚里士多德 6

- 幸福是一切行为的目的
- 幸福是合于德性的活动
- 哲学思辨是最高幸福
- 幸福需要身体和外在的善为补充
- 快乐有品质的不同
- 运气的作用取决于素质
- 好的德性要靠实践
- 明智和智慧是两回事
- 伦理的德性是中庸
- 论友谊
- 家庭、亲情和爱情
- 自爱者才能爱人
- 人性现象

ARISTOTLE

亚里士多德（Aristotle），公元前384—前322年，古希腊大哲学家，柏拉图的学生。他曾经担任亚力山大大帝少年时代的老师，共三年。从四十九岁开始，他在雅典创立自己的学园，主持十三年，直到受控告逃离雅典，不久后去世。因为他喜欢一边散步一边教学，他的学派被称为逍遥学派。关于他在哲学史上的地位，有两点比较重要。其一，他是古希腊哲学的集大成者，他的著作讨论了他之前几乎所有希腊哲学家的思想，并且对自己的老师柏拉图的思想进行了批判。其二，他是第一个用学者的方式从事哲学研究的人，建立了一个庞大的分门别类的学科体系。

本章的语录，主要摘自他的两部伦理学著作，即《尼各马科伦理学》和《大伦理学》（后者收在《亚里士多德全集》第八卷内）。亚里士多德是第一个系统探讨幸福和德性问题的哲学家，所摘取的语录主要围绕这两个主题，通过语录我们可以看到，在人生各种问题上，亚里士多德都有一种非常健全和通情达理的态度。

幸福是一切行为的目的

+ 幸福是我们所寻求的善,因为它是终极的和自足的,我们永远只是因为它本身而选择它,它是一切行为的目的。
+ 只有那种永远因自身而被选择,而绝不为他物的目的,才是绝对最后的。看起来,只有幸福才有资格称作绝对最后的,我们永远只是为了它本身而选取它,而绝不是因为其他别的什么。
+ 幸福显然是一种完满和荣耀的东西。其所以如此,由于它就是始点,是本原。正是为了它,所有的人才做其他事情。
+ 幸福是人最大的和最好的善,因为本性比人低级的其他生物无一享有幸福的称号。无论是马、鸟、鱼,还是在本性上部分有某种神圣性的其他存在物,都无幸福可言。
+ 没有一个人选择目的,而是选择达到目的的手段。我的意思是,例如,无人选择健康,而是选择为了健康的散步或静坐;无人选择幸福,而是选择为了幸福的挣钱或投机。
+ 但是关于幸福是由什么构成的问题,却是有争议的。大多数人和哲人们所提出的看法并不一样。普通人把幸福看作某种明显可见的东西,例如快乐、财富、荣誉等等。其中一些人说是这一种东西,另一些人则说是那一种东西。甚至同一个人也经常在不同的时候把不同的东西当作幸福。在生病的时候,他就把健康当作幸福;在贫穷的时候，他就把财富当作幸福。

幸福是合于德性的活动

+ 幸福生活就是合于德性的生活，幸福在于合于德性的现实活动中。
+ 幸福是在完美生活中德性的实现。
+ 幸福是善的灵魂的活动。
+ 幸福应该是符合完满德性的完满生命的活动。
+ 一切善都或者是外部的，或者是灵魂中的，其中，灵魂中的善更有价值，因为明智、德性和快乐均在灵魂中，一切人都把它们中的有些甚至全部认作目的。
+ 假定灵魂的效用是造成生命，那么，它的德性的效用就应该是好的生命。这就是完满的善，即幸福。
+ 人的善就是合乎德性而生成的、灵魂的现实活动。如若德性有多种，则须合乎那最美好、最完满的德性。而且在一生中都须合乎德性，正如一只燕子造不成春天，一个白昼的、一天的和短时间的德性，也不能给人带来幸福。
+ 必须从一生的最长时间中来判断一个人的幸福。一生坚持合于德性的现实活动，幸福便是持久而巩固的。
+ 德性也要按照对灵魂的区分加以规定。我们指出，其中一大类是理智的德性，另一大类是伦理的德性。智慧、理解以及明智都是理智德性，而大度与节制则是伦理德性。
- 按照柏拉图的观点,我们可以把灵魂视为三个部分。明智是理性部分的德性,温和与勇敢是激情部分的德性,节制和自制是欲望部分的德性,公正、慷慨和大方则是作为整体的灵魂的德性。愚笨是理性部分的恶,暴躁和怯懦是激情部分的恶,无节制和不自制是欲望部分的恶,不公正、吝啬和小气则是作为整体的灵魂的恶。
- 作为德性的本原和向导的,与其说是理性,还不如说是激情。因为首先必须有某种朝向美好的非理性的冲动产生出来,事实也的确如此,尔后才有理性的表态和裁决。因此,趋向德性的本原似乎更应是处于善的状态的激情,而不是理性。

哲学思辨是最高幸福

- 我们听说的自足性,最主要地应归于思辨活动。智慧的人和公正的人一样,在生活上都不能缺少必需品。但在这一切得到充分供应之后,公正的人还需要一个其公正行为的承受者和协同者。节制的人和勇敢的人以及其他的人,每种人也都是这样。只有智慧的人靠他自己就能够进行思辨,而且越是这样他的智慧就越高。只有这种活动才可以说是由于自身被爱。
- 思辨活动在自身之外别无目的追求,它有着本身固有的快乐,这种快乐还加强了这种活动。如若一个人能终生都这样生活，这就是人所能得到的完美幸福。这是一种高于人的生活，我们不是作为人，而是作为在我们之中的神过这种生活的。

- 如若理智对人来说是神性的，那么合于理智的生活相对于人的生活来说就是神性的生活。不要相信下面的话，什么作为人就要想人的事情，作为会死的东西就要想有关死的事情，而是要竭尽全力去争取不朽，在生活中去做合于自身中最高贵部分的事情。这一部分的体积虽小，但能量巨大，其尊荣远超过其余一切。这也许就是每个人的真正自我，因为它是主要的、最好的部分。

- 实践需要很多条件，而所行的事业越是伟大和高尚，所需要的外部条件也就越多。但一个思辨者除了他的思辨之外一无所需。

- 哲学以其纯净和经久而具有惊人的快乐。

- 思辨是最大的快乐，是至高无上的。如若我们能一刻享受到神所永久享到的至福，那就令人受宠若惊了。如若享受得多些，那就是更大的惊奇。

- 在各门科学中，那为着自身，为知识而求取的科学比那为后果而求取的科学，更加是智慧。

- 如若人们为了摆脱无知而进行哲学思考，那么，很显然他们是为了知而追求知识，并不以某种实用为目的。显然，我们追求它并不是为了其他效用，正如我们把一个为自己、并不为他人而存在的人称为自由人一样，在各种科学中唯有这种科学才是自由的，只有它才仅是为了自身而存在。

幸福需要身体和外在的善为补充

+ 善的事物可以分为三个部分，一部分称为外在的善，另两部分称为灵魂和身体的善。我们说，灵魂的善是主要的、最高的善。
+ 幸福是一种完美的现实活动。所以，给幸福还要增加上身体的善、外在的善、机遇的善，以免它的活动因对此的缺乏而受到阻碍。有的人说，只要一个人是善良的，即或贫困以至陷入灾难中，他都是幸福的，这种话，不论有意还是无意，都等于不说。
+ 看起来幸福也要以外在的善为补充。有许多事情需要使用手段，通过朋友、财富以及政治势力，才做得成功。其中有一些，如果缺少了就会损害人的尊荣，如高贵的出身、众多的子孙、英俊的相貌等等。若把一个丑陋、孤苦、出身微贱的人称作幸福的，那就与我们的幸福观念绝不相合了。尤其不能把那种子女及亲友都极其卑劣的人，或者虽有好的亲友却已经死去了的人称为幸福的。从以上可知，幸福是需要外在的幸运为其补充的。
+ 很显然财富不是我们所追求的善，它只是有用的东西，是以他物为目的的。
+ 财富是一些有用的东西，对有用的东西的使用，既可以好，也可以坏。
+ 有中等水平的财富，从事合于德性的活动，就是幸福生活。
+ 幸福存在于闲暇之中，我们是为了闲暇而忙碌，为了和平而战斗。

快乐有品质的不同

+ 快乐和痛苦贯穿于整个生命之中,对德性和幸福生活发生作用。
+ 快乐的种类不同,来自高尚的快乐有别于来自卑下的快乐。如若不是一个公正的人,就不能享受公正的快乐,正如不懂音乐就不能享受音乐的快乐一样。
+ 那些唤起具有健康本性的活动的事物,则是本性上就使人快乐的东西。
+ 不要快乐,或所要快乐少于应得快乐的人很少见,因为这种麻木不仁不合乎人的本性。即使其他动物,也要对食物加以辨别,喜欢这一些,而不喜欢另一些。如若有这样一种动物,它什么也不喜欢,对什么也不加区别,那么它就绝不是人。
+ 每一种活动都有其固有的快乐,它加强了活动。活动的高下决定了快乐的高下。与人的现实活动(例如思维)相连的快乐是人的快乐。
+ 快乐可使现实活动成为完美的,但它不是作为一种寓于其中的品质,而是像一种天生的伴随物,它使活动完美正如才华之于青春。
+ 人们有充分理由去追求快乐,因为它把生活变得完美,使它成为每个人都乐于选择的事情。至于我们到底是由于快乐而选择生活，还是为了生活去选择快乐，目前且不去管它。两者是紧密相连的，看来谁也不能把它们分开。没有现实活动，快乐就不得以生成，而唯有快乐，才能使一切现实活动变得完美。

+ 如果某人在做好事时是痛苦的，就不是善者。所以，德性不应伴随痛苦，而是伴随快乐。可见，快乐不仅不是障碍，而且还是对行为的刺激。一般而言，如果没有源出于它的快乐，德性就不可能存在。

+ 吃、喝的快乐源出于不足与过度，或由于不足的补充，或由于过度的减除；因此，它们被认为是生成的。不足与过度是痛苦。所以，凡在快乐生成的地方，也就有痛苦。但在视觉、听觉和嗅觉方面，并没有先在的痛苦；因为没有一个在视觉或嗅觉方面快乐的人先要承受痛苦。在思想方面也一样，人们可以快乐地沉思什么，并无先在的痛苦。所以，应有某种不是生成的快乐。

+ 去生活似乎主要地就是去感觉和去思维。生命自身就是善，就是使人快乐的。

+ 感觉到自己在生活，这本身就是快乐。

+ 在快乐中存在着过度，罪恶就在于对过度的追求，而并不是对必然快乐的追求。所有的人，都要以某种方式享受佳肴、美酒和性爱，问题在于是否以应有的方式。

+ 肉体的快乐具有医疗性。

+ 一个极大快乐的短时胜过平常快乐的多日，一年的高尚生活胜于多年的平庸时光，一次高尚伟大的行为胜于多次琐碎活动。

运气的作用取决于素质

+ 幸福的人将永远地，至少比其他人更多地合乎德性而行动，而静观。他能以适当的方式来对待机遇。这样的人能够平静地承受厄运，偶然的坏机遇不会使他失去幸福，但重大和多发的坏机遇就不然了。尽管在厄运中，高尚仍放射出光辉，因为人们所以能够心平气静地承受那多发和巨大的坏机遇，并不是由于感觉迟钝，而是由于他们的宽宏和心胸博大。
+ 一个勇敢的人，在危难中要奋力自卫，或高尚地死亡。但在毁灭性的灾难中，这两者都做不到。
+ 德性和幸运双全的人应得更大的荣誉。而那些只具有外在的善而缺少德性的人，不应该把自己估价过高。正确地说他们不是些自重的人。离开了德性这一切都不存在，那些仅持有外在的善的人，会变得傲慢无礼。因为缺少德性的人，很难恰如其分地对待那些侥幸得来的东西。
+ 由于必须加上机遇的善，有些人就把幸福和幸运看作是等同的。但实际并不如此。幸运的过度也会成为障碍，所以称之为幸运似乎是不公正的。幸运只应该被定义为与幸福相联系。
+ 人们为其奋斗并认为是最大的善的东西，如荣誉、财富、身体好、幸运和权利等，乃是自然的善，但由于某些人的品质，又可能对其有害。因为愚笨的、不公正的或无节制的人在使用它们时，是不会得到任何益处的，正如一位病人不会从健康人食用的食物中得到好处，一位体弱者和残疾人不会从健康者和强壮人的装束中得到好处一样。

好的德性要靠实践

+ 那些想学习高尚和公正的人，也就是学习政治事务的人，最好是从自己的习性或品格的良好训练开始，才可见到成效。始点或最初原理是一种在其充分显现后，就不再问它为什么的东西。而有了良好道德习性的人，也就已经具有或者很容易获得这种最初原理。
+ 德性和其他技术一样，是用了才有，而不是有了才用。
+ 品质是现实活动的产物，人必须对自己的品质负责。
+ 对德性仅仅知道是不够的，还要力求应用或者以某种办法使我们变得善良。
+ 想用理论来改变在性格上长期形成的习惯，是不可能的，或者是很困难的。
+ 有些人认为我们是由于本性而善良，另一些人则认为是由于习惯，再一些人却认为是由于教育。本性上的东西，自然而然，显然非人力所能及，而是由于神的判定而赋予那些实际上是幸运的人。而理论和教育，我想并不是对所有的人都有同样的效力。要通过习惯来培养学生们的灵魂，然后他们才能有高尚的爱好以及憎恶，正如土地须先开垦后播种一样。因为那些按照情感过生活的人,是不会同意和听从理论劝告的。那么,像这样一些人,怎样才能使他们改变呢?一般说来,情感是不能为语言之所动的,而只有靠强制。

+ 如果一个青年人不是在正确的法律下成长的话,很难把他培养成一个道德高尚的人。因为节制和艰苦的生活是不为多数人所喜欢的,特别是对青年人。所以要在法律的约束下进行哺育,在变成习惯之后,就不再痛苦了。

明智和智慧是两回事

+ 智慧关涉的是永恒而神圣的东西,明智关涉的则是对人而言起作用的东西。
+ 智慧是对涉及本性上最为高贵的事物的科学和理智而言的。正因为如此,所以,人们称阿那克萨哥拉和泰勒斯为有智慧的人,而不称为明智的人。人们看到,他们对自身得益之事并无所知,而他们所知道的东西都是罕见的、深奥的、困难的、非常人所能及的,但却没有实用价值。
+ 智慧是属于灵魂中的问题。
+ 所谓明智,也就是善于考虑对自身的善以及有益之事,不是对于部分的有益,如对于健康、对于强壮有益,而是对于整个生活有益。
+ 明智是否像有的人主张、有的人疑问的那样,支配灵魂中的一切呢?不。因为不应把它认作能支配比它更优越的东西,例如,它就不能支配智慧。它的地位或许有如家庭中的管家,因为管家规范一切,且安排一切,但不能因此而说他支配一切,相反,他是为主子赢得闲暇,以便主子不为必要的杂务所妨碍,能抽出身来从事某种美好而合适的工作。明智也与此类似,犹如智慧的一个管家,它通过压抑激情并使其井然有序来为智慧赢得闲暇,使它能进行自己的工作。

+ 明智在于深思熟虑,判断善恶以及生活中一切应选择或该避免的东西,很好地运用存在于我们之中的一切善的事物,正确地进行社会交往,洞察良机,机敏地使用言辞和行为,拥有一切有用的经验。

伦理的德性是中庸

+ 过度和不及都属于恶,中庸才是德性。
+ 过度和不及都想把中间推向另一端,例如怯懦者说勇敢者鲁莽,鲁莽者则说他怯懦。
+ 德性似乎是情感的某种中庸,所以,要想在道德方面获取好声誉的人必须在每种情感上保持中庸。因此,做有德行的人是不容易的;因为很难在每一场合中都把握住中庸。
+ 在追求德性的问题上,我们的差错出在自然的途径方面。因为差错既在不及中,又在过度中,而且,我们是由于快乐和痛苦而被移往其中的每一方面的。由于快乐,我们犯下恶行,由于痛苦,我们又放弃了善行。

- 一切道德的善恶都与快乐和痛苦的过度或不及有关。
- 节制是对快乐的放纵和冷漠之间的中庸。
- 在财物上的过度是挥霍,不及是吝啬。慷慨是挥霍与吝啬之间的中庸。挥霍之人是在不应当的事情上,在不应当的时候,耗费了比应当多得多的钱财。与此相反,吝啬之人则是在应当的事情上,在应当的时候,没有花他应当花的那笔钱财。慷慨之人是在应当的事情上,在应当的时候,以应当的数额花销的人。
- 那些本来卑鄙、丑恶,却以为自己价值很大,且认为自己该享荣誉的人,是自大的。那些以为自己的价值比实际适于他们的价值更小的人,则是自卑的。因此,处在他们中间的,是既不以为自己的荣誉价值比实际适于的更小,也不认为比实际价值更大,更不认为有一切荣誉价值的人。这种人就是自尊的。所以显然,自尊是自大和自卑之间的中庸。
- 义愤是妒忌和幸灾乐祸之间的中庸。义愤是某种痛苦,它是关于这种情形的:善碰巧属于了不值得享有善的人;同样,假如这种人看到某些人交了不该交的厄运,也感到痛苦。与此相反的是妒忌之人,因为他一概地对别人的好运感到痛苦,无论别人该不该交好运。与此同样,幸灾乐祸之人统统对别人的厄运兴高采烈,不管是对该当的人,还是对不该当的人。
- 庄重是自傲和顺从之间的中庸,它是关于交往方面的。自傲者是这样的人,他不与任何人交往或交谈。顺从者则是在一切场合,以一切方式,和一切人共处的人。

庄重之人是和值得相处的人，即和相同类型的那些人相处。
- 谦谨是无耻与羞怯之间的中庸，它是关于行为与言语方面的。谦谨之人既不像无耻之人那样，在一切场合谈论一切和去做一切，也不像羞怯之人，在任何场合，对任何人都畏畏缩缩，而是在应当的场合，在应当的时候，谈论和去做应当的事情。
- 文雅是滑稽与呆板之间的中庸，它是关于玩笑方面的。滑稽者是认为在一切问题上都可以开玩笑的人。呆板者则是不想开玩笑，或不想成为被玩笑对象的人，否则，他就会生气。文雅者处于二者的中间，无论是能高雅地开玩笑的人，还是能接受别人玩笑的人，都是文雅的。
- 处于怯懦与鲁莽中间状态的就是勇敢。
- 中庸与极端的反差更甚于极端之间彼此的反差，因为中庸并不生成于两个极端的汇集，而极端却经常出现在彼此的汇集中，有时候，同样的一些人既鲁莽又怯懦，在一些方面挥霍，在另一些方面吝啬，总之，是在坏的意义上的不一致。

论友谊

- 在外在的善中，朋友是最大的善。
- 直接的相似物彼此愉悦，人对人最快乐。
- 有三类友爱，即基于德性的、基于有用的和基于快乐的，这些又再被一分为二；因为一些基于平等，另一些基于优越。虽然两种情形都是友爱，但只有基于平等的人才彼此是朋友。

+ 既然友爱一词被区分为三层含义，那么，也就规定了，一类友爱是由于德性，另一类由于有用，再一类由于快乐。其中有用的那一类友爱无疑是大多数人所奉行的，由于快乐的友爱则是年轻人奉行的，只有基于德性的友谊才是最好的人奉行的。

+ 一个朋友之所以被爱，并非由于他是朋友，而是由于他或者能提供好处，或者能提供快乐。所以，这样的朋友很容易散伙，难于长久维持。

+ 抱怨和责备仅仅或主要基于利用的友谊存在，这是难免的。基于德性的朋友，都希望对方好（因为这是德性和友谊的标志），在互相钦佩的人之间，就不会有抱怨和争吵。

+ 当利益一致时，公民的这种友爱就是法律型的；当彼此信任对方的偿付时，就是想成为道德型的。因此，在这种友爱中，最常出现相互指责的情形，其原因是，它是反乎本性的；因为基于有用的友爱和基于德性的友爱不同，但这些人却企图把二者搅在一起，他们结合的目的是为了有用，但却要表现出是道德型的，像善良人的友爱那样，因此，装得彼此信任，形成不单是法律型的印象。

+ 善良的人之间的友谊是最高贵的。

+ 当我们自足时，比有所需求时能更好地做出判断，谁是值得交往的朋友。
- 喜爱似乎是一种情感，而友谊似乎是一种品质。
- 按照友谊一词的完整意义，一个人不能有许多朋友。正如爱情那样，因为爱情是一种过度，自然须一人独占。
- 不要没有朋友，也不要有过多朋友。
- 有许多朋友的人没有朋友。
- 善意看来是友好的，但并不是友情。因为对不相识的和无所知的人都可以有善意，友情则不能这样。但善意似乎是友谊的起点，如果没有善意，友谊就不能生成。
- 只有不是快速和轻易产生的东西才会造成判断的正确。如无信赖，也就不会有稳固的友爱，但若无时间，也就没有信赖，因为它必定靠时间来检验。
- 未经过时间检验的人还不是真正的朋友，而只是想成为朋友。作为友爱的这种状态最容易被忽略，因为当渴望有朋友时，由于彼此都给予一切友爱式的帮助，他们就以为，他们不是想成为朋友，而是实际上的朋友了。
- 在不幸中，有用的朋友更为必要；在幸运中，高尚的朋友更为必要。在不幸中，寻求朋友出于必需；在幸运中，寻求朋友出于高尚。
- 当然，交往的结果与开始订约时的期望不相符合，人们就要抱怨了。理由在于，所有的人，或者大多数人，所期望的是高尚，所选取的却是利益。施恩不望报是高尚的，但收到回报却是有利的。
- 在幸福中应该热情地去邀请朋友，因为做好事是高尚的，而在不幸中应尽可能不去麻烦他们，要尽可能地不让人分担自己的厄运。最好是在使朋友费力最小，而对自己效益最大的事情上，去请朋友帮忙。
+ 分离的时间太长了，友谊也就慢慢淡忘了。所以，诗人说："久别故人疏。"
+ 对朋友应该比对陌生人更为亲切些，我们应当记得在一起的那些过去的时光；即便是由于过度的恶感而分手，对他们也应该因过去的友谊而关心。

家庭、亲情和爱情

+ 丈夫和妻子间的爱似乎是自然所予的，与需要政治相比，人自然更需要配偶。因为家庭先于城邦并且更加必需，而繁殖后代为各种动物所共有。
+ 爱是某种活动，除了为了爱的活动外，没有其他目的，也即，"爱"本身就是目的。在某种意义上，父亲总是更主动地活动，因为儿子是他的某种创造物。我们看到，这种情形在其他方面也如此；因为一切人对自己的创造物都有某种亲缘感。所以，父亲对儿子有如对自己的创造物一样，有某种亲缘感，这种情感被追忆和期盼引导。因此，父亲爱儿子甚于儿子爱父亲。
+ 生育者把后代当作自身来爱，孩子是出于自身，而与自身相分离的自身。孩子爱双亲，则把他们当作自身的来源。
+ 爱就是愉悦，但被爱则不是；因为被爱不是被爱者的活动，爱则是爱者的活动，而且，爱只存在于生物中，被

爱还存在于非生物中，因为非生物也被爱。

- 视觉上的快乐是恋爱的起点，没有形象上的诱惑就不会有恋爱。不过，有时候有了形象上的快乐，也不见得会恋爱。而只有不在一处的时候就痛苦，总是见面的时候才快乐，这才是恋爱。
- 在不是基于直接的相互作用的各种友爱中，会出现许多彼此间的指责，而且，不容易看出公正。在情爱方面，就有这种情形发生，因为甲方追求乙方是为了与之共处的快乐，但乙方追求甲方有时则是为了有用，而且，当情爱停止时，一方变化了，另一方也变化，那时，他们就计算着用什么偿付什么。

自爱者才能爱人

- 有人把那些多占钱财、荣誉和肉体快乐的人称为自爱者。这些东西，也确为许多人所追求，被看作是至高存在而朝思暮想，因而你争我夺。多占这些东西的人都沉迷于欲望之中，沉迷于灵魂的非理性部分。大多数人是这类人，谴责这样的自爱者是公正的。然而，如若所向往的是做公正的事或者节制之类的德性，想使自己高尚而美好，这种人似乎是更大的自爱者，他分配给自己的全都是最美好的东西，他顺从自身的主宰，从不违拗。只有这样的人才是真正意义上的自爱者，完全不同于应受谴责的那一类人。

- 善良的人，应该是一个热爱自己的人，他做高尚的事情，帮助他人，同时也有利于自己。邪恶的人，就应该不是一个爱自己的人，他跟随着自己邪恶的感情，既伤害了自己，又伤害了他人。
- 一切与友谊相关的事物，都是从自身而推广到他人。一个人是他自己的最好的朋友，人所最爱的还是他自己。
- 每个人最先是他自己的朋友，而且，还把它用作判断他对其他朋友友爱的标准。
- 这种对自己的友爱只存在于好人中。因为只有在这种人中，灵魂的部分才彼此不冲突，处于良好状态。坏人不可能是自己的朋友，因为他总是和自己斗争。
- 善良人愿意与自己做伴，并且以此为乐。过去的回忆使他欣慰，未来的美好希望使他愉悦。思辨问题充溢着他的思想。他比谁都易于感受快乐和忧愁，他无时不在快乐和痛苦，而不是一会儿快乐，一会儿痛苦，因为他从不后悔。
- 那些邪恶之人总想与人结党成群，逃避他们自己。因为在与他们自己相处的时候，他们就会回忆起许多坏事，并且想到同样的未来。如若和别人在一起，他们就会忘记这些。由于并无可爱之处，所以他们也感受不到对自己的爱。
- 一个恶人，由于没有可爱之处，对自己并不会友好。既然这种情况是极其悲惨的，我们就应尽力避免邪恶，行为善良。这不但会使我们和自己友好，也能使我们和别人去做朋友。

亚里士多德

- 别人的生活和知识不能取代自己的生活和知识,自己感觉和认知的东西才合乎情理地更值得向往。

人性现象

- 有些人由于怯懦和懒惰,不去做那些他们认为对自身是最好的事情。
- 暴躁有三类,即易怒、尖刻和阴沉。暴躁的表现是不能容忍被轻视和挫伤,随时准备报复,易于因偶然的行为和言语而动气发怒。伴随着暴躁的有:性格易于激动,情绪变化无常,计较细枝末节,在小事上痛心疾首。
- 小气的表现是,对于荣誉和不荣誉、幸运和不幸的事情统统不能承受,相反,在荣誉时夸夸其谈,遇小财时扬扬得意,一旦碰到哪怕是最小的不荣誉之事,便经受不住,把任何偶遇的不幸视为了不得的大灾难,因而在一切方面都哀叹、烦恼。此外,这样的人也属于小气者之列:他们把一切忽视和轻蔑都说成是强暴和不光彩,甚至把由于不知道或遗忘而生出的轻视也看成如此。伴随小气的是偏狭、怨恨、悲观和自贱。
- 卑鄙者和邪恶者对每个人都不信任,原因在于,他按自己来度量别人。
- 如果一个人记得自己曾交过好运,他会比认为自己总是交厄运更苦恼。
- 野兽虽然令人害怕却并不邪恶,因为它并不具有可以被毁灭的最高贵部分，如人身上那样。没有始点和本原的坏事，其为害总是较小的。这个始点和本原就是理智。一个恶人所做的坏事要比一只野兽多一万倍。
+ 为什么我们喜欢和美貌的人在一起？——这是盲人才会提的问题。

主要资料来源
《亚里士多德全集 第8卷》，（古希腊）亚里士多德著，苗力田主编，中国人民大学出版社，1994。
《尼各马科伦理学》，（古希腊）亚里士多德著，苗力田译，中国社会科学出版社，1990。

伊壁鸠鲁 7

- 快乐是身体的无痛苦和灵魂的无烦恼
- 节制你的欲望
- 简单的生活方式
- 智者的品质
- 论道德和信仰
- 论友谊
- 论死亡

EPICURUS

伊壁鸠鲁（Epicurus），公元前341—前270年，古希腊哲学家，快乐主义学派的创始人。他一生主要做两件事，就是办学和写作。因为在一座花园里讲学，他的学派也被称作花园学派。他真正做到了有教无类，男女学生都收，学生中有奴隶，有妓女，他的朋友们都带着自己的孩子来听课，非常热闹。他和学生一起过着简朴的团体生活，这是一个充满友爱的团体。他写作超级勤奋，著作有三百部之多，超过以往任何一个哲学家，可惜全部遗失了，流传下来的只有一些片段和几封书信。

在历史上，伊壁鸠鲁的学说曾经遭到极大的误解，人们往往在快乐主义和纵欲之间画等号。事实上，他对快乐的看法非常理性，可以归纳为四点。一、快乐在本性上都是好的，但是，有的快乐会带来更大的痛苦，因此要理智地追求快乐。二、真正的快乐是身体的无痛苦和灵魂的无烦恼。三、精神的快乐高于肉体的快乐。四、节制欲望，过简单的生活。除此之外，关于人生、道德、友谊、死亡，他都有中肯的见解。

快乐是身体的无痛苦和灵魂的无烦恼

+ 身体的健康和灵魂的无烦恼是幸福生活的终极目的。
+ 当我们说快乐是目的的时候,我们说的不是那些花费无度或沉溺于感官享乐的人的快乐。那些对我们的看法无知、反对或恶意歪曲的人就是这么认为的。我们讲的是身体的无痛苦和灵魂的无烦恼。
+ 正是因为快乐是首要的好和天生的好,我们不选择所有的快乐,反而放弃许许多多的快乐,如果这些快乐会带来更多的痛苦的话。而且,我们认为有许多痛苦比快乐要好,尤其是当这些痛苦持续了长时间后带来更大快乐的时候。所有的快乐从本性上讲都是人的内在的好,但是并不是都值得选择。就像所有的痛苦都是坏的,但并不都是应当规避的。主要是要互相比较和权衡,看它们是否带来便利,由此决定它们的取舍。
+ 没有任何快乐本身是坏的,但是某些享乐的事会带来比快乐大许多倍的烦恼。
+ 因匮乏而产生的痛苦一旦消除,肉体的快乐便不再增加,只有形式的变化而已。
+ 精神的快乐高于肉体的快乐,精神的痛苦甚于肉体的痛苦。
+ 幸福和不朽的存在者自己不多事,也不给别人带去操劳,因此他不会感到愤怒和偏爱,所以这些情绪都是软弱者才有的。
+ 宁静无扰的灵魂既不扰乱自己也不扰乱别人。

节制你的欲望

- 在所有的欲望中，有的是自然的和必要的，有的是自然的但不是必要的，有的既不是自然的也不是必要的，而是由于虚幻的意见产生的。
- 自然的和必要的欲望是去除痛苦的，比如渴的时候想要喝水。自然的但不是必要的欲望只不过是种类变化的快乐，而不是为了去除痛苦的，比如奢侈的宴饮。那些既不是自然的也不是必要的欲望的例子是：戴上王冠，被竖立雕像。
- 那些没有满足也不会导致痛苦的欲望，就是不必要的，那样的欲求是容易去掉的。而且这类欲望的满足很难，或是满足后会带来伤害。
- 自然的财富是有限度的和容易获得的，虚幻的意见所看重的财富却永无止境，永远无法把握。
- 不要由于期望你所不拥有的东西而毁了你已经拥有的东西吧！你应该多想想：你现在所拥有的东西以前也是你只能期盼的东西。
- 无论拥有多么巨大的财产，赢得多么广的名声，或是获得那些无限制的欲望所追求的东西，都无法解决灵魂的紊乱，也无法产生真正意义上的欢乐。
- 这些就是所有的坏事的根子——害怕神，害怕死亡，害怕痛苦，以及欲望超出了自然为幸福生活所要求的东西的界限。

简单的生活方式

- 能带来宁静的最佳办法就是简单的生活方式;它不要人忙忙碌碌,它不要求我们从事令人不快的工作,它不会硬要我们做那些力所不及的事情。
- 自足的最重要意义就是自由。
- 只有最不需要奢侈生活的人才能最充分地享受奢侈的生活。一切自然的东西,都是容易获得的;一切难以获得的东西,都是空虚无价值的。
- 简单生活也有一个度。不注意这个度的人所犯的错误和陷入奢靡生活的人所犯的错误一样大。

智者的品质

- 智者不依赖于运气,一生只受理性的指导。
- 运气不好但是智慧的人胜过幸运的蠢人,因为在行为中拥有正确的判断的人即使没有成功,也比借助偶然机遇成功的非理性的人要好。
- 明智产生出一切德行。
- 不要因为年轻就耽搁了学习哲学,也不要因为年纪大而感到学习哲学太累了。因为一个人在灵魂的健康上既不会时机尚未成熟,也不会时机已过。
- 其他事业的收益总要等到艰难的工作完成后才能看到,但是在学习哲学中,快乐会一直伴随着知识的增长过程；因为快乐并不是在学习之后才来到，相反，学习和快乐一道前进。

论道德和信仰

+ 自然正义是人们就行为后果所做的一种相互承诺——不伤害别人，也不受别人的伤害。
+ 你在整个生活中都不要干那些一旦被人知道就会害怕不已的事情。
+ 不必嫉妒任何人。好人不应该被嫉妒；至于坏人，他们越发达就越是在害自己。
+ 三种动机导致有害的行为：仇恨，嫉妒，傲慢。
+ 大多数人一到闲暇的时候就昏昏欲睡，一旦做事的时候又胡乱瞎忙。
+ 不虔敬的人不是否认大众关于神的看法的人，而是信奉大众关于神的看法的人。

论友谊

+ 在智慧给整个一生幸福带来的各种帮助中，最大的是获得友谊。
+ 保证幸福的最重要手段是友谊。
+ 善于应付外部灾难的人尽量结交朋友，对于不能结交的人，不要与之结仇，如果这也办不到，就远离他们。
- 我们所需要的，与其说是朋友的实际的帮忙，不如说是他们会在我们需要时伸出援手的确信。

论死亡

- 只要正确地认识到死亡与我们无关，我们就能甚至享受生命的有死性一面——这不是依靠给自己添加无穷的时间，而是依靠消除对于永生不死的渴望。
- 防范其他东西的侵害还是可能的。但是说到死亡，我们所有的人都生活在没有护墙的城市里。
- 只要在生命的路上，我们就应当努力使旅途的后半部分比前半部分更加好。当我们到达终点时，我们应当保持宁静，心怀愉悦。

■ **主要资料来源**
《自然与快乐》，(古希腊)伊壁鸠鲁、(古罗马)卢克来修著，包利民等译，中国社会科学出版社，2004。

西塞罗 8

- 93 哲学是灵魂的医生
- 95 快乐不是终极目的
- 97 合乎人性的善
- 98 社会性是人的天性
- 100 人性和道德
- 103 道德现象
- 104 自然法是人类法律的依据
- 106 统治者的品格
- 107 论友谊
- 109 论死亡

CICERO

马库斯·图留斯·西塞罗（Marcus Tulius Cicero），公元前106—前43年。古罗马最著名的政治家之一，先后担任执政官、元老院元老、总督，捍卫共和制度，深受民众爱戴，曾被尊为国父。共和制度失败后，他被新掌权的三寡头处死。他才华横溢，跨越多个领域，希腊哲学因他的翻译和阐释得以传播，他的政治思想对罗马法以及后来的西方政治法律传统发生了重大影响，他更是作为古罗马最伟大的演说家名垂史册。但是，在所有头衔之中，他最乐意把自己定位为哲学家。他一生撰写了大量著作，包括演说词、书信、修辞学和哲学著作，绝大部分保存至今。

西塞罗的哲学观点是伊壁鸠鲁主义和斯多葛主义的调和，但偏重于斯多葛主义，强调快乐不是终极目的，美德才是消减痛苦的安慰剂。不过，对于美德，他又不像斯多葛主义那样走极端，强调道德必须以人性为基础，美德应该是合乎人性的善。在政治思想方面，本章摘录了他关于自然法是人类法律的依据的重要论述。古罗马哲学家十分关注死亡问题，主张把死亡看作一件自然的事，从容面对。死亡就像果实成熟了从树上掉落，演员演完了戏离开舞台，旅人要上路离开暂居的旅店，这些著名的比喻皆出自西塞罗笔下。

哲学是灵魂的医生

- 智慧确实是众善之母,希腊人的所谓哲学,其含义就是"对智慧的热爱"。哲学是不朽的诸神赐给人类的最有用、最美好、最高尚的礼物。因为只有哲学,在其他所有智慧之外,把一件最困难的事情——认识我们自己——教给我们。
- 哲学是灵魂的医生,她在我们虚幻的心灵中除去困惑的重压,使我们从欲望中获得解放,驱逐我们的恐惧。但是哲学的影响不可能对所有人一模一样。如果掌握它的人具有相宜的品性,那么哲学的作用是巨大的。
- 确实有一门医治灵魂的技艺,我指的是哲学,寻求哲学的帮助治疗灵魂一定不能像治疗身体疾病那样向外寻求,我们必须竭尽全力,使我们成为自己的医生。
- 耕种灵魂的是哲学;哲学把我们心中的邪恶连根拔掉,使我们的灵魂适合接受种子。所以,我们可以说,哲学在灵魂中播种,让它长成以后结出丰硕的果实。
- 高尚心灵的标志,就是在思考高级事物中对知识产生炽热之爱。
- 在耕耘心灵过程中为自己的高贵本性找到了一种食粮,就是哲学。
- 生活中出现的问题有哪个能比哲学问题更重要?哲学探究什么是终极目的,这是关于幸福和正当行为的一切原理的标准。
- 真正的哲学满足于少数评判者,它有意识地回避公众。

西塞罗

因为对公众来说，哲学是令人厌恶的，可疑的。由于这个原因，我鼓励一切有能力的人努力掌握希腊人在这个研究领域取得的著名成果，把它输入这个城市。面对这个邪恶的时代，让哲学在拉丁典籍中诞生，让我们支持它，让我们准备陷入矛盾和接受驳斥。

+ 我要为这个国家提供服务，但还有什么样的服务能比教导和训练年轻人更好、更伟大。尤其是看到，当前我们的年轻人由于道德松懈而走上邪路，需要付出极大的努力才能约束和指引他们走上正道。当然了，我不敢保证，甚至不敢期待他们都能回来做学问。但至少有一些人能够做到，这样的人虽然很少，但他们的活动却能对国家产生广泛的影响。

+ 我从柏拉图那里，从哲学中尤其学到一件事，可以看到国家会发生某些革命；国家在一段时间里实行君主制，一段时间里实行民主制，一段时间里实行僭主制。当最后一种命运落到我的国家头上时，我从前的活动已经无法进行，于是我开始重新研究这些学问，通过这些活动，我解除了心中的焦虑，与此同时我又能为我的同胞提供当前情况下我所能提供的最好的服务。

+ 如果还有人问我是什么动机促使我到了暮年才提笔讨论这些教义，那么没有什么问题能比这个问题更容易回答了。我此时已经过着一种悠闲的退隐生活，没有别的事可做，而国家公共事务的管理已经不可避免地进入一种独裁专制的状态。在这样的环境下对我的同胞讲哲学，我首先认为它符合国家的利益，也是我的义务，在我看来，拥有如此重要而又崇高的思想对于国家的尊严和荣誉有重要贡献，也应当在拉丁文献中拥有它的地位；我对这件事不会后悔，因为我能清楚地觉察到，许多读者在我的激励下不仅热衷于学习，而且还自己成了作者。

- 你在哪里能够找到比柏拉图还要丰富多彩的作家？他们说，要是朱庇特会说希腊语，那么朱庇特也会用柏拉图的舌头讲话。
- 那些博学者的教导通常最令我吃惊的是：海上风平浪静时，他们说自己没有能力掌舵，因为他们从来没有学过这门技艺，也不想掌握它；而同时他们又向我们保证，等到海上波涛翻滚时，他们会来掌舵。

快乐不是终极目的

- 伊壁鸠鲁对欲望作了区分，没有比他的这一理论更有用、更有益于人的福祉了。第一类欲望既是自然的，也是必需的；第二类是自然的，但不是必需的；第三类则既不是自然的，也不是必需的。分类原理是必需的欲望不需要什么力气或代价就可以满足；符合本性的欲望需要一定努力，但也很容易满足，因为自然本身的财富非常丰富，很容易获得，但在数量上也是有限的；至于想象出来的欲望则是无边无界，无穷无尽的。
- 至于伊壁鸠鲁学派的格言，大的痛苦时间短，长的痛苦程度轻，我实在不明白是什么意思。因为我看到许多痛苦既是程度深的，又是时间长的，忍受痛苦的真正方法是另一种，但你们这些不因为道德价值本身而爱它的人是无法使用的。

+ 就是动物也会因自然的某些刺激做出许多行为，令人信服地证明它们的目的不是快乐，而是另外的东西。有些动物甚至冲破重重困难表现出仁义，比如生产并养育自己的幼崽。

+ 在精神上拥抱整个天空、大地和海洋——说这样的人的目的是快乐，就如同说他的一切不凡努力只是为了小小的一滴蜜。

+ 只要赞颂美德，就必然要与快乐保持一定距离。我不会再进一步论证这个观点，你反观自己，从你自己的良知中就可以知道。你只要全面、认真地内省，然后问问你自己，你是愿意终生处于那种你如此频频谈论的平静状态，享受无尽的快乐，摆脱一切痛苦，甚至摆脱对痛苦的一切恐惧，还是愿意成为一个对人类有益的人，给患难中的人们带来救助和平安，不惜忍受赫尔库勒斯的悲痛？

+ 对我来说，无论痛苦是什么，我都不认为它有那么重要，我认为人们在想象中受到痛苦的虚假形象的过分影响，而一切痛苦其实都是可以忍受的。

+ 美德、宽容、忍耐、勇敢——正是这些品质才是消减痛苦的安慰剂。

+ 自然造出我们，给予我们天生的能力，是为了更高的目的。

合乎人性的善

+ 唯有美德才是至善,这话唯有在一种情形下才可能是正确的,那就是如果存在一种造物完全由纯粹的理智构成,再加上一个前提,就是这种理智不拥有任何与自然本性一致的东西,比如身体的健康之类。但是,这样的一种造物究竟是什么样子,就是想象也不可能想象出一幅自我连贯的图画来。
+ 即使是智慧者,如果暴君把他送上刑台,他的表情看上去也不可能像是失去了自己的油瓶似的;他会感到如临大敌,知道将面临一种严酷、令人不寒而栗的折磨,知道将遭遇极大的痛苦,所以必须收拾起关于勇敢和忍耐的全部原理,以面对眼前严酷而深重的苦难。
+ 完全抽象的公正和道德原理,不可能为职责和行为找到源泉和起点。
+ 自然赋予我们的美德能把一切艰苦、困难和障碍踩在脚下,倒不是说这些苦难本身很容易克服或者变轻了,而是引导我们认识到这些事物不是决定我们幸福与不幸的主要因素。
+ 人的终极之善是按自然生活,初步的理解就是,按人的本性获得全面发展,满足一切需要。
+ 每个人都应当恰如其分地估量自己的天赋能力,知道自己的优点和缺点,在这个方面,我们不应当让演员显得比我们更实际,更明智。他们不是选择最好的剧本,而是选择最适合发挥他们才能的剧本。

+ 我们应当致力于最适合自己的工作。如果环境有时迫使我们去做某种与自己志趣不合的事情，那么我们也应当尽心尽力地去做，尽管这样做算不上适当，但我们至少可以完成，并尽可能使之变得比较恰当；我们不必硬要在自然没有赋予我们卓越才能的地方做到卓越的程度，我们只要能努力改正自己的过错就行。

社会性是人的天性

+ 斯多葛学派认为理解自然使父母天生爱自己的孩子，这一点很重要。我们追溯人类社群关系的起源，这源头就是父母的爱。
+ 就是在低级动物中，也可以清楚地看到大自然的运作。当我们看到它们如何不辞辛苦地生养自己的幼崽，我们似乎是在聆听大自然真实的声音。因此，正如逃避痛苦显然是我们的本性所为，我们也从自然本身汲取了爱我们所生的后代的本能。从这种本能发展出相互吸引之感，把人类联结成这样的社会，这也是自然所赋的。
+ 在我们所论说的整个道德领域，没有比人类的团结更荣耀、范围更广的，各族类的联盟，利益的合作，人与人之间的真实情感，这些我们一出生就立即生成的东西是出于这样的事实：父母爱孩子，家庭作为整体由婚姻、亲情联结在一起，渐渐把影响力扩散到家庭之外，首先通过血缘关系，然后通过婚姻关系，再后是友谊、邻

居，再是同胞、政治联盟和朋友，最后到整个人类。

+ 我们必须把自然确立的群体和社会的那些原则追溯到它们的最终根源。第一条原则建立在人类一切成员之间的相互联系中。联系的纽带是理性和语言，通过教育和学习的过程，通过交流、讨论、推理的过程，把人们联系在一起，使他们形成一种天然的友爱的联合体。正是在这一点上，我们已经远远地摆脱了兽性；我们承认动物可能有勇敢的品质（比如马和狮子），但我们不承认它们有公正、平等和善良的品质，因为它们没有理性和语言。

+ 当你以一种理性的精神考察人与人之间的所有社会关系之后，你会发现没有任何社会关系能比那种把我们每个人和我们的国家联系起来的社会关系更亲密。父母是亲爱的，儿女、亲戚和朋友也是亲爱的，但是故乡的土地拥抱着我们所有的爱。

+ 没有人会愿意孤独地在沙漠里过一生，就算给他提供大量快乐的东西。这一事实表明我们生来就是社会性的，需要交往，与我们的同胞有天然的伙伴关系。

+ 我们的信条是整个人类都联合成一个社会。

+ 无论我们到达哪里，都是踩在历史的土地上。

人性和道德

+ 如果不把本性视为正义的基础，那就意味着人类社会所依赖的美德遭到毁灭。

- 自然把我们造就为相互之间共同拥有正义感，并将正义感传递给所有人。
- 自然赋予人的禀赋，人心拥有的最优秀的财富，我们出生并被安置在这个世界上所要尽到的努力目的何在，人为什么要联合在一起，人中间有哪些天然的情谊，只有在这些事情都清楚地得到说明以后，才能发现法律和正义的源起。
- 我们生来追求正义和权力的基础不是人的意见，而是人的本性。
- 仁慈和慷慨，没有什么能比它们更能体现人性中最美好的东西，但在许多具体情况下，实施仁慈和慷慨需要谨慎：首先，我们必须明白，我们的仁慈既不能对我们仁慈的对象，也不能对其他人带来伤害；其次，实施仁慈不能超越自己的财力；最后，我们施恩的程度应当与受惠者本身相配，因为这是公正的基础，而一切仁慈的行为必须以公正为标准来衡量。
- 在行善中，我们应当衡量受惠者是否配得上我们的恩惠，加以区别对待；我们应当考虑他的道德品质、他对我们的态度、他和我们之间关系的亲密程度、我们共同的社会纽带，以及他曾经对我们有过什么帮助。上面所说的这些条件在一个人身上全部具备，那当然是最好的，如果不能全都具备，那么我们应当给具备较多条件的人较多的恩惠。
- 在行善和报恩中，我们首先必须遵循的规则是：所提供的帮助最好与受助者的个人需要相称。然而许多人却反其道而行之，最热心地为某个希望得到最大恩惠的人提

+ 供帮助，尽管他并没有实际的需要。
+ 显而易见，大多数人都会说，在施予恩惠时，对赠予人来说，受赠人的品格比他的财力更重要。这听起来很不错。但是，有谁真的认为帮助一个贫穷而有价值的人比帮助一个富裕而有权势的人更有吸引力呢？
+ 应该承认，我们一般更倾向于帮助那些将更快地给我们以回报的人。
+ 受惠人有感恩之情，这本身在某种意义上就意味着恩情得到了回报。
+ 如果想获得最真实、最崇高的名望，必须激发公众的三种感情：一、亲善；二、信任；三、高度的尊重感。
+ 我相信一个戒条——要提高警惕，但无法接受另一个戒条——不相信他人。
+ 如果一个人被视为不诚实的，那么，他越是精明能干，他就越令人讨厌，使人不信任。总的说来，正义和智慧的结合是最完美的，能赢得所渴望的一切信任。正义而不智慧，也能得到很多人信任。但智慧而不正义，则是无用的。
+ 我们认为道德价值是这样的东西，虽然缺乏实用性，但它受人赞美正是出于其自身，因为其本身，而不在于任何益处或报偿。
+ 正义和一切高尚的事物之所以值得追求，乃是因为它们自身。
+ 显然，如果公平、诚实和公正不是源于自然本性，如果所有这些东西都只是因为其有用才有价值，那就不可能有良善之人。

- 如果端庄、自制、贞洁，简言之，自制这种美德的圣洁性要依赖于对处罚或耻辱的畏惧，而不在于其自身内在固有的神圣性，那么奸淫、恶念或贪欲只要能隐藏、不受惩罚或者放纵，怎么可能不失去控制，肆意滋生呢？
- 公正为什么受赞美？那古老而熟悉的格言"你可以在黑暗里与他玩输赢的人"从哪里来？严格来说，这格言适用于诚实的例子，但也有一般意义上的应用，就是我们所有的行为都受行为之性质的影响，而不是受某个证人的存在或不存在之影响。
- 有罪之人受折磨并非像悲剧中那样被举着火把的复仇女神追踪，而是罪人在意识到自己的罪孽以后心中产生的悔恨和精神上受到的折磨。
- 罪犯除了遭受犯罪所导致的后果外，还会遭受来自罪的本性的可怕的报复，罪的本性就是对犯罪本身最严厉的惩罚。
- 如果必须实施惩罚或矫正，也不要进行侮辱。

道德现象

- 生活中最大的祸害莫过于戴着智慧面具的狡诈。
- 许多人根本不是想具备美德本身，只是想让人家觉得他们有美德。正是这样的人最喜欢阿谀逢迎。
- 许多人做好事主要是想炫示自己的崇高，而不是出自内心的仁慈；这样的人不是真的慷慨，而是在某种野心的驱使下假装慷慨。这种伪装的姿态更接近于伪善，而不是慷慨或道德上的善。
+ 确信干了坏事绝对不会被人发现，也没有受到惩罚的危险，但仍旧能够克制自己、不做坏事的人，实在是太少了！
+ 命运不仅本身是盲目的，而且通常也使受其恩宠的人盲目；因此他们往往会忘乎所以，变得狂妄而任性；可以说，世上没有任何东西比幸运的傻瓜更令人难以忍受。
+ 尽管缄默并不直接构成隐瞒，但若为了自己的利益，故意不把自己知道的事情告诉他人，也就是说不让他人知道对他们有利的事情，那就是隐瞒。
+ 今天，我们的整个道德态度因为崇拜金钱而腐败堕落了。
+ 被勇士和高尚者所杀是灾难，被一个做生意的小商贩所杀更加是灾难；被平等者或优越者征服是可耻的，被低劣者征服更加可耻。
+ 毋庸置疑，人所具有的力量既可以是对同类有所裨益的最大动因，也可以是对同类造成危害的最大动因。

自然法是人类法律的依据

+ 在决定正义是什么的时候，让我们从那种最高的法律开始，它的源起早于任何已经存在的书面法，或者早于任何已经建立的国家。
+ 法律是正义和不正义的事物之间的一条界线，法律的产生顺从自然，与最古老的事物同时；制定人的法律要与自然法的标准相一致，要惩罚恶人，保护好人。

+ 法律无非就是源于诸神意志的公正原则，维护正确的事情，禁止错误的事情。

+ 真正的法律是正确的理性与自然的一致，具有普遍适用性，是不变的，永久的。在罗马和在雅典不会有不同的法律，现在和将来不会有不同的法律，而只会有一个对所有民族、所有时代都永久不变的法律，我们所有人只有一个主人和统治者，那就是神，因为神是这种法律的创造者、颁布者、实施这种法律的有强制力的法官。无论谁违反这种法律就等于变得不是他自己，就等于否定他自己的人性，由于这一原因，他将遭受最严厉的惩罚。

+ 源自宇宙本性的理性确实存在，它在敦促人们正义地行动，阻止人们的错误行为，这种理性并非在它被写成文字时才成为法律，而是在它出现时就成为法律了；它的出现与神圣的心灵同时。

+ 法律不是人的思想的产物，也不是民众的任何决议，而是统治整个宇宙的某种永恒的东西，凭借其智慧可以使人做到令行禁止。

+ 要以自然为标准，我们就能够察觉好的法律与坏的法律之间的差别；依据自然，不仅可以区别正义与非正义，而且也可以完全区分高尚与卑鄙。因为，为所有人共同拥有的理智使我们能认识事物。

+ 法律乃是植根于本性中的最高的理性，它命令人们做那些必须做的事情，禁止人们做那些一定不能做的事情。这种在人心中牢牢扎根并充分发展的理性就是法律。

- 即使每个人更喜欢为自己而不是为邻人获取生活必需品,这样做与自然法则并不冲突,然而自然法则肯定不允许我们通过掠夺他人来增加自己的财产。
- 在一个自由的民族中,在法律面前人人享有平等的权利。

统治者的品格

- 每个国家都会有它的统治者那样的性格,并且会表现出来。
- 如果你回首我们早期的历史,你会看到我们的优秀人物的品格会在整个国家再现。杰出人物的生活发生什么变化,整个国家也会发生什么变化。由于这个原因,上层人士做坏事对国家特别危险,因为他们不仅放纵自己干下许多邪恶的勾当,而且用他们的邪恶影响整个国家;不仅因为他们是腐败的,而且还因为他们腐蚀别人,他们所起的坏榜样比他们的罪行带来的危害更大。
- 打算担任政府公职的人不应忘记柏拉图所说的两条戒律:第一,一切行动都要符合人民的利益,不计较个人的得失;第二,考虑整个政治共同体的利益,不要为了某个派别的利益而伤害其他人的利益。政府的管理就像一个信托机构,一定要为委托方的利益着想,而不是为受托方的利益着想。
- 没有比贪婪更可恶的罪过了,尤其是身居要职、掌握国家政权的人。利用国家谋取私利不仅是不道德的,而且也是有罪的,可耻的。

论友谊

+ 我倾向于认为，除了智慧以外，友谊是不朽的神灵赐予人类最好的东西。
+ 我以诸神和凡人的名义起誓，有谁会希望过一种极其富有、极其幸福，但却不爱任何人，也不被任何人所爱的生活？这种生活确实是僭主的生活，我指的是一种没有信仰、没有爱情、没有信任的生活，不相信任何人的善意，每一行为都充满着怀疑和焦虑，根本没有友谊的立足之地。谁能爱一个自己感到害怕的人，或者谁能爱一个害怕自己的人？
+ 如果神有可能把某人带离人们居住的世界，把他放在某个完全孤寂的地方，我们就能更清楚地认识到这个问题。神在那里可以供给他一切他本性欲求的东西，一切充足的东西，只是剥夺他同任何人交往的权利，谁会有如此铁石心肠，能够忍受这种生活呢？谁不会因孤独感而要失去对一切乐趣的热情？
+ 大多数人认为我们的生活中没有什么美好的东西，除非能给我们带来利益，他们对待朋友就像对待他们的牛羊，在他们的心目中，能给他们带来最大收益的东西价值最高。因此，他们不可能得到最纯真、最具有自发性的友谊，这种友谊以友谊本身为目的；他们也不能从自己的经验中领略到这种友谊的力量、性质和范围。因为每个人爱自己不是因为可以从自己身上获利，而是因为他是他最亲的；除非把这样的情感转移到友谊中，否则不可能找到真正的朋友，因为朋友就是另一个自我。

- 对于人的自爱来说，只是自己爱自己，并没有想从自爱本身中得到酬报。如果这种情感不在友谊中推而广之，真正的朋友是不会出现的。真正的朋友应是另一个自我。
- 爱别人胜过爱自己是不可能的。在友谊中也不应当这样想，我的朋友爱我应当胜过爱他自己，或者我爱他胜过爱我自己；如果能这样的话，就会导致生活及其所有义务的混乱。
- 让我们把这一点确定为友谊的第一法则：只要求朋友做好事，也只为朋友做好事，哪怕朋友并没有提出要求。
- "危难时刻见诤友"，但绝大多数人会以两种方式暴露出他们的变化无常，要么是在自己飞黄腾达时瞧不起朋友，要么是在朋友有难时抛弃朋友。因此，谁要是在这两种情况下都能表现出忠贞不变的友谊，就应当认为他属于世上极少的那一类人。啊，他们几乎就是神！
- 从友谊中消除了敬重，也就消除了友谊中最明亮的珠宝。
- 只要有人不愿听真话，有人时刻准备讲假话，真正的友谊就不可能存在。
- 友谊应更随和一些，更无拘无束一些，更温和一些，以及更倾向于温柔和宽厚。
- 友谊绝不像其他东西那样愈长愈令人生厌。长久的友谊，就像保存长久的酒一样，应该更为甜美。
- 没有什么比与最亲密的朋友之间相互攻击更耻辱的了。
- 首先要做的事情是不要使朋友间产生隔膜，一旦偶然有了某些矛盾，似乎最好是让友谊自然消亡，而不要断然决裂。另外，还要留意，不要使友谊转变为极大的仇恨，因为从这里会产生争吵、谩骂和侮辱。在这种情况下，能忍受的，就要忍受，对旧日的友谊总还要表现出敬重之情，这样人们就会看清是伤害人的人错了，而不是受到伤害的人错了。

论死亡

+ 我的智慧就在于把自然看作是最高的向导，我顺乎自然，就像顺乎神一样，并且我还服从规律。人生的其他阶段一经完美规定好，其最后一幕，就像拙劣的诗人所做的那样，受到忽略，这是不可能的。当然，界限必定是有的，这就像树上的浆果、地上的果实一样，到时就会成熟，然后枯萎、坠落。这些是智慧之人应该欣然接受的。
+ 苹果还在发青的时候很难从树上摘下，而熟透的苹果会自己落地；所以人就像苹果，年轻人的死亡是外力作用的结果，而老年人的死亡是成熟后的结果。我感到这种邻近死亡的成熟是令人愉快的，离死亡越近，我越觉得像是在经历了漫长的航行以后终于见到了陆地，我乘坐的船就要在故乡的港口靠岸了。
+ 对演员来说，令人满意的戏不是自始至终全都参加了演出的戏，只要在什么场次中扮演过角色，也会得到认可。对于聪明人来说也一样，他不用生活到最后一幕大家都鼓掌的时候。

+ 这个问题从青年期就应该开始考虑了,这样我们才能蔑视死亡。没有这种深思熟虑,谁也不能有平静的心情。人将死亡是必然的事,它没有固定的时间,每天都可能发生。
+ 一生的时间是很短的,但对善良诚实地过好一生是够长的。
+ 我离开这个人生就像是离开旅店而不是离开家,因为自然给我们的是一个暂居的客寓,不是永居的处所。

主要资料来源

《论至善和至恶》,(古罗马)西塞罗著,石敏敏译,中国社会科学出版社,2005。

《理性、美德和灵魂的声音》,(古罗马)西塞罗著,王小朝译,长江文艺出版社,2015。

《老年·友谊·义务——西塞罗文集》,(古罗马)西塞罗著,高地、张峰译,上海三联书店,1989。

塞涅卡 9

- 113 心灵的宁静
- 115 贤哲的坚强
- 117 内在的宝藏
- 118 美德以自身为报偿
- 120 自由人以茅屋为居室
- 122 服从命运
- 124 承受不幸
- 126 苦难是美德的机会
- 127 忙人的生命何其短促
- 129 人生的智慧
- 131 人性现象
- 132 论恩惠和感恩
- 134 论愤怒
- 137 阅读经典和独立思考
- 139 论死亡

SENECA

吕齐乌斯·安涅·塞涅卡（Licius Annaeus Seneca），约公元前4—公元65年。古罗马政治家、哲学家、作家，勤于著述，写有九部悲剧和大量哲学小品、书信及一部哲学专著。他的一生，既官运亨通，又灾难不断。他长期在朝廷里当官，先后经历了四个皇帝，这四个皇帝，后三个都是暴君。在三个暴君手上，他三次被判处死刑，第一次侥幸逃脱，第二次改判流放。最后一个暴君是尼禄，他曾担任少年尼禄的家庭教师，尼禄十七岁当皇帝，他成为事实上的宰相，后来看到尼禄荒淫残暴，便逐步引退，但未能逃脱灾祸，终于被勒令自杀。

塞涅卡是罗马帝国时期哲学的主流学派斯多葛派最主要的代表人物。在这个时期，政治动乱频繁，人有旦夕之祸，哲学家们的关注重点就放在了如何看淡外在的命运、保持心灵的宁静上面。对于斯多葛派观点的阐述，塞涅卡最为全面和透彻。核心的思想是：理性是人的真正本性，一个遵从理性而生活的人，具备贤哲的坚强，拥有内在的宝藏，他能够正确对待财富，服从命运，克制各种强烈的情绪，不让这些情绪扰乱心灵。其中，关于愤怒，塞涅卡的剖析尤其精彩，值得认真读一下。

心灵的宁静

- 任何东西只要缺乏宁静,就不可能是伟大的。
- 在宇宙中,所处的位置越高,越是井然有序而且靠近群星的那些区域,就越是不会凝结成乌云,不会冲击出风暴,也不会搅动起旋风;它不会产生任何的混乱。正是在较低的区域才会闪电大作。同样,高贵的心灵总是冷静的,它歇息在安静的港湾里;它克服了所有能造成愤怒的东西,节制而忍耐,令人肃然起敬,并且秩序俨然。
- 让我们给灵魂以安宁吧,这种安宁可以在有益的指导下由不断的深思而得到,由高贵的行为和只专注于高尚愿望的心灵而产生。让我们使我们的良心得到满足,让我们一点也不要为了名声去奋斗。如果我们真的配得上好名声,那么甚至就让坏名声来光顾我们吧。
- 我们要探索的是,心灵应该怎样始终沿着一条稳定而又顺利的路线前行,怎样才能对自己心怀好感,怎样才能快乐地看待自己的状态并且没有任何干扰破坏这种快乐,而是一如既往地处于一种宁静状态,从不起起伏伏:这就是宁静。
- 我们应该注意到德谟克利特那个合理的学说,在这个学说中他表明,只有在我们能够避免私人和公共生活中的大多数活动时,或者至少能够避免对我们的力量而言遥不可及的活动时,平静才是可能的。置身于很多事情中的人绝不可能如此幸运,他没有一天不会产生烦恼,从而心生恼怒。这就像一个正在匆忙中穿过拥挤城区的人，会不由自主地与很多人相撞。因此为了心灵能够拥有宁静，它就不能被翻来覆去，不能被许多事情或活动弄得很疲惫，不能被超出它能力之外的努力弄得很疲惫。

+ 不做徒劳无益之事，不要渴望我们所得不到的东西，或者一旦千辛万苦地得到之后，又会让我们意识到我们的欲望毫无意义的东西。

+ 我们还必须学会变通，让自己变得灵活一点，以免过分执着于已经订好的计划；我们应该顺其自然，机会将我们带到了什么状态，就变成什么状态，既不要担心我们的初衷发生了变化，也不要担心我们的情况发生了变化，只要我们不染上变化无常的毛病，不沦为这一与宁静完全格格不入的恶习的牺牲品就成。因为固执，这个命运女神往往能迫使其做出某些让步的东西，肯定会带来焦虑和不幸；而变化无常，一旦在任何情况下都不能控制住自己的话，则将更加难以忍受。二者——不能经受任何变化和不能持之以恒——都是宁静的大敌。最重要的是，心灵必须放弃一切外在利益，回归自身。让它信赖自己，从自身中寻找乐趣。

+ 感到满足和坚持一贯，是一种好的生活方式的标志。坏的行为方式则是不断变换，并且不是变好，只不过是变成了不同的坏形式，所以绝不会持久的。

+ 头脑如果能够自己支配自己，即使是在忙乱之时也是可以随意给自己找到庇护所的。相反，为了寻求和平与宁静而花费大量时间去选择避难所的人，每到一处都会感到总有什么在妨碍他，使他无法轻松下来。对于有些人来说，若能忘却自我，那将是何等的幸事！事情就是这样，这些人竟是自己的烦恼，自己的负担，是自己情绪低落和焦虑不安的缘由。漂洋过海，周游列国，这对你有什么益处？如果你确实想要摆脱那些折磨你的事情，你所需要的就不是改变住所，而是改变你这个人。
+ 你来到的是什么地方并不要紧，重要的是你到达之时自己是怎样的一种人。

贤哲的坚强

+ 贤哲不可能被伤害，也不可能被羞辱。
+ 命运只能夺走她自己给予的事物，美德不是她给予的，所以她拿不走。贤哲没有可损失的东西；因为他唯一的财产是美德，而美德是无法掠夺的。除此之外，他只需忍耐。毕竟，谁会为丢失不属于自己的东西而伤心呢？如果他的美德安然无恙，那么他的财产也就安全。他随身带着真正的财产，没人能夺走。他认为那些被抢走的财产不是他自己的，而是命运之神带来的身外之物。
+ 一方面，贤哲什么也不缺，他不需要人家送他什么；另一方面，坏人也拿不出好东西送给贤哲。因为只有拥有才能给予；而坏人没有贤哲乐于接受的东西。因此，没有人能伤害或者帮助贤哲；由于神不需要帮助也不受伤害，因此，贤哲离神很近——除了生命有限，其他都与神没有区别。贤哲拥有神的灵魂，在尘世经历凡人的兴衰变迁，他没有容易受到伤害的脆弱之处。

- 如果我们对于死也能以一颗平静安详的心去面对，如果我们意识到死不是一件坏事，因此也不是一种伤害，我们就会更容易忍受其他一切——失败、痛苦、耻辱、流离失所、丧失亲人或与亲人分离。所有这些即使一起来进攻都不能击垮贤哲，更不用说它们单独袭来。如果他能冷静地忍受命运的伤害，就更能忍受那些权势人物的伤害，因为他知道这些权势人物只不过是命运的工具。

- 一个不是以自己的力量，而是以自己天性的力量衡量自己的努力的人，一个志向远大的人，一个胸怀唯有巨人般勇气才能完成的伟大抱负的人，展示出的是自己的高贵。

- 如果一个人在自己面前树立这样的理想：就我而言，我将以同样表情观看死亡与喜剧，就我而言，我将精神抖擞地承受所有的艰辛，不管它们有多么大；就我而言，无论是穷还是富，我都要鄙视财富，如果我不是富人，我不会垂头丧气，如果我身家百万，我也不会神气活现；就我而言，无论好运临门还是离我而去，我都毫不在意。一个下定决心、希望并着手这么做的人，就是走上了通向神明的道路——啊，这样的人即使最后没有达到神圣，也是在高级的王国中失败的。

- 在某一个方面，智者甚至超越于诸神之上，那就是：神明无所畏惧是由于其本性如此，智者无所畏惧却要归功于他自己的努力。具有人的一切弱点，同时又像神那样无忧无虑，你要把这看作是一种成就。哲学挫钝种种打击的能力是难以置信的。它并没有什么进攻的武器，它有的只是强大的不可穿透的防御力量。对于有些打击，它挫其锐气，用它睡衣的下摆挡开，似乎它们不堪一击；对于其他打击，它则抛将出去，把它们掷回给打击者。

内在的宝藏

+ 一个人的灵魂可以蔑视所有命运中的偶然事件，只要他不受恐惧的影响，不贪求得到享用不尽的财富，而是已经学会从自身寻觅宝藏了。
+ 幸福的人就是这样的人：他不承认在好的与坏的心灵之外还存在好与坏，他珍惜荣誉，追求德性，对于命运的遭际既不骄傲，也不屈服，他知道最大的好是只有他自己才能赋予自己的；对他来说，真正的快乐就是蔑视快乐。
+ 幸福生活就是拥有一颗自由、高尚、无所畏惧和前后一贯的心灵——这样的心灵是恐惧和欲望所无法触及的，它把美德看作唯一的好，把卑鄙看成唯一的坏；至于其他一切，就全都视为无价值的一堆东西，它们的得失丝毫也不能增减最高之好，也不能从生活中抽去任何部分或添上半分半厘。这样心态的一个人，不管他愿不愿意，势必时时洋溢着发自内心的欢喜，因为他在自身中找到了欢乐，他不需要任何比内在的喜乐更大的喜乐了。
+ 谁也不应该为并不属于他自己的东西感到骄傲。一棵葡萄树，如果枝上结满了果实，重得把支撑它的柱子都压弯到地的话，那么我们是会赞美它的。谁会喜欢那种挂着金葡萄和金叶子的著名葡萄树呢？果实丰富，这是葡萄树特有的美德。因此，对人也一样，只应表彰那属于人自己本身所有的东西。假如一个人有一座美丽的房子和一大群仆人，还有许多耕种着的土地，许多生息的银钱，但这些东西中没有一样可以说是他自己的——通统都是他身外之物。赞扬人身上的那些既不可以给予，也不可以夺走的东西，赞扬人所特有的东西吧。你问人所特有的东西是什么吗？那就是精神，以及体现精神之中的完美的理性，因为人是理性的动物。当人实现了他诞生的目的时，他的理想境界就达到了。理性要求于他的是什么呢？是很容易的东西——按他自己的本性生活。

美德以自身为报偿

+ 美德行为的真正报偿在于行为本身当中——除了美德本身之外，不可能有对于美德的恰当报答了。
+ 不求摘得行善的果实，但求行善本身。即便在遭遇恶人之后仍然不忘寻找善人——这是真正优秀而高贵的好人的标志。
+ 除了卑鄙之外别无他恶，除了高贵之外别无他善。
+ 你问：为什么让我追求美德？这问题本身就问得不对。你是想在最高的境界之外再寻找什么其他的东西。你问我为什么要寻找美德吗？只为她自己！因为她不会提供更好的东西了——她自己是自己的回报。或许，你认为这不算什么？那么我会告诉你：最高境界的好是一个永不屈服的坚定心灵，是它的远见卓识，它的高尚，它的正确，它的自由，它的和谐，它的美好——这些无上的福祉还能再被添加到什么其他更伟大的东西上去吗？你干什么对我提到快乐呢？我要寻找的乃是人的好，而不是他的肚子——牛羊野兽的肚子的体积要大得多！

+ 即使你喜欢美德加快乐那一组合，你愿意在这样的相伴中走向幸福生活，也请你让美德在前面引路吧。让快乐跟着她，就像身体边上的影子一样。如果让尊贵的夫人——美德——给快乐当婢女，那只表明你的灵魂太渺小。让美德先行，让她举旗。我们会快乐的，不过我们将支配和控制快乐；我们会时不时地倾听她的请求，但我们决不受她制约。但是那些向快乐交出领导权的人，就两样都没有了；因为他们既丧失了美德，也不可能拥有快乐，而是被快乐占有；结果或是被快乐的缺少所折磨，或是被快乐的过头所窒息。

+ 预感到惩罚也就是罹受惩罚，做了该受惩罚的事就一定会有受惩罚的预感。某种境况可能使昧心人免受惩处，但不能使他免去焦虑，得到自由。因为他知道即使自己的罪行尚未被发现，也总有被发现的可能。他睡不安稳，每当谈及别人的罪行时，他就会想到自己的罪行，他觉得自己的罪行好像隐藏得很不妥当，难以从人们的记忆力中消失掉。犯罪的人有时能够侥幸摆脱跟踪，但他绝不会有这种信心的。

+ 没有人是碰巧成为好人的，美德须先学后得。

自由人以茅屋为居室

+ 自由人以茅屋为居室，奴隶才在大理石和黄金下栖身。
+ 贫穷的人不是所有的太少，而是总在追求更多的财富。一个人如果老是觊觎他人之物，时刻计算着的是他尚未到手的东西，而不是他已经有了的一切，那么，他保险柜里或谷仓里有多少积蓄，他有多少牲畜可以放牧，有多少资本可以生息，又说明什么问题呢？你问一个人财产的恰当界限是什么呢？第一是必要，第二是足够。
+ 不论你拥有多少财富，总还是有人比你更加富有，于是你便毫无根据地想象，自己缺少的都是自己所需要的东西，而且别人越是比你富有，你就越是觉得自己贫困。
+ 贫困者所缺甚多，而贪婪者缺少一切。
+ 我们必须想明白一点：忍受没钱的痛苦，比起忍受丢钱的痛苦来，要容易多了；进而我们会认识到因为贫穷，丢东西的机会就小，我们受其折磨的可能性就越小。如果你以为富人能更欣然地忍受损失，那你就错了：块头再大的人，受了伤，疼起来也一点不会比块头最小的人轻。
+ 得不到钱财比失去钱财要容易忍受一些，给人的压力也要小一些；因此你会看到，从未受到过命运女神垂青的人要比被命运女神抛弃的人更快乐。
+ 一个人的柱廊延得越长，塔楼建得越高，宅第扩得越宽，避暑洞掘得越深，宴会厅的屋顶盖得越大，那么天空就遮挡得越多，他的视野就会越小。
- 有很多东西，只有当我们没有它们也能对付得过去时，我们才会认识到原来它们是多么不必要的东西。我们一直在使用着它们，这并不是因为我们需要它们，而是因为我们拥有它们。你看有多少东西，我们买下它们，只是因为别人已经买了，或是因为许多人的家里都有了。我们身处困境的根源之一，就在于我们总是以别人为榜样来安排自己的生活，我们不是用理性来纠正自己的盲从，而老是被常规习俗所引诱。只有少数几个人做的事情，我们就不会想去加以模仿，可是一旦很多人都开始做了，我们就随大流了，因为一种做法似乎会由于为更多人所接受而变得更加值得尊重。错误的做法一旦成了普遍的实践，就要求我们将其看作是正确的了。
- 正是穷人才清点自己羊群的数目。
- 心灵的纯洁可以安详地休假，而欲望总是要忙忙碌碌。
- 自然的欲望是有限的，由错误观念激发起来的欲望则是永无止境的，因为错误是没有终点的。
- 还有什么能比羡慕那些一转眼就成了他人之物的东西更疯癫的吗？
- 贤哲并不认为自己配不上命运的任何馈赠。他并不爱财，不过他宁愿拥有之；他不会让它们进入他的心，但是会让它们进入他的屋；他不会掩护自己的钱财，他会保留它们，并希望它们为自己发挥慷慨之美德提供更充分的物质保障。
- 哲学所提倡的是质朴的生活，并非要人苦苦修行，而质朴的生活方式不必是粗鲁野蛮的。我的标准是:人的生活应介于理想和普通美德之间。
+ 我要提醒你,我并非反对你占有财富,而是要你保证做到毫不激动地占有财富。你要做到这一点,唯一的办法是相信即使没有财富也能够生活得幸福,并且时刻把财富看作即将消失的东西。

服从命运

+ 愿意的人,命运领着走。不愿意的人,命运拖着走。
+ 好人劳动,花费,被花费,而且发自内心自愿。命运并不拖着他们——他们跟着她,与她同步。如果他们知道怎么做,还会超过她。
+ 这是我们必须承担的神圣职责——服从人类的命运,不为我们无力避免的那些事心神不宁。
+ 贤哲不会因为好运而兴高采烈,也不会因为厄运而垂头丧气;因为他自始至终都在尽力做到依靠自己,从自身获取一切乐趣。
+ 我从来就没信任过命运女神,即便在她表现出一副示好的样子时也没信任过;她好心赐予我的那些礼物——金钱、职位、权势,我都存在了一个她不惊动我就可以收回的地方。我与这些东西之间一直撇得很开,所以她是从我这儿把它们拿走的,而不是夺走的。只要命运女神微笑时别上当，那么她皱眉头的时候，就不会吃大亏。那些贪念她的礼物，仿佛可以永远享有下去的人，那些希望因为这些礼物而受人敬重的人，一旦这些虚假无常的快乐离弃了他们空虚、幼稚、对持久的快乐一无所知的头脑，便会一蹶不振，悲伤不已；而不因为走好运就飘飘然的人，在命运发生逆转时则不会崩溃。

+ 洪水夺走我们一样东西，火灾又夺走我们另一样东西，这些就是我们的生存条件，我们是无法改变它们的。我们能够做的就是培养崇高的心灵，适合于好人的心灵，以便我们能够勇敢地承受命运送来的一切，使我们的意志与自然和谐一致。
+ 无论什么样的命运，能发生在一个人身上，就同样能发生在我们大家身上。
+ 正如我所知道的那样，什么事都可以发生；同样，我也知道，它们并非注定非发生不可，所以我要作最好的打算，也要作最坏的准备。
+ 天底下最傻的事情，莫过于在最受命运垂青的时候相信命运。
+ 你的好运就是你不再需要好运。
+ 通向自由的唯一道路是对命运无动于衷。
+ 在波涛汹涌、动荡不安的人生大海中，唯一安全的港湾就是对命运带来的一切处之泰然。
+ 哲学研究是您最值得信赖的卫士，只身就能把您从命运女神的手中营救出来。

承受不幸

+ 真正重要的不是你承受了什么,而是你怎么承受。
+ 细细想来,囚犯最初都会觉得自己腿上的铁镣铁链难以承受,可到了后来,一旦他们打定主意,与其恼羞成怒还不如默默忍受,无可奈何的处境能教会他们勇敢地去忍受,习惯了,也就不难忍受了。无论你选择什么样的生活,只要你看淡自己的种种不幸,而不是把它们变成可恨的东西,你就会从中找到喜悦、乐趣和快乐。造化在这方面帮了我们最大的忙,由于她知道我们生就要经历何等的磨难,于是就设计出了习惯,用以减轻各种灾患痛苦,再大的痛苦,习惯了,很快也就过去了。如果灾祸病痛从头到尾都一个样,一点也不减弱的话,那么谁也受不了。
+ 对于那些能够做到居安思危、未雨绸缪的人而言,任何不幸都不会带来半点儿意外,但对于那些临渴才想到掘井、尽盼着好事儿的人来说,任何不幸都会构成严重打击。人难免会生病、坐牢、遭灾、失火,但无一不是意料之中的事情。我早就知道造化把我幽禁在了怎样一帮闹哄哄的人当中。我的左邻右舍曾多次传来为死者的哀号,由火把和细烛开道、替早亡者送葬的队伍曾多次从我的门前经过;我的耳畔常常响起房屋轰然倒塌的声音,那些因为公会广场、元老院和交谈而跟我相处过的人,常常一夜之间就被死神带走了,两只友好地紧握在一起的手就被这一夜给分开了。难道我还应该怀疑，一直在我身边飞来飞去的危险，终有一天会落到我头上吗？
- 一个人不幸的程度，是和他自己的想象一致的。
- 减轻巨大不幸的唯一办法就是忍受它们并且顺从它们的强迫。
- 把已经过去了的痛苦又翻出来诉说一遍，仅仅因为当时有过不幸就说现在仍然不幸，这有什么好处呢？而且，不是每个人在诉说苦难的故事时都要添油加醋，在这个问题上也要欺骗自己吗？此外，成功地忍受了某种痛苦，这里面也是有着一种快乐的，虽然忍受它时毫无快乐可言。某种痛苦的结束，这本身就使人感到愉快。
- 你应该去证明，一个人即使不可能总是战胜疾病，也该忍受疾病的。
- 只要有所准备，无论什么降临于你的头上，都会减少它对你的打击的。
- 生活中有多种投枪暗器都把我们作为目标抛射过来，有些已打进了我们的肉体，有些正向我们射来，还有一些另有目标，只是中途擦伤了我们一下。别为自己生来将要面临的事情吃惊吧，谁都不必抱怨这些事情的，道理很简单，它们对每个人都一样。
- 我们务必要做到任何事情的发生都不使人感到诧异。我们应当事事处处都提前做好思想准备，应当想到每一个可能的突发事变，不要仅仅只考虑通常的情况，因为只要命运愿意，有什么不能被她那无上的权势击倒呢？

苦难是美德的机会

+ 总是幸福并且毫无心灵痛苦地度过一生,也就丧失了对于自然的另一半的认识。
+ 我判定你为不幸的,因为你从未不幸过。无人知道你能够做什么——甚至你自己也不知道。
+ 一个人如果要认识自己,那他首先要接受考验;没有经过测试,谁也不知道自己能做什么。
+ 如果你终日在财富中打滚,我又怎么能知道你会以什么精神面对贫穷?如果你到老都生活在阵阵掌声中,如果你无可抵挡的、从人们的心底里被人崇拜,我又怎么能知道你会以怎样的坚强面对侮辱、名声扫地以及公众的仇视?如果你总是子孙满堂,我又怎么知道你能冷静地对待丧子之痛?灾难是美德的机会,那些被过度的好运弄得迟钝不堪的人确实应当被称为不幸的。
+ 所有被召唤承受考验的人都会说:神明认为我们配得上担任他的工具,用来检测看看人性能承受多大的苦难。
+ 一切过头都是危险的,而最危险的乃是过头的、无限量的好运道。
+ 神明对待好人遵循的是教师对待学生的同样规则:他们对最寄予厚望的人提出最大努力的要求。
+ 当一个人不听教诲,用温和一点的方式已无法令其心灵恢复健康时,为什么就不能为了他好,让他受一点穷,蒙一次辱,倒一回霉,以毒攻毒,治一治他心灵上的毛病呢?

忙人的生命何其短促

- 世上找不到一个愿意别人瓜分自己钱财的人,可是说到生命就不同了,我们每个人都可以拱手送人,送给众多的别人!人们看管自己的财物时,手都紧得很,可涉及浪费时间的问题时,在唯一的一件可以给吝啬带来荣耀的事情上,他们出手却大方得很。
- 相信我,只有伟人和远远超越人类缺点的卓越之士,才不会允许别人从自己的有涯之生中偷走丝毫光阴,而他的生命之所以很长,恰恰是因为他将一切可以利用的时间全都投入到了自己身上。一分一秒也没有荒废和虚掷,一分一秒也不曾任由他人摆布,他把时间看得极紧,发现什么也不值得用他自己的宝贵时间来换取。
- 我多次惊讶地看到有些人老想占用他人的时间,而对方居然欣然应允。双方都只把注意力放在了请求占用时间的缘由上,而没有放在时间本身上,给人的感觉好像是人家什么也没管你要,你什么也没给人家一样。殊不知可能要痛失的正是最最宝贵的东西,但它却未能引起人们的注意,因为它是无形的东西,无法将自己呈现在人们的眼前,而这也正是人们觉得它很不值钱,或者说得更确切一点,觉得它根本就一文不值的原因之所在。
- 你的生命会沿着它最初迈上的那条道一路走下去,既不会倒退回来,也不会止步不前;它不会发出喧嚣,不会提醒你它的迅疾,而会悄无声息地溜走。
- 忙忙碌碌的人生命都很短促。他们整天忙得不可开交,任务只有一个，那就是如何才能活得更好，可他们却在为生活而做自身准备的过程中耗尽了生命。

+ 心态平和的淡定之士可以问心无愧地遍游其生命历程中的任何一个部分，而那些心态浮躁的杂务缠身之辈则像脖子上戴了枷锁一样，动弹不得，无法扭头，不能回头看。所以，他们的生命都消失在无底深渊了。

+ 那些辛辛苦苦想得到必须付出更大的辛苦才能守住的东西的人，他们的一生必定是不仅非常短，而且非常惨。他们费了九牛二虎之力获得了想要的东西，尔后又要忧心忡忡地去保住到手的东西。

+ 凡是杂务缠身者，境况皆很惨，但境况尤为悲惨的还得数这样一些人：他们热火朝天地忙来忙去，忙的甚至都不是他们自己的事情，连睡个觉都要迎合别人的睡觉方式，走个路都要随别人的步伐，在爱和恨这两样最不受控制的情感上，也要听命于别人。这些人要是想知道自己的生命是多么短促的话，且让他们想想生命中属于他们自己的那部分少得何其可怜吧。

+ 老是忙忙碌碌的人和始终疲劳疲沓沓的人，都不值得称赞——前者和后者一样，因为以匆忙为乐事并非勤勉——它只是一颗被追逐着的心的不平静的活力；对一切活动都感到厌倦，这种心境也不是真正的宁静，而是一种没有骨气的惰性。

+ 当你看到一个人经常穿着官司袍，看到一个人在论坛上大名鼎鼎时，不要心生羡慕之情：这些东西都是靠牺牲生命才换来的。

人生的智慧

- 天赋才能在强而为之的事情上是起不了什么作用的；逆天性而为，只能是劳而无获。
- 真正毁坏我们性格的，正是我们谁都没有对自己的生活加以回顾。我们考虑的总是将要做的事情，而从不考虑已经做过了的事情。但未来的一切计划都是取决于过去的经历的。
- 对一切使你快乐的事物的喜爱都要把握一定的分寸，而且要在它们处于最佳状态的时候充分利用它们。
- 凡是侥幸而获的东西都是不牢靠的。
- 我们怎样对待忘恩负义者？我的回答是：平静地、有教养地、宽宏大量地对待他。绝不要让任何人的失礼、健忘和不知感恩惹怒你到这种程度，以至于你对过去的善行感到不悦。
- 去激怒一个你曾施予其大恩的人有什么意义呢？这样做的结果就是：他从一个可疑的朋友变成了一个确定无疑的敌人。
- 冒犯你的人要么比你强壮，要么比你弱小；如果比你弱小，那么就饶了他；如果比你强壮，那么就放过你自己。
- 如果有人用踢报复了一头骡子，用咬报复了一只狗，他是否会认为他获得了完全的心理平衡呢？
- 只有一个伟大的灵魂才能不计较伤害；最令人耻辱的一种复仇就是认为对手不值得报复。很多人在复仇时，把那些轻微的伤害牢记在心。就像高贵的猛兽不理睬小狗的叫声那样不去计较伤害的人，才是伟大而高贵的人。
+ 常常是，假装不知比为此复仇要好。来自更强大者的伤害必须忍受，不仅要顺从地忍受，而且要带着愉快的表情去忍受；如果让他们确信他们已经成功地伤害了一次，他们就会再次伤害。
+ 信任每一个人和不信任任何人一样，二者同样都是错误的。
+ 你要么恨这个世界，要么去适应它。但正确的态度是这二者皆应避免；既不要因为坏人人数很多而变得像他们那样坏，也不要因为他们不像你这样而同许多人为敌。要尽可能地退隐到自身中去，要结交可能帮助你进步的人，要欢迎你有能力去提高他们的人。
+ 最能帮助你的还是保持沉默。没有人能对自己听到的东西守口如瓶，也没有人在转述自己所听到的东西时毫不添油加醋。每个人都有自己可以无话不谈的人，都会把对别人的信任给自己的一切向这个人泄露，即使我们假设这个人对自己那多言的三寸之舌设防立哨，并且只去满足一对耳朵的要求，他也仍然会造就一大串听众的——秘密就是这样在转眼之间成了众所周知的谣言的。
+ 轻信是大灾祸的一个源头。一个人甚至应该经常不去听人告发，因为在某些情况下，受蒙蔽要比起疑心好。怀疑和猜想是最有欺骗性的挑拨，应该把它们从心灵中驱逐出去。
+ 你还是应该格外小心，不要挑选那些性情忧郁，什么事情都可以掉眼泪，从不放过任何一个抱怨机会的人。这样的人也许对你忠肝义胆，矢志不移，但一个总是心烦意乱、事事都要悲叹一番的朋友却是宁静的大敌。

人性现象

+ 最勇敢的战士，当战斗信号发出时，他的膝盖也会微微颤抖。威风凛凛的指挥官，在战斗交火之前，他的心也会提到嗓子眼里。最能言善辩的演说家，在准备演讲前，举手投足也会变得不自然。
+ 动物对于喂养它们的人会十分温和，而疯狂的人却会反咬养育他们的人。
+ 如果一个男人垂涎每个人的妻子，并且认为仅仅她属于别人这个事实就足以成为他勾引她的充足而正当的理由——那么这个男人是不会让他的妻子正眼看人的；严厉强制别人忠诚的人正是一个不忠者。
+ 有的人不知感激，有的人过分感激，后者希望自己的恩人遭遇困境或不幸，这样他就有机会去证明自己是多么的感恩。其精神状态如同那个热恋到病态的人，他希望情人遭殃，自己可表现忠贞，他出于爱而产生的念头与她的敌人的念头却正好相同。因此，仇恨和疯狂的爱的结果几乎是一样的。
+ 为他人的不敬所烦恼的人，必然对他人的赏识很开心。
+ 最想冒犯人家的人，往往是最不能忍受冒犯的。
+ 即使我们宽宏大量不复仇，也会有人站出来惩罚那些鲁莽、自大、惹是生非的人；因为这样的人的冒犯行为绝对不会限于一个人或一件事。
- 精神疾病的情况正好和身体疾病相反；病得越重，越是感觉不到自己有病。
- 信奉正确的东西很简单，信奉错误的东西则很复杂，因为错误有无限的变种。人的性格也是如此，遵循自然规律的人的性格都坦率而纯朴，彼此仅有非常微小的差异。乖戾的人则总是与别人格格不入，无可救药，而且跟自己也过不去。

论恩惠和感恩

- 金银或诸如此类被人看重的东西并非恩惠，唯有施惠者的好意才形成恩惠。我们握在手里、看在眼里和妄图占有的东西都是终会消失的，厄运和不公都能夺走它们。但是恩惠在体现它的外在之物消失之后仍能存在，因为行善是一种道德行为，没有力量能使它消失。
- 恩惠究竟是什么呢？它是给别人快乐并以此给自己带来快乐的行为，而且是自愿自发而为的。因此，重要的不是做了什么和给予了什么，而是行动的精神实质，因为恩惠并不在于这些东西，而在于行动者和给予者的心灵。这种显著的区别，可以用一句话来把握：善行无疑是好的，而所做的事和所给予的东西却谈不上好和不好。心意既可以提升小礼物的价值，给不起眼的东西染上光辉，也可以使庞大贵重的东西贬值；人们所需求的东西的性质是中性的,谈不上好和不好;一切取决于目的,主导精神原则赋予物质以形式。

- 某人给我的恩惠很小,但是他已经无力给得更多;另一个人给我的恩惠很大,但是他犹豫、拖延、抱怨,在施舍中傲慢跋扈,并四处宣扬,他想取悦的人并不是他要帮的人——他的施予并不是为了我,而是为了自己的骄傲。
- 最为重要的是,我们在给予的时候要乐意、迅速和毫不犹豫。那些对于在施惠者手中停留过久的、舍不得拿出的,或者是在给予时一脸忍痛割爱的样子的恩惠,没有人会心存感激。
- 再也没有比不得不讨要别人已经答应给的东西更让人难堪了。恩惠应当当场施予。但是对一些人而言,承诺易,兑现难。
- 如果给予者不让我们谢他,在给出时就忘记他曾经给过,这样的礼物该是多么的宜人和珍贵啊。
- 没有人会对出于被迫而非自愿的恩惠心存感激。
- 实际上,许多人的慷慨只不过是由于缺乏拒绝的勇气。
- 对于那些不能提升一个人的威望,而是解脱别人的病痛、贫穷和耻辱的恩惠——我们就应该悄悄地给予,只让受惠者知道。
- 如果某样东西是我羞于向他人要求的,那么我就不会给别人。
- 就恩惠而言,接受回报是对的,这就如同要求回报是错的一样。一个人如果给得乐意,从不要求回报,对别人的回报能很高兴地接受,真心地忘记了曾经给出,所以把别人的回报当成恩惠来接受，那么他就是最好的。
- 受惠于你不想欠情的人是一种痛苦的煎熬，但受惠于伤害过你而你仍然喜欢他的人却是令人高兴的。
- 就恩惠而言，有一个对双方都有约束力的规则——一方应立即忘记曾施过惠，另一方则永远不应该忘记曾受过惠。
- 一个人如果只在旁无他人的情况下才会道谢，那就表示他是一个忘恩负义的人。
- 恩惠在充满感激的接受中已经得到了完全的回报。
- 宁静地承担回报他人的义务，等候时机的到来，不要刻意地制造回报的机会。记住，急于在第一时刻摆脱回报的义务，是一个人忘恩负义的标志。因为一个不愿意蒙恩的人是不会真心回报的，并且他那么不愿意保有礼物，说明他把它看作是负担，而不是当作恩惠。

论愤怒

- 愤怒是一切情感中最可怕和发狂的情感，因为在其他情感中还有一些平和与冷静的因素，而愤怒这个情感则是完全猛烈的。在愤怒的支配下，人往往只要能伤害他人就完全不考虑自身，即使同归于尽也在所不惜。因而某些贤哲曾经宣称，愤怒是"一时的发疯"。
- 没有别的情感会像愤怒拥有一个如此混乱的外表：它使最美丽的面容也变得丑陋。
- 正如塞克斯提乌斯所评论的那样，让某些人发怒时照一

下镜子是有好处的。
+ 其他的恶来势缓慢，而愤怒的能量却突然而彻底。简而言之，它让所有其他的激情都俯首称臣。它征服最炽热的爱情，于是愤怒的人们刺伤他们所爱者的身体，躺在被他们所杀者的怀里；贪婪，这个最顽固不屈的恶行，被迫花费掉它的财产，放火烧毁它的家园，销毁多年积攒的珍宝，被愤怒完全踩在脚下。
+ 愤怒不是缓慢地向前发展，而是在它开始的一刹那就已经羽翼丰满；与其他的恶不同，它不是引诱而是绑架心灵。
+ 愤怒有时也能击倒妨碍它们的东西，但更多的是给自己带来破坏。
+ 伤害的限度是确定不变的，但是愤怒会把我卷到多远，那就没人会知道了。
+ 我们服从于我们最初的冲动，接下来，尽管我们是被一些纯粹的小事所激怒的，然而因为担心我们看起来从开始就没有理由这样做，我们就继续发怒，而且——最不公正的是——正是我们愤怒中的这种不公正使我们变得更加顽固。因为我们坚持它，庇护它，就好像我们愤怒的暴行就是它正义的证明。
+ 补救愤怒只有两个规则：不陷入愤怒；在愤怒时不做任何错事。
+ 我们应该让愤怒暂缓发作，因为被推迟的惩罚仍然可以实施，而一旦实施就不能再收回。
+ 矫正愤怒的最好办法就是延缓。首先请暂缓发火，不是为了它会宽恕，而是为了它能判断。它最初的攻击是猛烈的，等一会儿就会停止。
+ 很多人通过猜疑不真实的事情，或者对那些琐碎小事进行夸大其词，来制造自己的委屈。愤怒经常降于我们，但是更多的时候是我们自己去找它。
+ 正是从你把微不足道的小事看得很重要这个事实中，产生了你的疯狂和愤怒。
+ 为了不对个人发怒，你必须普遍地谅解人类，你必须不严格要求人类。
+ 尽管其他的恶能控制单个的人，但是愤怒却是唯一一个能支配整个国家的激情。没有一个民族会为了一个女人整个地燃起爱情的火焰，没有一个国家会整个地把希望放在获取金钱或财富上；野心只是个人的，抓住的是个体；只有愤怒才会是整个民族的苦难。他们常常会一起冲入愤怒。

阅读经典和独立思考

+ 既然自然容许我们与每个时代结缘，那我们为什么不抛弃这微不足道而又转瞬即逝的现时，全身心地投入到无限、永恒、可与更为优秀的人共享的过去中呢？
+ 你应该视其为把时间用在真正的人生职责上面的人，是那些每天都愿意把芝诺、毕达哥拉斯、德谟克利特及所有其他学富五车的宗师，还有亚里士多德和西奥弗拉斯图引为知己的人。这些主人谁都不会"太忙";谁都不会让自己的客人扫兴而去,反而会让他比来的时候更加高兴,对主人更加仰慕;谁都不会让任何一个客人空手而归,无论白天黑夜,世上所有的人都能享受到他们的陪伴。

+ 如果你想从阅读中获得值得你永远铭记在心中的知识,你就应该花更多的时间去研读那些无疑是富有天才的作家们的作品,不断从他们那里取得养料。每个地方都去,等于哪里也不去。一生都在国外旅游的人,结果是在许多地方能够收到殷勤的招待,但得不到真正的友谊。对于任何一个大作家的作品都没有深刻的了解,而是从一个作家跳到另一个作家,走马观花式地阅读所有作家的著作,就是这样的旅游者。

+ 浏览许多不同思想之后,要选取其中一个,认真思考并当天予以彻底消化。我就是这样做的。在我一直阅读着的那些著作中,我牢牢地抓住其中一个。

+ 凡是真理都是我的财产。有些人发誓忠于某人之后,就再不考虑一个思想究竟说的是什么,而只是看他是谁说的,我就是想要使这样的人明白:一切完美的思想都是人类共同的财富。

+ 不要让精神上的热情冷下来,要继续保持这种热情,要让它具有坚实的基础,这样就能使热情变成固定的精神习惯。

+ 记忆是一回事,理解是另一回事。记忆是保护信托给你头脑的知识,理解则相反,实际上是使每一点知识都变成你自己的，并且不依赖于原著，不要老是指望着看老师是怎么说的。"这是芝诺说的，那是克里安塞说的。"让我们也听你说的一点不同于书本的东西吧！你打算还做多久的小学生呢？从现在起也做一做老师吧。我自己能够阅读的东西，又为什么还要去听别人演说呢？

+ 哪怕是就做学问而言，虽说这方面的花费是非常体面的事情，但也要适度才说得过去。如果一个人有不计其数的书和藏书室，而他毕其一生也难以把它们的书名都过一遍，那又有什么意义呢？这么多的藏书不会让人长学问，倒是会让人背上沉重的负担。集中精力钻研几个作者的作品，要比走马观花式地浏览一大堆作者的作品强多了。

论死亡

+ 不要让死亡的思想来烦扰你，一旦我们摆脱了对死亡的恐惧，就什么都不可怕了。
+ 看到地球也难逃一死，对于临死的人来说是一个相当大的安慰。
+ 人的生命是一种微不足道的东西，但能够看轻生命绝不是一种微不足道的修炼。
+ 如果你认为活得短与活得长没有多大差别的话，你就会以一种镇定的目光来看待所有这一切。我们失去的只是时间。假设损失的数额以多少年、多少月、多少日来计算的话，我们失去的只是无论怎样都注定会失去的东西。我问你，就算我得到了，又能怎么样呢？时间无时无刻不在流逝，把那些最想抓住它的人抛下。我既不拥有未来也不拥有过去，而只是被悬在似箭光阴的某一个点上。从我们把已经逝去的年华看作自己的年岁这一点就可以看出，我们未能参透生命这个词的真谛，也没领会时间从来就不是我们自己的这一情况。让我们牢牢记住，反复提醒自己：我必有一死。什么时候死？你瞎操那个心干吗！怎么个死法？你瞎操那个心干吗！

+ 每一天都应该看作似乎就是我们的末日，就是完成和结束我们生命的日子。如果上帝让我们多活一天，我们应该高兴地接受。期待着明天而又不为明天是否到来发愁的人，才了解从容超脱的价值，因而也比别人更懂得幸福。

+ 预习死亡，就是要人去预习自由。学会了死亡的人，也就忘记了做奴隶，他会超越于一切政治权力之外。对他来说，牢房、狱吏、法院算得了什么？他的门是敞开的。束缚我们手脚的镣铐仅有一副，那就是我们对生的贪恋。没有必要把这种贪恋完全抛弃，但确实有必要把它稍微减少一点，这样我们才能在需要的时候，毫无障碍地立刻去做必须做的事情。

+ 智者绝不会被赶出生活，因为被赶出意味着从一个我们不愿离去的地方被撵走，但没有什么事情是智者不愿意做的。
- 人生的旅程，如果是光荣的话，就决不会不完整。不管你在哪一点上离去，只要方式正确，你的一生就是完整无缺的。
- 有人会说："但我要活着是因为我在忙于各项有价值的活动，我正在认真地、精力充沛地履行着人生的职责，我不愿把它们丢下不管。"算了吧。你一定知道死也是一种人生的职责吧？你不是把责任丢下不管，因为并没有固定数量的责任规定要由你完成。
- 你一定会死，那不是因为你身体有病，而是因为你活着。你的疾病痊愈以后，死亡的结局仍然在等待着你，恢复健康，这使你逃避的是某种疾患，而不是死亡。
- 年龄说明不了什么问题，我们无法知道死亡在何处等你，所以，你随时随地等待着它吧。
- 死是什么？无非是灵魂的搬迁或生命的结束。我不害怕生命的结束，这和它尚未开始是一样的。我也不害怕灵魂的搬迁，因为在任何别的地方，监禁我的场所绝不会比这里的更加窄小。
- 如果你在考查一个人所活的年头后，将其所活的年头与其没活的年头做一比较的话，你就会发现最短的寿命与最长的寿命之间的差别微乎其微，根本算不了什么。
- 死只不过是非存在，我已经知道它是个什么样子了。丧我之后正与生我之前一样。事实上，我们活着之前和之后，死都是存在的。生前是死，生后也是死。至于究竟是你停止存在了，还是你尚未开始存在，这有什么关系呢?因为两者的结论都是你不存在。
+ 谁也不会如此无理,竟至于不知道自己总有一天会死去。然而一旦临近死亡,谁都又变得傻了起来,难过得痛哭,害怕得发抖,还想方设法寻找活路。一个人要是因为自己未能在千年之前就活着而放声大哭,你不是认为他是一个大傻瓜吗?那么,为自己不能再活一千年而流泪的人,同样也是一个大傻瓜。这两个时期——你尚不存在的时期和你将不存在的时期——是毫无区别的,你也同这两个时期毫无关系。你进入的是此刻——假如你要让它更长一点,你又能把它变得多长呢?
+ 你将要走的是一条万物必经之路。这有什么奇怪呢?这乃是人生注定了的规律,是你父亲、母亲、祖先和一切先你而生的人们的共同命运,也将是后你而生的人们的共同命运。事物生灭的这一不可抗拒的代谢程序是无法改变的,它把一切都置于自己的有效控制之下。想想看,有多少人命定要随你死去,继续与你为伴!
+ 谁的死期也不会来得太早,因为命中注定他能活多长,他就只能活多长,想多活是断无可能的。每个人的界桩都是定好了的:它会永远固守在自己的位置上,无论费多大的心机或受多大的影响也休想将它挪移。
+ 生命啊,是多亏了死亡才使得你在我眼里如此珍贵。

■ 主要资料来源

《强者的温柔：塞涅卡伦理文选》，（古罗马）塞涅卡著，包利民等译，中国社会科学出版社，2005。

《论幸福生活》，（古罗马）塞涅卡著；覃学岚译，译林出版社，2015。

《幸福而短促的人生：塞涅卡道德书简》，（古罗马）塞涅卡著，赵又春、张建军译，上海三联书店，1989。

爱比克泰德

10

- 理性能力是人身上的神性
- 分清人可支配的和不可支配的
- 错误的判断导致痛苦
- 不受制于外部事物
- 满足于拥有比财富更有价值的东西
- 关心你的真正的自我
- 对自己的最大伤害是什么
- 生活的智慧

EPICTETUS

爱比克泰德（Epictetus），约公元 55—约 138 年。古罗马时期斯多葛派三大哲学家之一。患有残疾，少年时代是奴隶，后来成为自由民。仿效苏格拉底，以谈话为从事哲学活动的方式，无著作。他的学生阿里安忠实地记录了他的许多谈话，编辑成《哲学谈话录》和《爱比克泰德手册》两本书。他强调的也是理性地对待生活，理性能力是人身上的神性；用这个能力去分清人可支配的和不可支配的，在这方面不要犯判断的错误，因为一切痛苦都是错误的判断导致的；相反，用理性能力做出正确的判断，你就能够不受制于外部事物，满足于拥有比财富更有价值的内在的宝藏，关心你的真正的自我。

理性能力是人身上的神性

+ 理性能力是我们从神那儿承袭的唯一既可以理解自身——何为理性，它有何能，这种天赋对于我们的价值有多大——又可以理解所有其他能力的能力。
+ 从我们一诞生，在我们身上就混合了这样两种因素：一方面是和动物一样的肉体，另一方面则是和众神一样的理性和理解力。我们中的有些人倾向于前一种联系，这是一种不为命运所祝福的、有死的联系；只有少数人倾向后一种联系，这是一种神圣的，并为命运所祝福的联系。
+ 难道你不知道和整体相比，你是多么渺小的一部分吗？我说的是肉体；因为说到理性，你既不比众神低，也不比他们少。
+ 你不要得到了这些禀赋却不领情，更不要疏忽了那更好的事物，而要为视觉能力，听觉能力，是的，以宙斯的名义，还要为生命本身，为有助于生命的事物，为干果，为美酒，为橄榄油，而向神感恩；同时你还要记住神给了你一样比所有这些事物更好的事物——即那使用它们、对它们进行判断、估计每样事物价值的能力。
+ 既然我能从我自己身上获得灵魂的伟大和品格的高贵，那么，难道我还要从你那儿去获得农场、金钱或者某个职位吗？
+ 难道这些植物和动物不也是神的作品吗？是的，但它们不是最重要的，也不是神的一部分。而你是一个最重要的存在，是神的一部分，在你身上有他的一部分。既然

爱比克泰德

如此，那你为什么要无视你自己的高贵出身呢？

分清人可支配的和不可支配的

+ 好好地运用在我们能力范围以内的东西，别的就听其自然吧。
+ 请早晚记住，获得宁静只有一种途径。放弃想要得到自由意志范围之外的事物，把所有东西看作身外之物。你追求属于自己的东西，追求自由。你看书、写作、听讲都是为了获得自由。
+ 众神并没有要你为你的父母负责，众神也没有要你对你的兄弟负责，众神也没有要你对你的肉体、财产，还有生死负责。众神给你的责任是什么呢？只有一件在你控制之下的事情——对于正确地运用表象负责。既然如此，那你为什么还要让自己在那些不要自己负责的东西上流连忘返呢？真是庸人自扰。
+ 我们所能控制的是自由意志和自由意志的所有行为；不能控制的是肉体、肉体的各个部分、财产、父母、兄弟、孩子和国家。一句话，就是所有和我们发生联系的事物。那我们将把"好"置于何处呢？
+ 美好高贵的人为自己设立的目标是当上军事执政官？不是的。不过如果当了军事执政官，就要在这样的场合下保持自己的指导原则。结婚？不是的。不过如果结婚了，就要在这样的场景中与自然和谐相处。如果他想要自己的儿子和妻子不犯错误，那么他想要的就是属于别人的东西。接受教育就意味着要学会辨别什么东西是属于自己的，什么东西是属于别人的。

+ 对于我们真心热爱的东西，任何人都无权控制，而那些别人有权控制的事物又与我们毫无关系。

+ "可是暴君将用锁链锁住——"什么？你的腿。"砍断——"什么？你的脖子。那他既不能锁住也不能砍断的是什么？是你的自由意志。这就是为什么古人要给我们如下训谕的原因："认识你自己。"

+ 如果一个人认为自己的利益只处于不受妨碍的而且受自己控制的东西之中，他就是自由的，宁静的，幸福的，不会受伤害的，高贵的，可敬的，感恩的，不会吹毛求疵的。如果一个人认为自己的利益来自身外之物及自由意志范围之外的东西，他必定是受妨碍的，受约束的，受到能控制他所艳羡和惧怕的东西的人的奴役的。

+ 什么事值得拍马奉承？一个人为什么要嫉妒另一个人？他为什么要羡慕拥有巨额财产的人，或者被安排在权力位置上的人，特别是如果他们既强壮又易怒？因为他们与我们何干？他们有权力去做的事情，是我们并不关注的事情；而我们关心的事情，是他们没有任何权力的事情。对于有这样心态的人，谁还能统治他呢？

+ 如果一个人像块石头似的聆听咒骂，那对骂人的人来说，能有什么好处？但是，如果骂人的人利用了被骂者的弱点，那他就肯定会有所得。

+ 把每一件发生在自己自由意志范围之外的事情都看成是

与己无关的事。
+ 当我看到一个人处于焦虑不安时，我就会对自己说，这个人想要的能是什么东西呢？因为如果他未曾想要不在他控制范围内的东西的话，那他怎么还会焦虑不安呢？

错误的判断导致痛苦

+ 哭泣与叹息是什么？一个判断。不幸是什么？一个判断。冲突，争执，吹毛求疵，非难，不敬，愚蠢，这些是什么？它们都是一个判断，它们是对在自由意志领域之外的事物所下的判断，认为它们是好的或坏的。让一个人把他的判断转移到自由意志领域之内的事物上来吧，我保证他就会坚定起来的，而不管他周遭的事物状态如何。
+ 除了判断，没有其他事物能够扰乱我们灵魂的安宁，或是让我们反复无常，这样认识的话，我以所有神的名义向你起誓，我们就是日有所进了。但事实上是，我们一开始便选择了一条截然不同的路。甚至我们尚在孩提时，如果我们撞上了某个东西，正打算号啕大哭之际，我们的看护者不会数落我们，反倒常去打那块石头。怎么，石头做了什么？难道因为你会做幼稚愚蠢的荒唐事，就应该让石头离开这条路？
+ 去奢求不可能的事物是奴性的和愚蠢的；一个以唯一可由他支配的武器，即他本人的判断去与神对抗的人，他的行为就像一个宇宙中的异乡人的行为。
+ 如果有一件被称为非人所愿的事情发生了,那么,那件事"并非是在预料之外"的判断立即就会成为减轻负担的第一件事。

不受制于外部事物

+ 一旦使自己所拥有的事物受制于外部事物的话,那你就会从此而变成一个奴隶。
+ 我们羡慕的是什么?外部事物。我们兢兢业业地忙于什么?外部事物。那么,我们对于自己怎么常常会陷入恐惧与焦虑还要感到困惑吗?
+ 财富不在我们的控制之下,健康、名声也不在我们的控制之下,一句话,除了对外部表象的正确运用之处,任何其他事物都不在我们的控制之下。
+ 我以众神的名义命令你,终止对物质事物的崇拜,首先,要终止把自己变成物的奴隶,其次,你不要因为对物的崇拜而成为那些能为你赢得物产,也能拿走你的物产的人的奴隶。
+ 一旦你迷恋上了某物,不要把它当作是仿佛永远属你的东西,不要据此而行动,而应把它当作仿佛是某种像一个罐子或一只水晶玻璃杯那样的东西,这样,当它打破的时候,你会记得它是一个像什么的东西,而不会为它所困扰。

+ 你也应该以那种方式提醒你自己，你喜爱的东西也是终有一死的；它不是你自身的财产之一；它只是目前被给予了你，并非与你不可分离，也不是永远被给予了你，而是像一个无花果或一串葡萄，在一年中的固定季节生出来供你享用；你要知道，如果你在冬季渴望得到它，那你就是个傻瓜。
+ 你没有能力获得或保持的东西就不是你自己的。不仅你的双手要远离它，而且首要的是你要控制自己的欲望，不要去想它。如果你羡慕不属于自己的东西，如果你酷爱受制于人的、有生灭的东西，你已经受奴役了，给自己的脖子套上了枷锁。
+ 我为什么要想望不在我能想望范围内的事物，要完全地拥有那并没有完全地被给予我的事物呢？然而我又应该怎样持有它们呢？要符合事物当初被给予你时附带的条件，而且只保留它直到它被给予你的那么长的时间。但神既给予，也拿回。我为什么要反抗呢？
+ 哪些是属于别人的东西呢？所有那些对其拥有还是不拥有都不在我们控制之下的事物，所有那些只能在某种程度上或某种条件下拥有的东西。所以，身体及其各部分，还有财产，都是不属于自己的。

满足于拥有比财富更有价值的东西

+ 现在，在人之间就没有一种品性，就像赛跑这个品性在马之间一样，可以通过这个品性将好者与坏者区别开来吗？难道就没有了尊敬、忠诚与正义这样的事物了吗？你应当证明你自己在这些方面更为优越，以便证明你是作为一个人而优越。

+ 就一位好人而论，做好的与正义的事情就是回报，你还想为他找更进一步的回报吗？成为一个好的、杰出的和幸福的人，在你看来是那样一件微不足道和无价值的事情吗？

+ 不要到外部去寻求你的幸福，应该在你自己内部寻求你的幸福。

+ 人们要聚在一起，为这种人哀伤，因为这种人遇上了那么多的坏事。这不是为了人的诞生和去世，而是为了这样的不幸：在人活着时失去属于自己的东西，这不是家产、农场、房子、客栈和奴隶——这些不属于自己，主子今天可以给你，明天又可以拿去给其他人——而是人的特质，人的心灵的印记。

+ 人们做某事，就要能从中获得相应的好处，这难道不合理吗？别人爱做官，你爱正确的观念。别人爱财富，你爱正确的感知。照这样的话，他们是否能比你在你所致力的事情上获得更多的好处呢？

+ 当你见到别人在当官，你应当想：你根本不想当官。当你见到别人很有钱，你要想一下自己拥有什么东西。因为如果你一无所有，那你确实是不幸的。但是，如果你确实感到自己不需要财富，那你要知道自己很富有，拥有比财富更有价值的东西。

- 难道你不愿意花代价去努力获得心神宁静。让自己睡时能睡、醒时能醒,从而无忧无虑吗?
- 你不能既关心身外之物,又关心自己的主导原则。如果你想要前者,你就得放弃后者。否则,你会彷徨于两端之间而最终两者都得不到。如果你想要后者,你就得放弃前者。

关心你的真正的自我

- 难道我不关注我的驴吗?不为它清洗蹄子梳理皮毛吗?难道你不知道每个人都关注他自己,而他们关注你就像关注他的驴一样吗?有谁曾经像关注一个人似的关注过你?请你将他指给我。
- 当一个人在生活中有一个适合于他的岗位的时候,他就丝毫不会垂涎于任何不在其岗位范围之内的东西。
- 你的忠诚属于你自己,你的自尊属于你自己;谁能把这些东西从你身上夺走?除了你,谁能阻止你运用这些东西?可你是怎么做的?在你孜孜以求并非属于自己的东西的时候,你已经把原本属于你自己的东西都丢掉了。
- 当你去见某个显赫的重要人物的时候,请记住另一个你正从上面注视着所发生的一切,而且你必须取悦于他,而不是那个显赫的重要人物。
- 如果你能始终牢记什么是你自己的,什么是别人的,你就永远不会心神不安了。

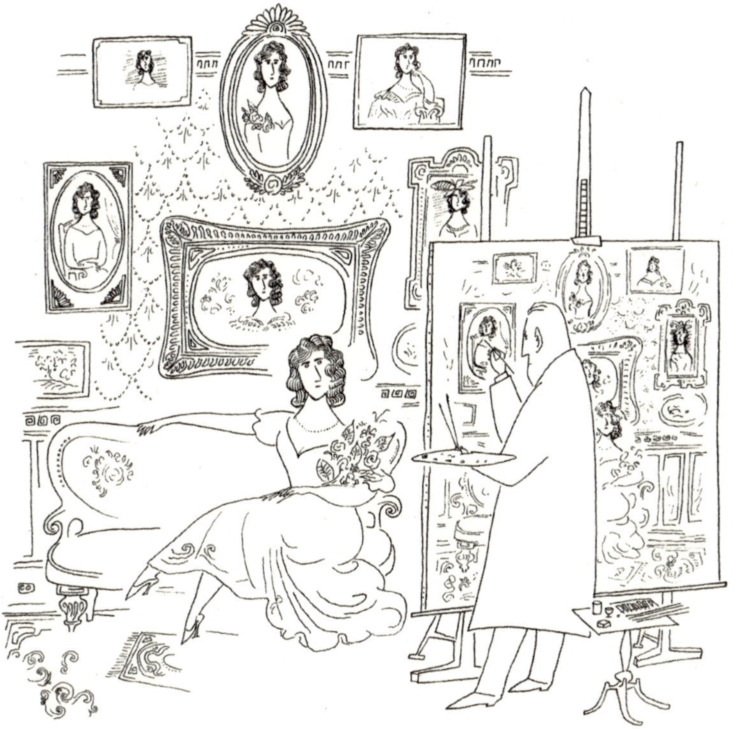

- 如果神将一个孤儿托付给你照管,难道你会对神如此无视吗?神已经把你自身托付给了你自己照管,并且说:"除了你,我没有任何人更值得信赖了;请你将这个人为我看管好,不要让自然赋予他的这些特征有丝毫的改变,即谦恭、忠诚、高洁、无畏、宁静与平和。"难道你不会按照他所说的那样去保全那个人吗?
- 你只能成为一种人,要么是好的,要么是坏的;你所致力于提高的,要么是你的自身主导原则,要么是你的外表;你要么致力于提高内部的那个人,要么致力于外部事物。这就是说,你要么担当一个哲学家的角色,要么就担当一个俗人的角色。

对自己的最大伤害是什么

- 如果你不再是一个人,一个和善的和社会的人,而是变成了一只野兽,一只有害的、危险的和咬人的动物,你难道没有任何损失?什么,必须是丢了点子钱,才能叫遭受损害吗?难道丢了别的东西就不会给人造成损害吗?如果丧失了使用语言或者音乐的技艺,你会把这种丧失看作是一种损害;可如果是要丧失自尊、高贵和温和,你会不会认为这是无关紧要的?
- 你要是把微不足道的金钱当作衡量所有事物的标准的话,那么,按照你的观点,哪怕是一个没了鼻子的人,也没有受到一点损害。——"哦,不,他受到损害了,"

有人说，"因为他的肉体受到损伤了。"——那么，丧失了全部嗅觉的人是不是没有丢掉任何东西呢？那么，有没有一种叫作心灵的能力那样的东西，对一个人来说，拥有它，就意味着获益，而失去它，就意味着损害呢？

+ 难道我不该对损害过我的人报之以损害吗？——注意你要说的话是不是这样的："哦，既然某某已经以不公正对待我的方式损害了他自己，那是不是我也要以不公正对待他的方式来损害我自己呢？"

+ "按照宙斯命令的做这个吧；如果你不这样去做，你将会受到惩罚，你将会受到伤害。"哪一种伤害呢？就是没履行你的义务所带来的伤害；你将失去在你之中的那个忠诚、荣耀、举止高贵的人。你不需要去找比这样的伤害更大的伤害了。

生活的智慧

+ 尽管生活是一件无关紧要的事情，它的运用却并非一件无关紧要的事情。

+ 我们也应该这样做，以展现一个球员对比赛应有的谨慎，同时保持对所玩的对象的冷漠，因为它只不过是一个球而已。一个人应该想尽一切办法对外部材料运用技艺，但是不要看重材料，而只需将他在这方面的技艺全部表现出来。你接受了材料后，就在其上工作。

- 就像木头是木匠的材料，青铜是雕刻家的材料一样，每个人自己的生活就是他自己生活技艺的材料。
- 首先，你要告诉你自己，你想要成为哪一种人；然后再去着手做你要做的事情。
- 通常会发生什么呢？人们就像一个去往自己家乡途中的旅人所做的那样；他在一个极好的旅馆逗留下来，然后，因为这个旅馆中了他的意，他就在那儿住了下来。伙计，你忘了你的目的地了；你的目的地不是这里，你只是经过这里。
- 先练习不让别人知道你是什么样的人。将你自己的哲学保密一段时间。这是果实生长的方式；种子埋在地下一季，慢慢地生长，这样才能长成最好的状态。
- 不要变成一个比孩子还要懦弱的人，而是要像他们一样，在事情不能再让自己满意的时候，就说"我不想玩了"。你也要这么做，在事情对你而言已经到达不能令你满意的地步的时候，就说"我不想玩了"，然后起身离去；但是假如你要留下来，那就请别再哀哭抱怨。
- 要不就忍受鞭笞直到死，要不就立即屈服。决不要遭受了许多鞭打之后而又最终屈服。
- 当你碰到独处或只有几个人与你相伴的时候，应该认为这种时候是宁静的，要善于使用这些时候，与心灵交流，锻炼自己的感知，培养自己把握的概念。当你碰到人群的时候，把它看作是比赛盛会或节日，要与人群一起享受节日盛会。
- 如果在无知的人中间有任何关于原则的讨论，多数时候都要沉默。
+ 你不要在无知的人面前显示你的原则,而要表现出由于消化了那些原则所引起的行为来。
+ 一个专家不想讨好对他的技艺一无所知的人。
+ 当某人让我们觉得他已经坦诚地告诉我们他自己的事,我们会告诉他自己的秘密,认为这是坦诚相待。一个原因是当一个人听到别人的事情,他应该让别人知道他自己的事,否则,看上去这就不是公平的。另一个原因是如果我们保守自己的秘密,我们会给别人留下不坦诚的印象。轻率的人就是以这种方式陷入了罗马士兵的圈套。一个士兵穿着平民的服装,坐在你的身旁,开始说恺撒的坏话。你因为他先开始骂的,感到有某种保障,于是说出自己的所有想法。接下来,你马上被投进监狱。
+ 如果你是个爱说话的人,把每个遇到的人当作朋友,难道你想让我也像你一样吗?比如,我有个完好的罐子,你有个有破洞的罐子。你来我这儿,把酒存在我的罐子里。但你发牢骚,我没有把我的酒存在你的罐子里。你的罐子有个破洞呀!这里要有什么公平呢?
+ 由于自己的不幸而谴责别人,是一个没有教养的人的行为;如果谴责自己,那就是一个正在进入教养的人的行为;而既不谴责别人也不谴责自己,则是一个受过完满教养的人的行为。
+ 总体上讲,如果你想做某样事情,就要形成做某事的习惯;如果你不想做某样事情,就不要让自己去做它,而是让你自己习惯于去做其他的事情。在心灵的事情中，同样的原则也是适用的；当你发怒的时候，你要知道，不仅这种恶已经降临到你身上，而且你已经加强了这种习惯。

主要资料来源
《哲学谈话录》，（古罗马）爱比克泰德著；吴欲波等译，中国社会科学出版社，2004。

奥勒留 11

- 163 人的本性与宇宙本性相一致
- 164 保持心灵的宁静
- 166 一切取决于看法
- 167 做一个既正直又仁爱的人
- 169 宽容是正义的一部分
- 171 承受不幸
- 171 人性和修养
- 173 论死亡

AURELIUS

马可·奥勒留（Marcus Aurelius），公元121—180年。古罗马皇帝，古罗马时期斯多葛派三大哲学家之一，西方历史上唯一的哲学家帝王。童年受严格的教育，在诸科目中独爱哲学。在位二十年，连年征战，使罗马国运达于顶峰。征战途中，勤于思考人生和道德问题，写成《沉思录》一册小书，成为传世名著。人品高洁，深受民众爱戴，被赞颂为战士、哲人和圣人。作为斯多葛派哲学家，他推崇的也是理性，强调用理性做正确的判断，保持心灵的宁静，从而能够坦然承受不幸和面对死亡。作为一个皇帝，他特别重视自身的修养，决心做一个既正直又仁爱的人，并且认为宽容是正义的一部分。

人的本性与宇宙本性相一致

- 你必须牢记这一点：什么是宇宙的本性？什么是自我的本性？二者之间有何关联？我是怎样的一个宇宙中的怎样一部分？无论你怎样说怎样做，没有人能阻止你追求符合自然，你自己原本就是它的一部分。
- 你是作为这世界的一部分出现的。你从哪里来，就将到哪里去；或者可以说，经过一个转化的过程，你将回到那创造你的宇宙理性之中。
- 敬畏那宇宙中最强大的力量吧，正是这力量在利用、掌控着世间万物。同样，也要尊重你内部那个最强大的力量，因为它也具有类似的能力。它支配着你的一切，你的生命受它统治。
- 对于一个宇宙的人而言，我的城邦与祖国乃是这个宇宙；因此对它们有利的，也对我有利。
- 那守护我们的神，便是每个人都有的思想和理性。
- 有两个理由能使你安心接受发生在你身上的一切：第一，那是因你而生的，是给你开的药方，与你有密切关系，一切缘由从一开始就是织在你的命运之线里面的；第二，对于支配宇宙的力量来说，我们每个人的遭遇乃是为了它自身的和谐与完满，为了它的生生不息。
- 对那能赐予一切也能收回一切的自然，谦虚、有教养的人会说："你愿意赐给我什么就赐给我什么，愿意收回什么就收回什么吧。"他这样说，没有一点儿不服气，只是怀着对自然的恭顺与善意。

- 何谓幸福？就在于按照人的本性去行事。
- 一个人应该把做合乎本性的事当作是一种享受，而且你时时处处都可以得到这种享受。
- 没有任何人能阻止你按照你自己的本性去生活，没有任何一件不合宇宙的自然之道的事情会落到你头上。

保持心灵的宁静

- 最重要的是保持心灵的宁静，因为一切事物都是顺应宇宙本性的，很快你也将化为乌有，无处可寻，就像哈德里安、奥古斯都那样。其次，要留心观察身边的事情，看清其本质所在，同时还要记住必须做一个好人，按照人的本性去做，若是公正的事情，你便要严格地去做，不得有任何偏离；做事的态度要谦逊温和，不能有一丝虚伪。
- 人总是想退隐乡间、海滨、山林，你也曾经全心向往这种生活。但这完全是一种庸俗的想法，因为你尽可以随时退隐到自己的内心去；没有任何地方能比自己的心灵更为宁静、更无烦忧，尤其是如果这个人的内心海阔天空，他只消静心敛神，立刻就可以获得完全的宁静——所谓灵魂的宁静，我指的就是内心的秩序。因此让你自己始终借助这种退隐来获得内心的宁静吧，使自己不断重生；而你内心的原则也只需简明扼要，运用起来足以澄净一切纷扰，当你回到退隐之前的那种生活时，心中不会再有任何怨怼。
- 牢牢记住吧：退隐到实在的属于你的小天地里去，最重要的是不要紧张，过分忧虑，要保持心灵从容自在，要像一个人、一个有人性的人、一个公民、一个终有一死的人那样去看待事物。你最为倚重、经常奉行的箴言，应该包括以下两条：第一，外在事物与心灵无关，它们无欲无求地存在于心灵之外，一切的纷扰都来自内心；第二，你眼前所见的一切都瞬息万变，终将归于湮灭；要始终记着，你曾经见过多少这样的变化。
- 哲人说，若要保持心灵宁静，那就少做些事。但这样说不是更好吗？——只做必要的事情，只做合乎社会动物的理性的事情，只按照这种理性的要求去做。这样不仅能获得行事适当而带来的心灵宁静，也能获得由于少做事而产生的心灵宁静；因为我们的大部分言行都是不必要的，如果有所节制，会有更多的闲暇、更少的烦恼。所以要时时问一问你自己："这件事是不是有必要去做？"
- 记住：如果你的心灵内敛自足，按它的意愿行事，对于不合理性的事情就不去做，那么你的理性便强大无畏。如果它凭借理性和审慎的思考做出判断时，它将得到最大的满足。所以，那摆脱了激情的心灵就是一座坚强堡垒，再没有比这更安全的栖身之所了。一个人如果不知道这点，他还只是无知，如果知道了却不进去安身，那就是不幸了。
- 没有比这更令人同情的了：有的人对什么都要弄个究

竟，就像诗人写的那样，他们连土地下的事情都要刨根问底，还要琢磨邻人心里的想法，却不知道只要一心一意地供奉内心的神明就够了，这样就能保持心灵的纯洁。

一切取决于看法

+ 一切都取决于我们的看法——犬儒派的摩尼穆斯所说的这句话，意思很明显，价值也很明显，只要我们从中汲取有益的教训。
+ 对我自身而言，只要我不认为降临到我头上的事情是恶的，我便不会受到伤害，而是否这样认为完全取决于我。
+ 如果有什么外在的事物让你感到困扰，搅乱你心思的不是这事物本身，而是你对它的判断，但现在你随时可以抛弃这一判断。
+ 除了初步的印象告诉你的，不要对自己多说什么。
+ 保持初步的印象就够了，不要从内心再添加什么，也就没有什么会让你感到不幸了。
+ 那些你追求或者避免的事情总是在困扰你，而实际上不是它们来找你，而是你自己去招惹它们；只有你对它们的判断变得冷静了，它们才会安分下来，你也就不必追求或躲避什么了。
+ 能令我们困扰的不是别人的行为，因为那是归他们的理性来管的事情，而是我们对这些行为的看法。由这种行为引起的愤怒和烦恼带给我们的痛苦，比这种行为本身给我们带来的痛苦要严重得多。
- 不要有受到伤害的想法，不去想"我受到了伤害"；"我受到了伤害"的想法不见了，伤害也就消失了。
- 对于不在你的意愿控制范围之内的事物，如果你按照自己的观点判定为好的或坏的，那必然导致这样的结果：如果有坏事落到你头上或者错过了什么好事，你就会怨天尤人，把罪责归咎于神明，或是怨恨那些你觉得导致你失败的人；实际上呢，反而是我们自己犯了错，因为我们总是把自己的价值观强加到事物身上。如果我们能只在能力所及的范围之内辨别事物的善恶，那就不至于抱怨神明，或是对旁人满怀敌意了。

做一个既正直又仁爱的人

- 每时每刻都要保持意志坚定，像一个罗马人、一个大丈夫那样，一丝不苟、保持尊严地去完成要做的事情，始终怀着友爱、自由和正义之情感去行事；心里不要存有其他念头。如果你把每件事都当作是生命中的最后一件，不再优柔寡断或者违背理性，也不再游移不定，一心只为自己考虑，抱怨命运安排给你的一切，那么，你是能做得到的。如果一个人想要过宁静、虔诚的生活，他需要做到的很少；因为对遵守这些戒律的人，神灵不会向他们要求更多。

- 努力成为这样的人吧：朴素、善良、严肃、高尚，不做作、爱正义、敬神明、温柔可亲、恪尽职守。
- 人生在世，只有一件事情是真正有价值的，那就是怀着真诚和正直度过一生，甚至对不诚实、不公正的人也保持仁爱的态度。
- 不去管邻人说什么、做什么、想什么，时时处处只注意自己的行为正当、高贵和良善的人，他的心灵是多么坦然啊！不要窥探别人的内心的黑暗，不要左顾右盼，而只是笔直地一路奔向终点。
- 我只担心一件事情，就是唯恐自己做出那种身为人不应当做的事情，或者是做事的方式不对，或者是时机不对。
- 即便没有人肯定你，你仍旧可以成为一个神明赞许的人。
- 若要使品德臻于完善，就要把每一天都当作生命的末日，既不放纵情感，也不麻木不仁，或者显得虚伪。
- 害人即是害己；对人不义，即是对己不义，因为他也让自己变坏了。
- 只有背离正义的失败，才是真正的失败。
- 最高尚的报复方式是不要变成你的敌人那样的人。
- 态度从容不迫、行动果断迅速，外表轻松愉快、内心镇定自若，这样的人才是凡事遵循理性的人。
- 不要再空谈一个好人应当具备什么样的品德了，只管去做一个好人吧！
- 一个善良、坦诚、仁爱的人，他的品德都写在眼里，你一定能够看出来。

宽容是正义的一部分

+ 每天开始的时候就告诉自己：我将会遇见某个好管闲事的人、忘恩负义的人、狂妄粗野的人、奸诈阴险的人、善妒的人。他们之所以染上这些恶习，是因为不辨善恶。而我，是能够明辨善恶的，并且知道沾染这些恶习的人本性与我相似——我们不仅在血统上本自一源，而且共享同样的理智和神性——因此，他们中没有人能损害我，我也不会对我的同类发火，不会憎恨他们。
+ 是什么令你不满呢？是因为人心的邪恶吗？你心里须得记住这个道理：有理性的动物在这世上就是要互相依存的，宽容是正义的一部分，若有人作恶，他也并非本意如此；想想吧，自古以来有多少人在相互敌视、猜疑、仇恨、争斗中度过一生，最终难逃一死，灰飞烟灭；想想这些，你就不会有什么不满了。
+ 动不动就发火不是男子汉应当做的事情，宽厚和善才更符合人性，这样的人才像个堂堂正正的男人；拥有这一美德的人也会是一个有力量、有胆识、勇往直前的人，为那些脾气暴躁、爱发牢骚的人所不及。因为人的心灵越是能摆脱激情，也就更有力量；哀伤是软弱的特征之一，愤怒也同样是软弱的表现。
+ 连那些犯错的人也同样要去爱，这才是人的可贵之处。只要想想他们也是你的同胞，他们不是故意犯错的，而是出于无知，你马上就会生出对他们的怜爱之情；你和他们很快都将要死去，更重要的是，这些犯错的人没有伤害到你，因为你支配自己的能力并没有因他们而有所减损。

- 只要你是在理性的正道上前进，那些试图阻碍你的人是不能使你偏离正道的，但也不要让这些人的行为消减了你对他们的仁爱。要同时在两方面都注意，不仅要让自己的判断和行为时时公正稳妥，还要始终友善地对待那些试图阻止你或者在其他事情上使你恼怒的人。因为向这些人发火，和你因为害怕他们而放弃了自己的道路一样，也是一种软弱的表现；因为有两种人都放弃了自己的职责，一种是胆小怕事的懦夫，一种是众叛亲离的勇士。

- 和善的脾气是谁也无法抵抗的，只要它发自内心，不是装出来的，不是惺惺作态。只要你始终和和气气地对他，即便是最暴躁无礼的人，又能把你怎么样呢？

- 决不要怨别人。因为如果你有能力，就去改变那人；如果做不到，那至少去改正这件事情本身；如果连这也做不到，那你怨天尤人有什么用呢？

- 如果有无耻的人惹恼了你，就问问自己，"难道这世上不可能没有无耻的人存在吗？"当然不可能。那么就不要奢望那不可能的事情。这世上必定要有很多无耻的人，你遇到的不过是其中一个。

- 如果奢望坏人不做恶事，那无疑是发疯，因为你所希望的，乃是不可能发生的。如果只许坏人去害别人，却期望他们善待你、不伤害你，那也是冷酷而苛刻的。

承受不幸

+ 既有力量去承受不幸，又能保持清醒，这是一个人灵魂完善、不可战胜的标志。
+ 要像那岸边的礁石，任凭海浪不断地向它击打，也岿然不动，直到暴怒的海浪变得驯服。不要对自己说："我多么不幸啊，这样的事情落到我头上！"相反，要这样对自己说："我是多么幸运啊，虽然发生了这样的事，但我仍旧泰然自若，既没有被现在压垮，也不为将来感到恐惧。"这样的事情谁都可能遇到，但不是每一个人都能承受这种打击。所以为什么要把它当作不幸，而不是幸运呢？
+ 这已经发生的事情能阻止你去做一个正直、高尚、克制、审慎、有判断力、不要阴谋诡计、自尊自爱、自由的人吗？减损你身上合乎本性的一切品德吗？因此，在任何时候觉得自己遭受了不幸，请记住这一原则：这并非不幸，我的勇敢承担使它变成了幸运。
+ 如果你遭遇不幸，想想那些和你有同样遭遇的人吧，他们是多么烦恼，多么惶惑，多么愤恨啊！现在这些人到哪里去了呢？无处可寻。难道你愿意和他们一样吗？

人性和修养

+ 无论什么事情，你的言行都是由你支配的，不要找借口说自己受了阻碍。你是不会停止抱怨的，除非有一天你终于能够不再惧怕困难，将所谓的阻碍变成为己所用的东西。

+ 你所没有的东西，不要想入非非，梦想着已经得到了，要从你已经拥有的东西里面挑出那最好的，想想看，这些东西倘若你现在不是已经拥有了，你该多么渴望得到啊。同时，你也要注意不要让自己养成沾沾自喜的毛病，如果你因为拥有它们而感到过于高兴，将来失去的时候也就会更加痛苦。
+ 接受时没有一丝傲慢，放弃时也绝不留恋。
+ 你有能力让自己的生活焕然一新；用单纯的眼光来打量那些曾经见过的事物吧，你的新生活就在其中。
+ 不要为将来的事情忧虑，因为如果那注定要发生，你只能面对，对现在你所面临的这些事情，也要这样对待。
+ 如果有人一小时之内咒骂自己三次，你还会希望得到他的称赞吗？如果有人对他自己也不满意，你还希望他会对你满意吗？如果有人对自己所做的每一件事都感到懊恼，这样的人会欣赏他自己吗？
+ 我常常觉得奇怪：每个人都爱自己胜过爱他人，却更重视别人对自己的看法，反而不看重自己对自己的看法。
+ 人们相互蔑视，同时又相互阿谀奉承；他们总是希望爬得比别人高，同时又匍匐在别人脚下。
+ 因为最不值一提的事情而目空一切，这最可悲也最可笑。

论死亡

+ 死亡是合乎自然的,合乎自然的东西也就不是恶。
+ 好好想想吧:多少医生曾在病人的床前频频皱眉,尽力妙手回春,最后自己却不治而亡;多少占星家预告了别人的死期,最后自己却突然暴毙;多少哲学家曾经口若悬河地讨论死亡和不朽,最后自己却默默地死去了;有多少英雄曾经屠杀了成千上万人,最后也和这些人一样来到阴间;有多少暴君,仿佛自己永远长生不死,骄纵残暴,滥杀无辜,最后还不是被死亡攫去了生命;又有多少城市,比如赫利斯城、庞贝城、赫库兰尼姆城以及其他不计其数的城市,怎么说呢,如今也被完全毁灭了。再想想眼前,你所认识的那些人,一个接着一个,短短的时间内已经死了多少?这个人为别人送葬,自己倒下死了,埋葬了他的人不久也被埋到土里。总之,牢牢记住吧:人生是何等短促,何等卑微:昨天像是一摊黏液,明天也不过是一具木乃伊、一堆灰尘。所以,在这短暂的有生之年,让自己过得合乎自然吧,怡然地走向人生的终点,就像一枚熟透之后即将坠地的橄榄,感激承托它的大地,感激生养它的枝干。
+ 想想你的生命不同阶段——童年、青年、盛年、老年。因为在其中每一变化也都是一次死亡;这有什么可怕的呢?回想一下你在祖父膝下的生活,你在母亲身边的时光,你在养父座前的日子。你也会发现自己失去了很多,经历过那么多变化死亡;那么再问问你自己,有什么可怕的吗？同样，你生命的停止、中断和变化也没有什么可怕的。

+ 须知把你带走的也正是将你带来这世上的自然。这就像长官当初雇了演员来演戏，现在正要让他离开舞台。"可我的五幕戏还没演完哩，才演了三幕。"没错，但如果是人生的戏，三幕也就能算作一部整戏了。这戏算不算完整，要由当初安排这场戏和现在要你下台的人来决定，与你没有关系。那就愉快地退场吧，就像让你离开的人那样愉快。

+ 不要让人觉得你是被死神拖走的，要像一个安详辞世的人，让灵魂毫无苦楚地从躯体中脱离出来。是自然让你的灵魂和躯体结合在一起，但现在她把这个系好的结打开了。我离开人世，就像平时和亲友告别，没有任何抵抗、任何不悦。因为这也是自然安排好的事情。

+ 你登船，远航，现在既已近岸，那就上岸吧。

+ 请记住两点：第一，万事万物根本上都是一样的，在无穷无尽地循环往复，我们在一百年、两百年或无限的时间里看到的景象，都是同一回事；第二，长寿者和早夭者失去的都是同样的东西，因为只有此时此地的这一刻才可能被夺走，一个人只拥有现在，也就不可能失去他还尚未拥有的东西。

+ 即使能活上三千年，甚至三万年，你也应该记住：人所失去的，只是他此刻拥有的生活；人所拥有的，也只是他此刻正在失去的生活，因此，生命的长短没有什么不同。

+ 不要把寿命看得太重。你身后的时间是一个无底洞，你前面的时间呢，也看不到尽头；在这种无限的时间当中，哪怕只活三天，和活了三代又有什么差别呢？
+ 假设你已经死了，此刻你的生命已经结束，此后的岁月是神额外恩赐给你的，那么好好地过下去吧，让生活合乎你的本性。
+ 让你的每一个行为、每一句话、每一种想法都像是即将辞世的人所做的最后一次吧。
+ 死亡也是人生当中的一件事情，所以，在离开人世之前，把手里的工作做好就足够了。
+ 我们每个人享受的时间，只是那无穷无尽、深不可测的时间中少之又少的一部分！转瞬就会被永恒吞没。我们所拥有的实体和灵魂，又是整个实体多么微小的一部分！是宇宙灵魂中何等渺小的一部分！你在上面匍匐生存的地方，不过是整个大地上的一个小土块！想到这一切，你便会明白什么都不重要，只有一件事情值得你去做：按照本性去行动，欣然领受宇宙自然为你安排的一切。
+ 只关注现在就够了。那些追求身后美名的人没有考虑到，后世的人和现在的人所承受的完全一样，而且都终有一死。那么这些后人会如何提起你的名字，会怎样谈论你，又和你有什么关系呢？
+ 试着从高处俯瞰那无穷无尽的人群，他们没完没了的仪式，他们在或狂暴或宁静的海面上航行，也看那些形形色色的人是如何出世、生活，然后死去。想想那些过去时代的人，那些在你后世生活的人，那些还处于野蛮状态的人；多少人连你的名字也不知道，即使知道，你死了以后多少人又会把它立刻忘掉，还有那些现在奉承你、很快又会在背后诋毁你的人；想想这些，后世的传颂、今人的赞美，都是不值一提的。

+ 当你难以抑制怒火或者失去耐心的时候，就想一想，人的生命何其短暂，你和所有人一样都是很快就要死去的。

主要资料来源
《沉思录》，（古罗马）马可·奥勒留著，李娟、杨志译，上海三联书店，2008。

蒙　田　12

- 我知道什么
- 我研究我自己
- 以平凡的人性为楷模
- 理性对人的害处
- 人性的弱点
- 不要出租你自己
- 生活的艺术
- 听凭命运的安排
- 处世的智慧
- 控制你的情绪
- 良心是戴不上假面具的
- 给欲望设立禁区
- 世间百态
- 婚姻的利和弊
- 友谊是尽善尽美的交往
- 学习为了启迪心智
- 知识型的无知
- 论写作
- 论文风
- 论教育
- 论死亡

MONTAIGNE

米歇尔·德·蒙田（Michel de Montaigne），1533—1592年。法国哲学家、作家，西方近代随笔文体的开创者。曾两次担任波尔多市市长，38岁即开始过归隐的读书和写作生活，以三卷本《随笔》传世。他的思想和文风深受古罗马哲学家和作家塞涅卡、普鲁塔克的影响，同时有明显的怀疑论倾向，致力于探究人性和人生问题，心态平和而豁达，见解平实而深刻。也许因为他不关心本体论、认识论之类的传统哲学大问题，又是用随笔体写作，所有的哲学史著作都不会提到他。但是，在我看来，他的作品充满哲学的智慧，他是一位凭借自己真切的体验和感悟进行思考的哲人。

蒙田的思想有三个可贵的特色：一、把自己当作研究对象，以自己为标本解剖人性；二、洞察人性的平凡，并且予以宽容和欣赏；三、警惕理性对人的害处，体现在教育上，厌恶知识型的无知，主张学习是为了启迪心智。在人生态度上，他强调最重要的事是知道怎样属于自己，不要出租你自己。他重视生活的艺术和处世的智慧，常有独到的心得。他在一定程度上受到斯多葛派的影响，主张顺从命运，克制欲望，控制情绪，耽于对死亡问题的思考，但是，在总体上他比斯多葛派健康得多，最大的不同是热爱生活，贴近生活。

我知道什么

+ 我知道什么？——我把这句话作为格言，铭刻在一个天平上。
+ 我的心灵永远处于学徒和试验阶段。
+ 我唯一还欣赏自己的一个优点就是不像别人都不承认自己有缺点，我的劝告是平凡、中庸和大众化的，谁会认为自己连这点也做不到呢？
+ 世上许多弊端，或者说得更大胆，世上所有弊端的产生都在于我们害怕暴露自己的无知。
+ 当一种新学说出现在我们面前时，我们有理由对它表示怀疑，想到在它形成以前，另一种相反的学说也曾风行一时；它既然会被推翻，将来也可能有第三种学说同样来取而代之。
+ 我若教育孩子，就会让他们养成这样回答的习惯，不是决定式的，而是询问式的："这什么意思？我不明白。可能是这样。真有这回事吗？"宁可他们六十岁时还保持学徒的模样，不要十岁时装出博学之士的派头，像他们现在这样。谁要治愈无知，先要承认无知。惊异是一切哲学的根本，探索是进步的基础。
+ 大自然的奥秘是永远认识不完的。它给我们的期望与威胁，都带有极大的不确定性、多义性与模糊性。
+ 每门知识的困难与晦涩之处，只有进入堂奥的人才能窥知。而且还要有一定的聪明，知道自己毕竟是无知的，要推门才知道门对我们是关闭的。

我研究我自己

- 我研究自己比研究其他题目多。这是我的形而上学,我的物理学。
- 好几年来,我只把目标对准我的思想,我只检验和研究自己;我若研究其他事,也是为了在自己身上——或更确切地——在自己心中得到印证。
- 如果世人抱怨我过多谈论自己,我则抱怨世人竟然不去思考自己。
- 自我描述比任何其他描述更困难,当然也更有意义。
- 我宁愿通过自己,而不是通过西塞罗了解自己。凭自己的经验,若善于学习也足够使自己变得聪明。谁能回想起自己过去暴跳如雷、气昏了头的样子,那就比阅读亚里士多德更能看清这种情欲的丑恶,对它会更恰当地嫌弃。谁能记得他经历的苦难,受过的威胁,激起他情绪变化的小事情,那就可为今后的变化、自己的处境做出准备。
- 其他人把感情分散在数不清的知亲好友身上,分散在自己的功名富贵问题上,而我全放在自己和自己的精神安宁上。
- 人总是相互对视,而我把视角对准自己,执着好奇。每个人都看自己的前面,而我看自己的里面,我以我为对象,不停地注视;我自我监控,自我体验。
- 我长期仔细观察自己,训练得对别人也可做出适当的判断。
- 没有自知之明,才会被虚假的好话陶醉;而我不会,我

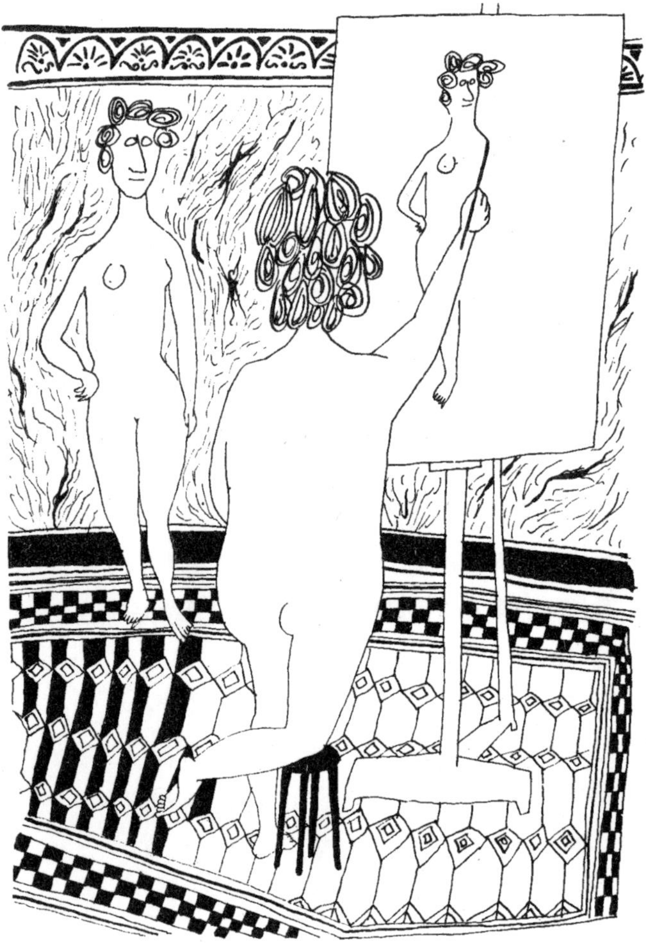

对自己的心灵深处有深刻的了解，知道什么是自己有的。我喜欢人家对我少赞扬，只求对我多了解。
+ 别人要是像我一样仔细审视自己，也会像我一样觉得自己平凡无奇。我要是舍弃了这点，也就不能不舍弃了自己。我们都是这个状态，谁也不比谁更好或更差，但是感觉到这点的人还更强一些。

以平凡的人性为楷模

+ 知道光明正大地享受自己的存在，这是神圣一般的绝对完美。我们寻求其他的处境，是因为不会利用自身的处境。我们要走出自己，是因为不知道自身的潜能。我们踩在高跷上也是徒然，因为高跷也要依靠我们的腿脚去走路。即使世上最高的宝座，我们也是只坐在自己的屁股上。依我看，最美丽的人生是以平凡的人性作为楷模，有条有理，不求奇迹，不思荒诞。
+ 心灵的伟大不是实现在伟大中，而是实现在平凡中。
+ 我提出的是一种平淡无奇的人生，如此而已。丰富多彩的人生中含有哲学伦理，平凡家居的人生中也含有哲学伦理；每个人都是人类处境的完整形态。
+ 我这人性格复杂，趣味粗俗，不会紧紧盯住这个单一的目标不放，而不去狠狠享受现成的乐趣；这些乐趣符合人的一般规律，肉欲中含有精神，精神中含有肉欲。
+ 我这人爱生活，上帝赐给我怎样的生活我就怎样过。

+ 从我的观点来看,最平常、最普通、最熟知的事,如果我们能从中找出其精华,就可以成为最伟大的人世奇迹、最佳的范例,尤其对人类活动这个大题目来说。
+ 我们最伟大与光辉的业绩,是生活谐和。其他一切事情如统治、攒积财富、盖房子,最多只算是附属物与辅助品。
+ 国王与哲学家要解手,夫人们也如此。
+ 人不管如何智慧总是人,还有什么比人更容易衰老,更可怜,更虚妄的吗?

理性对人的害处

+ 由于好坏不分、观念谬误而积累在我们心中的怪癖,达到惊人的数量,几乎把天然的欲念都赶跑了。如同在一座城市里,外来者太多,反把原住民赶到城外;或者剥夺他们原有的权威和权力,完全取而代之。
+ 人啊,除了你天下万物都是首先审视自己,然后根据自身的需要界定它的工作与欲望。没有一物像你那么空虚与渴求,要去拥抱整个宇宙;你是个无知的暗探,没有司法权的法官,闹剧的小丑。
+ 请比较一下他们的生活,一个是受想象力困扰的人,一个是天然需要满足后万事不操心的庄稼汉;后者想事情直来直去,不顾前思后,也不察言观色,他有病的时候才感觉痛;而前者在腰里还没有长上石头时,经常心灵已经压上了石头。

+ 就是这种妄自尊大的想象力，使人自比为神，自以为具有神性，自认为是万物之灵，不同于其他创造物；动物其实是人的朋友和伴侣，人却对它们任意支配，还自以为是地分派给它们某种力量和某种特性。他怎样凭自己的小聪明会知道动物的内心思想和秘密？他对人与动物作了什么样的比较就下结论说动物是愚蠢的呢？
+ 大自然赐给动物的天赋要远远超过我们，我们却授给自己一些空想和虚无缥缈的长处，未来和不存在的好处，这些都是人的能力没法回答的，或者是我们信口开河自创的，如理智、知识和荣誉；而我们给动物的长处却是主要的，可以触摸的：和平、悠闲、安全、无辜和健康，我要说的是健康才是大自然赐给我们最美、最丰富的礼物。
+ 我们的智慧要向动物学习我们生活中最重要、最必要的实用课，如我们应该怎样生与死。

人性的弱点

+ 处理人世事务的品德，是一种包含各层面曲曲折折的观点和品德，在实施时要考虑到人性的弱点。
+ 我相信人最难做到的就是始终如一，而最容易做到的是变幻无常。
+ 谁看到我在妻子面前一会儿冷若冰霜，一会儿春风满面，认为这都是装的，他就是个傻子。

- 我们人人都是由零件散片组成的，通体的组织是那么复杂多变，每个零件无时无刻不在起作用。我们跟自己不同，不亚于跟其他人不同。
- 就像我们的躯体内是各种体液的大汇合，根据我们的性情其中一种占主导地位；同样，我们的心灵内也有各种不同的活动冲击它，必然也有一个活动统率全局。但是这种优势并不一直保持下去，我们的心灵变化不定，那些原本较弱的活动也会趁势反扑，收复失地。从这里看出，不但孩子，一切人都天真地从本性出发，经常为同一件事哭和笑。
- 一点点小事就可以让我们分心，转移视线，这是因为我们放在心里的也只是一点点小事。我们很少注意事物的整体和本身。
- 贪图虚名与追求新奇是我们心灵的两大祸害。追求新奇使我们到处伸出鼻子，贪图虚名又使我们对什么都武断和遽下结论。
- 在人世种种痴心梦想中，最普遍认可的是名望与荣誉，为了得到它们，人们甚至不惜抛弃财产、安宁、生命与健康。但是虚荣的根子在我们身上扎得那么深，不知道哪个人能够真正彻底摆脱。

不要出租你自己

- 人世中最重要的事是知道怎样属于自己。

- "做自己的事,懂自己的心",这句重要的箴言往往归之于柏拉图;上下两句一般来说各自包含我们的责任,又好像相互依存。谁要做自己的事,必须看到他第一件要学的事是认识自己是什么样的人,什么是他该做的事。人认识了自己,不会把外界的事揽在自己身上;自爱其人,自修其身,是头等大事;不做多余的事,排斥无益的想法与建议。
- 人总是出租自己。他们的天赋不是为自己,而是为奴役他们的人用的。这样住在家里的不是自己而是房客。我不喜欢这种普遍心理。心灵的自由应该爱惜,只有在正当时机才可以把自由暂时抵押,我们若懂得明辨的话,这样的时机是很少的。且看那些只学会冲动与仓促做事的人,他们到处抵押心灵的自由,不管大事还是小事,跟他们相干还是不相干的事;只要那里有事有义务,他们不加区别都参与进击,只要他们不手忙脚乱,就好像不是在活着。
- 我们各人都比自己想象的更富有,但是大家又催促我们向别人借贷与乞讨。
- 没有人会把钱分给别人,但人人会把时间与生命分给别人,我们拿什么也没拿这两样东西那么挥霍,其实只有在这上面吝啬才是有益和值得提倡的。
- 在一切事情上,人都要去依赖别人的帮助,而不寻求自己的帮助;谁善于自我防范,这才是唯一可靠的强大保护。
- 最美最合理的事莫过于正正当当做人,最深刻的学问是知道自然地过好这一生,最险恶的疾病是漠视自身的存在。
- 我们的工作大部分都是闹剧。"人间就是一出戏",我们应该尽心尽责扮演自己的角色,但只是一个特定人物的角色。不应该把面具与外形作为精神实质,把别人作为自己。
- 大自然赐予我们一个极大的天赋,那就是善于独处,还经常敦促我们这样做,并告诫说,我们的一部分得益于社会,我们的最好部分得益于自己。
- 我们需要有的是妻子、孩子、财产,尤其重要的是尽量保持健康;但是不能迷恋得让我们的幸福都依赖于此。应该给自己保留一个后客厅,由自己支配,建立我们真正自由清静的隐居地。在那里我们可以进行自我之间的日常对话,私密隐蔽,连外界的消息来往都不予以进入。要说要笑,就像妻子、儿女、财产、随从和仆人都不存在,目的是一旦真正失去了他们时,也可以安之若素。
- 这样的事于我亦常有:我找我的时候找不着;我找我由于偶然的邂逅比由于有意识的搜寻多。

生活的艺术

- 生活就是我的工作、我的艺术。
- 走到目标的道路只有一条,走不到目标的道路有千条。
- 舍上帝和大自然的恩泽而要得到更好的人生指导,这不是我们之力所能做到的。

- 享受生活需要技巧，我享受生活是别人的两倍，因为享受的程度取决于我们对生活的关注多与少。
- 我不高兴接受的东西对我都有害，我如饥似渴快快活活接受的东西对我都有益。做我开心的事从不让我感到损失了什么。
- 我在此生的主要任务是懒懒散散过日子，不必过于劳碌。
- 不能享受和平的人，避开了战争也是无用。不能体验安闲的人，避开了劳苦也是枉费心机。
- 若由我自己来培养自己，我不愿意在一件事上做得那么专注，以致放手不下。生活是一种不均匀、不规则、多形式的运动。一意孤行，囿于个人爱好固执不变，决不肯偏离和迁就，这不是在做自己的朋友，更不是主人，而是奴隶。
- 让我们的心灵最放松与最自然的做法是最美的做法，最不勉强人的工作是最好的工作。
- 我的计划是到处都可以分解的，不是建立在宏大目标上，每天有一个终点即可。我的人生旅程也是这样进行的。
- 当你身处一个地方，眼前所见的一切都要你忙碌，都跟你有关，这实在太可怜了。我觉得住在一幢陌生的房屋里，带去质朴的生活情趣，那种享受要快乐得多。
- 一个年轻人应该打乱自己的规则去激发自己的活力，防止衰退沉湎。靠规则与纪律约束的生活方式是最蠢、最脆弱的生活方式。
- 把你的心思都花在某些有限的乐事上；选定了哪些是真正的财富，理解它们的同时又享受它们，心满意足，不要妄想长生不老和虚名浮誉。这才是真正的追求天性的哲学应该提出的忠告。
+ 世上处处是陷阱，若要万无一失就要浅尝辄止。应该在表面上滑过，不要陷入太深。
+ 只有卑微的心灵才会埋在事务堆里不能干净脱出身来，凡事要拿得起放得下。

听凭命运的安排

+ 以最单纯的方式信任大自然，也是信任大自然的最聪明的方式。无知与好奇心是个多么柔软、舒服保健的长枕头，让脑袋放上去好好休息吧！
+ 人世间大事的安排不妨粗枝大叶，让其中一部分由天命去决定其结果。没有必要把事情都解释得那么透彻细致。
+ 我由于不够坚强，难以忍受我们必然遇到的厄运的骚扰，也不能保持紧张状态去处理和解决这些事情，索性心里抱了这样的原则，让一切都听凭命运的安排，凡事都往坏处去想；坏事真的来时，决心坦然耐心地承受。我不能左右事情，我就左右自己；事情不适合我，我就去适合事情。
+ 对于一切已经过去的事，不论其结果如何，我很少抱憾。它们本来就应该这样发生的，这个想法使我免除烦恼；如今它们已经进入宇宙大循环，斯多葛的因果连锁反应。你用什么方法祈求和想象，都不能改变一丝一毫，事物的顺序不会颠倒，不论过去与未来。
+ 命运仅是提出内容实质，形式则可由我们确定。那样，我们所称的恶事，本身不是恶。哪怕就是恶，至少也可由我们使其不成为恶，因为原来就是同一回事，从另一个角度和体会来对待罢了。
+ 不可避免的事应该学会去忍受。
+ 人对自己悲惨的处境都会习惯的，以致没有什么条件严酷得使他无法生存下去。
+ 提前迎接和思考你的厄运，害怕未来而失去现在，以后会苦而现在先苦了起来，那对你又有什么好处呢？

处世的智慧

+ 不是自己同意的事不要任意介入。
+ 再也没有人比我更不爱打听和干预人家的事。
+ 交代我保密的事，我都深藏心底，但是也尽量少去沾边。君王的秘密对于知道了也无用的人来说，要保守也是很麻烦的事。我很乐意做这样的交易，我不好讲出去的事尽量跟我少讲。
+ 我这人不善于做假，因而避免代别人保守秘密，因为没有勇气矢口否认自己知道的事。我可以不说出来，但是予以否认，就会很为难，很不开心。
+ 我努力做到谁都不需要。
+ 我不采纳人家的建议，我给人家的建议也少，像我这个对自己的休息权利和自主权利同样珍惜的人，更喜欢这样去做。他们按照我表达的信念对待我，决不要勉强。我的信念是一切都取决于自己。不卷入其他人的事务，摆脱它们的约束，这对我是一大快事。

- 我憎恨一切的控制，不论对人控制还是被人控制。
- 我那么想要解除羁绊一身轻，以致有时候利用别人对我的忘恩负义、冒犯与侮慢，那些人从亲缘或命该安排来说我还欠他们一点人情，趁他们犯错误的机会也可了却我的债。
- 我深深了解自己。不论谁的慷慨如何无私，谁的效劳如何坦诚与不图回报，只要是让我出于无奈而接受的，很难不把它们想象成卑视的、专横的与带责备意义的。赠予的本质包含野心与特权，而受赠的本质则包含顺从。
- 我的熟人，有地位超过我或不及我的人，从没见过谁比我更少有求于人。这有性格各方面的原因促成的；天生有点傲气，受不了被人拒绝，欲望与计划相对有限，做什么事都无能，还有我特别喜欢的品质是懒懒散散，不承担责任。由于这些原因，我痛恨受别人制约。
- 更叫我讨厌的是朋友为第三者要我帮助。一个人利用他欠了我的情但并不受束缚，而我却为了朋友的缘故让一个不用欠我情的人来束缚自己，这并不减少我付出的代价。
- 我遭到拒绝与拒绝别人时都目光温柔。我在麻烦人家时不亚于在麻烦自己，因为遇上责任迫使我去考验某人的意愿，去做一桩不明不白、令他为难的事，我总是敷衍了事，半心半意。倘若为了我个人的私事——虽然荷马确实说过穷人害羞是一项愚蠢的美德——我一般委托别人代我去难为情。

+ 应该跟你身边的人处于同一水平，有时还可以装傻。暂且收起你的力量与机智，日常交往中保持有条有理已是足够了。若有需要，还得在地上爬呢。
+ 独自一人比有个讨厌无味的人在身边要好些。
+ 放弃葡萄园还比为葡萄园打官司少一点麻烦。最低的阶梯最结实。

控制你的情绪

+ 对世人的荒谬激动与恼火，那是最大、最常见和最要不得的荒谬事，因为这主要是在跟我们自己过不去。
+ 毕竟，我们遇见身体畸形的人不激动，为什么遇见精神障碍的人就不能忍受，要大光其火呢？这种暴虐的态度来自人的判断而不是那人的缺陷。
+ 当脉搏加快、心里有气时，把事情搁一搁再说。心平气和了，看事情就会是另一个样。不然操纵的是情绪，说话的是情绪，而不是我们自己。
+ 一个人怒气是发不大的，只有双方都发，还比赛着发，才会形成暴风雨。

良心是戴不上假面具的

- 各个心灵在自己的领土上都是王后。所以不要在事情的外在品质上找借口,责任在于我们本身。我们的善与恶也全在于我们自己。烧香许愿要面向我们自己做,不必面向命运做,命运对我们的品行是毫无作用的。相反我们的品行会影响命运,会塑造命运。
- 谁做好事主要为了自我满足,那么看到人家诋毁他的行为,攻击他的善举也就不会困扰。
- 人家在对着你的品德、对着你的良心说话,这两样东西是戴不上假面具的。
- 不论在什么世纪,纯朴与真诚总有机会被人接受。
- 我喜欢的不是由法律和宗教创造的,而是人性完善和认同的品德。任何天性正常的人身上都有这种普遍理性的种子,无须外界的帮助就会生根发芽,茁壮成长。
- 一切正直之士都会选择丧失荣誉而不是丧失良心。
- 上帝要教我们明白除了这个世界的好运与厄运以外,好人有其他东西可以期望,坏人有其他东西需要害怕。
- 我看到为了弥补不当行为天天有人道歉与谢罪,而我觉得这些道歉与谢罪比不当行为本身还要丑恶。宁可再羞辱对手一次,也比向他做出这样的弥补来羞辱自己好。
- 我更痛恨的是隐藏在一脸善相下的狡诈。
- 胆怯是残暴的根由。
- 肉体的病痛愈重愈明显,精神的病痛愈深愈隐蔽,病得愈重的愈不承认。

- 相信他人的正直，不啻在证实自己的正直。
- 别去理睬这个大而无当、高不可攀的正义，让我们效法最有人性的行为。

给欲望设立禁区

- 我们愈是扩大自己的需要与占有物，我们愈是易遭命运的冲击与灾星的降临。我们应该给欲望的路程设立禁区，限制在最近最直接的好事上。
- 欲念有天然的和必需的，如饮食；也有天然的和非必需的，如与女性交媾；还有非自然的和非必需的，那几乎包含人的所有其他欲念；这些都是无聊的和人为的。
- 即使让我们的思想随心所欲地编制美好的心愿，也想不出什么是该有的，什么是称心如意的。
- 这伟大的加图，还有我们也是这样，当妻子属于自己时对她讨厌之至，一旦她成了别人的妻子就对她朝思暮想。
- 宁可压制你的欲望去顺应容易到手的东西，什么事非此不可就是罪恶。
- 我们的欲望轻视和无视到手的东西，而追求得不到的东西。
- 只要我们的占有大体上可以办成我们自己的事，那么多余的财富也可放任让它去自生自灭。
- 幸福的人就是会把自己的需求根据他的财富能力安排得恰到好处，不用操心，不用插手，不用为分配统筹而放下按照自己心意正在做的更合适、更安静的工作。
- 财富的好处，即使很实在，还必须有感觉才能品尝。使我们幸福的是享受，不是占有。
- 财富对我们既不好也不坏，它给我们的只是物质与种子，我的心灵要强过财富，可以按心灵的要求改变和利用财富，这才是我们处境快乐与不快乐的唯一原因与主导。

世间百态

- 跟蠢人是无法推诚相见的。
- 使我生气的不是由于无知说错话，而是由于愚蠢说错话。
- 世界上充满废话，从来没有见到一个人会说话太少，而总是会说话太多。
- 谁都难免说傻话，可悲的是还说得很起劲。
- 顽固与看法过激都是最可靠的愚蠢证明。有什么比得上驴子那么肯定、坚决、傲慢、若有所思、凝重、严肃呢？
- 明白事理使你无法自满和自豪，还总是使你不高兴和战战兢兢，而顽固与鲁莽的人则喜气洋洋，充满信心。
- 麻木与愚蠢偶尔也会产生道德的效果。
- 当恶意披上法律的外衣，趁法官无作为时举起道德的榔头，那时才露出事物最丑恶的面目。
- 我曾见过多少判决比罪恶还要罪恶。
- 在民众的仇恨中，暴君常死于受过他们不当恩赐的人之手，这些人无非想保住自己这份非义之财，显示自己也蔑视和憎恨给他们赏赐的人，在这点上与人民大众的看法与意见保持了一致。

婚姻的利和弊

+ 若选择人类社会最需要的和最有用的一件事，那就是结婚。然而圣徒们则认为不结婚更纯洁，从而排除人的最应该尊重的天职，这就像我们只是把劣马送进了种马场。
+ 夫妻若圆满结合，彼此相敬，婚姻实在是组成我们社会的最好的构件。我们少了它不行，但又时时在损害它。这就像看到鸟笼的情况，笼外的鸟死命要往里钻，笼里的鸟又绝望要往外飞。
+ 至于婚姻，这是一个交易市场，只有入市是自由的，期限受到约束和强制，绝非我们的意愿所能支配。这个市场一般是为其他目的设立的，其中需要清理千百种外来的纠纷。
+ 我没见过哪种婚姻比建立在美貌与情欲上的婚姻更快产生裂缝，陷入混乱。婚姻应该有更坚实、更稳定的基础。
+ 若有什么好婚姻，也不让爱情做伴，以爱情为条件，它会竭力以友谊为条件。这是一种温和的终生交往，讲究稳定，充满信任，平时有数不清的有用可靠的相互帮助和义务。
+ 具体与简单地说，我最终认为爱情不是别的，只不过是跟钟情的对象共同欢乐的渴望，维纳斯也只是一种宣

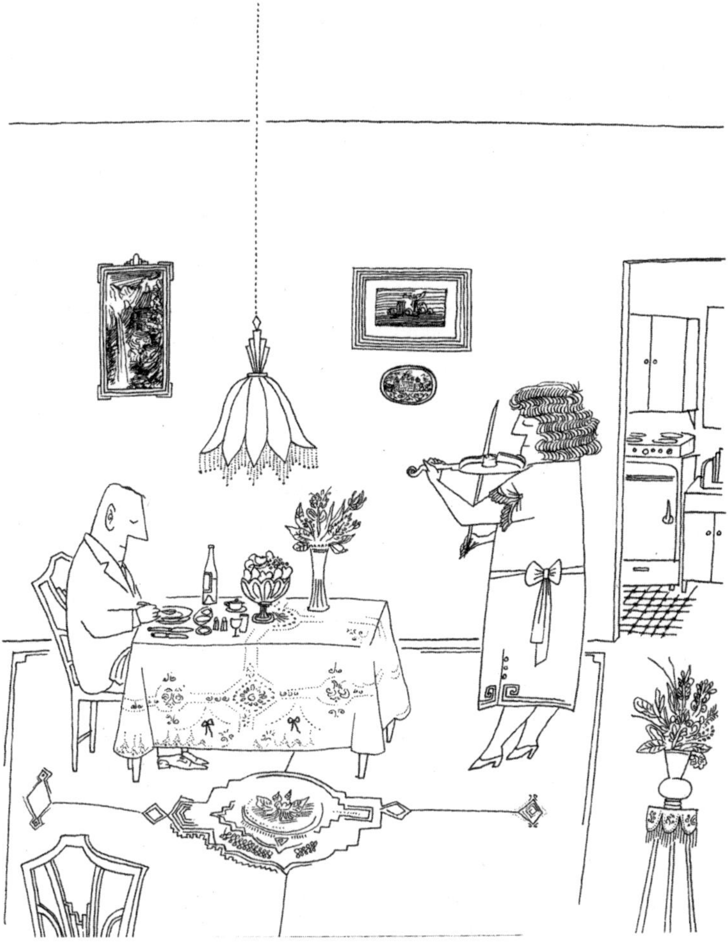

泄的乐趣，若不节制与谨慎是有害的。对于苏格拉底来说，爱情是由美撮合的繁殖欲望。
- 这种神圣的友爱是靠默契与交流滋养的，如果可以建立这样一种串联自由与自愿，不但心灵得到完全的享受，身体也参与结合，整个人全身心投入，这样可以肯定友爱会更丰富更完满。
- 婚姻这方面讲的是实际、合法、荣誉与稳定，乐趣是平淡的，但是包括全面。爱情仅建立在快活上，也确实叫人心里更痒痒，更兴奋刺激；因不容易得到而点燃的一种快乐，需要激情与煎熬。没有箭矢与烈火就不成为爱情。
- 那个人我觉得他深谙人生，他说老婆眼盲，丈夫耳聋，婚姻才会美满。
- 有人认为丈夫出门会影响到夫妻间的感情义务，我不这样想。恰恰相反，夫妇的融洽关系反会因日常过于密切的接触而冷淡，而受损。陌生女人在我们看来都很动人。每个人都有经验，朝夕相处及不上相互想念后相聚那么快乐。

友谊是尽善尽美的交往

- 尽善尽美的交往就是友谊。一般来说，由欲念或利益，公共需要或个人需要建立和维持的一切交往都不很高尚美好；友谊中掺入了友谊之外的其他原因、目的和期望，就不像是友谊了。自古以来的这四种情谊——血缘的、社交的、待客的和男欢女爱的，不论单独或合在一起，都达不到这样的友谊。

+ 目前，通常所说的朋友与友谊，只是认识与交往，由某种机会或偶然性促成，通过它我们的心灵进行交谈。而我说的友谊，则是两人心灵彼此密切交流，全面融为一体，觉不出是两颗心灵缝合在一起。如果有人逼着我说出我为什么爱他，我觉得不能够表达，只有回答："因为这是他，因为这是我。"

+ 那些珍贵的友谊我则很有能耐去获得和保持。尤其我对情投意合的友谊如饥似渴，我采取主动，慕名相交，自然流露出珍惜之情，给人留下印象。我经常有这样幸运的体验。对于泛泛之交，我就显得冷淡，找不到话说，因为若不能坦诚相待我的举止就不自然。

+ 我们必须有一对极硬的耳朵根才能倾听别人坦率的批评；因为很少人能够听了不感到像被咬了一口，谁大了胆子向我们提出是在对我们表现特殊的友谊；因为为了对方得益而不惜说重话伤感情，这是健康的友爱。

+ 我按天性更倾向弗拉米尼的例子，他结交需要他的人，而不是可以帮助他的人。

+ 如果说在我谈的友谊中一个人能够给另一个什么，这应该是接受好处的人让他的同伴表示感激。因为两方最突出的愿望就是给对方做好事，提供物质与机会的人也就是慷慨的人，他满足朋友去处于他的位子做他最渴望做的事。

学习为了启迪心智

+ 教师要让学生自己筛选一切,不要仅仅因是权威之言而让他记在头脑里。亚里士多德的原则对他就不是原则,斯多葛派和伊壁鸠鲁派的原则也不是。要把这些丰富多彩的学说向他提出,他选择他能选择的,否则就让他存疑。因为,如果他通过自己的理念接受色诺芬和柏拉图的学说,这些学说不再是他们的,而是他自己的。
+ 他必须吸收他们的思想精华,不是死背他们的警句。他可以大胆忘记从哪里学到的,但必须知道把道理为我所用。真理与理智对谁都是一样的,不看谁说在前谁说在后。也不是根据柏拉图说的还是我说的,只要他与我理解一致,看法一致。蜜蜂飞来飞去采花粉,但是随后酿的蜜汁,这才完全是它们的,不管原来是荚莲还是牛至了。这也像学自他人的知识,融会贯通,写成自己的一部作品,以此表达自己的主张。他的教育、他的工作和研究,都用于对自己的培养。
+ 我当然愿意对事物有一番全面的了解,但是付不起这样昂贵的代价。我的目的是悠闲地而不是辛劳地度过余生。没有一样东西我愿意为它呕心沥血,即使做学问也不愿意,不论做学问是一桩多么光荣的事。我在书籍中寻找的也是一个岁月优游的乐趣。若搞研究,寻找的也只是如何认识自己,如何享受人生,如何从容离世的学问。
+ 青年时代我学习为了炫耀;后来有点儿为了明白事理;

现在为了自娱；倒也从来不是为了谋利。
+ 我一般要求的是用学问作为内容的书籍，不是用学问作为点缀的书籍。
+ 好比我们的食品，有的纯粹是好吃，我们喜欢吃的东西不一定都是有营养和有利于健康的。同样，我们从学问中得到的精神食粮，虽然不一定有营养，有利于健康；但是可以很有乐趣。
+ 至于我，我认为有些人，尤其是古人，远远胜过我。我还明白以我的步伐无法追上他们，我就目随着他们，审视是什么道理使他们这样出类拔萃。我还是看出自己身上也有这样的种子。就像我发现自己精神上也有很低下的地方，这我并不奇怪，也不要不信。我还看到这些人物如何高升的窍门，我欣赏他们的崇高。这些飞跃都是非常美的，我张开双臂欢迎；如果说我的力量够不着，至少我的判断力乐意用在这上面。
+ 大多数人的头脑都需要外来事物使它转动活跃，而我的头脑则需要外来事物使它稳定休息，因为最辛苦、最根本的工作是研究自己。对于我的头脑来说，读书属于从工作中分心的一种做法。
+ 对于懂得自省与努力奋发的人，思考是一种深刻全面的学习，我喜欢磨砺我的头脑，而不是装满我的头脑。根据各人的心灵保持思想活动，这比什么工作都费力，也都不费力。最伟大的心灵都把思考作为天职，"对于它们，生活即是思想"（西塞罗）。书籍中的各种内容主要是启迪我的思维，促进我的判断，不是推动我的记忆。

- 我每天读书消遣，不分学科，研究的不是内容，而是作者对待主题的方式。
- 从脾性来说，我对作古的人更为亲切；他们彼此已无能为力；我就觉得他们会要求我为他们做点什么。

知识型的无知

- 也许可从表面上来说，在未获得知识以前有一种愚昧型的无知，在获得知识以后有一种知识型的无知。
- 植物吸水太多会烂死，灯灌油太多会灭掉，同样，书读得太多也会抑制思维活动。
- 知识这东西本身无所谓好与坏，对天资高的人是非常有用的点缀，对不是这样的人反而有害，造成损伤。也可以说是用途讲究的东西，不出高价是得不到的；在某人手里是权杖，在另一人手里是丑物。
- 这说明为什么在有学问人中间看到那么多的蠢人，比其他地方还多。他们可以做个优秀的管家、精明的商人、能干的工匠，他们的天资也仅限于做这类的事。学问是庞然大物，他们在底下会被压垮。
- 享用学问要比享用其他鱼肉风险大得多。因为其他东西买了以后装在篮子里拿回家，有权利检验其质量，决定什么时候吃多少。但是学问，一拿到手没有别的篮子，只有装到我们的脑子里，我们一买到就吞到肚子里，离开市场时不是已经腐败就是成了营养。有些学问不但不能养我们，反而妨碍和阻挡我们，在治疗的名义下毒害我们。
- 我们并不需要太多知识就能活得自在。苏格拉底告诉我们说知识就在我们身上，还有寻找与运用知识的方法也是如此。我们所有超过天然需要的知识，差不多都是无谓多余的。如果它给我们的负担与混乱不超过它给我们的好处，已经是上上大吉了。
- 在我的时代，若不是最烂的作品受群众最大的吹捧，那就算是我错怪了。

论写作

- 我学习是为了学习做人，不是学习写作。我一切努力都在于培养我的人生。
- 我写文章完全随自己个性，天生诙谐含蓄，与人议论则很拙劣。
- 我的写作纯然是凭天性而不是凭学问，谁觉得这是信口雌黄，我也不会在意；我的论点不是写给别人看的，而是写给自己看的；而我也不见得对自己的论点感到满意。谁要在此得到什么学问，那就要看鱼儿会不会上钩。做学问不是我的擅长。我的书里都是我的奇谈怪论，我并不企图让人凭这些来认识事物，而是认识我。
- 我采用通俗的、常见的素材，这也是我的天性使然，我一点不喜欢当前风行的装模作样、沉闷的智者风貌。

- 我引用别人是为了更好表达自己。
- 我这人博览群书，但是阅后即忘。所以我什么都不能保证，除了说明在此时此刻我有些什么认识。不要期望从我谈的事物中，而要从我谈事物的方式中去得到一些东西。
- 当我写作时，手边不放书，也不去回忆书；生怕书会破坏我的状态。说实在的，优秀作家使我自叹不如，挫落我的勇气。
- 我听过有些人谦称自己不善于辞令，装得满腹经纶，但是缺少口才，无法把它们表达出来。这是个托词。您知道我对此是怎么看的吗？这是他们学到的观念不完整，理解也不清晰，没法梳理和领会其中的道理，也就不能够阐明：这是他们还没有做到心中有数。看到人家在创作时结结巴巴说不清楚，您可以判断他们的工作还不到分娩的时刻，只是还在怀孕，只是还在不成形的胚胎。就我而言，我坚持，而苏格拉底也这样说，谁心里有了一个明确清晰的概念，总是能够表达出来的，用意大利的贝加莫土语，若是哑巴还可用脸部表情。
- 我要的是各人写各人知道的东西，知道多少写多少，不但这方面如此，在其他方面也是如此。因为某个人可能对一条河或一处泉水的自然状态有特殊的研究与经验，对于其他东西就只是一般知识而已。然而他为了让人走一走这块弹丸之地，却着手描写地球全貌。许多弊端都是从这个毛病而来的。
- 一切题材对我来说都同样丰富。我可以拿一只苍蝇来借题发挥，因为一切题材都是相互贯通的。

论文风

- 朴实无华的真理发出光彩,使任何华丽的描绘都会黯然失色。
- 我喜爱的语言是一种朴实无华的语言,口头的与书面的都是如此;满含激情,简短有力,不要四平八稳,也不要亢奋急促。
- 我不喜欢服装上露出接头与线脚,同样,在一具美丽的肉体上也不可以看见骨骼与血管。"为真理服务的言辞应该朴实无华。"(塞涅卡)追求生动使我们偏离内容,造成实质的损失。使用奇装异服引人注目,是小气行为。同样,语言上使用怪句子与生僻字,是出于一种幼稚迂腐的奢望。我只求使用巴黎菜市场里说的话!大部分读者由于找到了一件相似的袍子,错误地认为他们都有相似的身材。力量与灵气是借不来的,服饰与大衣可以借来借去。
- 前一类人不动声色,也不故作姿态,写出令人感动的作品,信手拈来都是笑料,不必要勉强自己挠痒痒。后一类人则需要添枝加叶,愈少才情愈需要情节。要骑在马上,因为两腿不够有力。就像在舞会上,舞艺差的教师表达不出贵族的气派和典雅,就用危险的跳跃,像船夫摇摇晃晃的怪动作来引人注目。对于妇女来说也是这样,有的舞蹈身子乱颤乱动,而有的舞蹈只是轻步慢移,典雅自然舒展,保持日常本色,前者的体态要求比后者容易得多。我也看过出色的演员穿了日常服装,保持平时姿态,全凭才能使我们得到完全的艺术享受;而那些没有达到高超修养的新手，必须面孔抹上厚厚的粉墨，穿了奇装异服，摇头晃脑扮鬼脸，才能引人发笑。
+ 一个人口才平庸、文采斐然，这就是说他的才能是借来的，不是他的天分。有学问的人不是处处都有学问，自满的人则处处自满，即使自己无知时也自满。
+ 他们一意标新立异，反而收不到效果；为了造一个新词，却抛弃了常用词，其实常用词才更加生动有力。
+ 我对晦涩难懂深恶痛绝，能够避免尽量避免。

论教育

+ 按照我们接受教育的方式，学生与教师虽然知识会学到更多，但是人不会变得更能干，这是不足为奇的。当今的父辈花费心血与金钱，其实只是在让我们的头脑灌满知识。至于判断力与品德则很少关注。
+ 学生是否变得更优秀或更明白事理，这问题才是最主要的，却是最没人提及的。应该打听的是他是不是学得更好了，而不是学得更多了。
+ 虽则可以用别人的知识使自己长知识，可是要聪明那只有靠自己才会聪明。
+ 不应该把知识贴在心灵表面，应该注入心灵里面；不应该拿它来喷洒，应该拿它来浸染。要是学习不能改变心灵，使之趋向完美，最好还是就此作罢。这是一把危险的剑，如果掌握在弱者不知使用的手里，只会使主人碍手碍脚，受到伤害。
- 学问不会给漆黑一团的心灵带来光明，就像不能使盲人看到东西；学习的职责不是给他提供视力，而是调整视力，如像一个人必须有了挺直有力的腿脚，才可以训练他的步伐。
- 对一位贵族子弟，学知识不是为了谋生，不是为了跟外界交往，更重要的是自身要求，丰满心灵，提高修养，更有意培养成一个能干的人，而不是有学问的人。我还要进一言，就是用心给他选择一名导师，不需要学识丰富，而需要通情达理，两者兼备自然求之不得，但是性格与理解更重于学问；他必须以一种新方式工作。
- 我们的教育目的是要我们博学，不是要我们善良与智慧。它达到了这个目的。它不教我们学习追随美德和行事谨慎，但是它要我们头脑里记住这两个词的派生与词源。
- 见到陌生新奇的事物，心灵会处于不停的活跃状态。我常说培养一个人，要向他持之以恒地介绍其他五花八门的人生、观念和习俗，让他欣赏自然界各种形态生生不息的演变，我不知道除此以外还有什么更好的学校。
- 对儿童的教育做到无微不至是国家的主要职责。
- 人文科学中最难与最伟大的学问似乎就是儿童的抚养与教育。
- 谁不看到国家的一切都取决于儿童的教育与培养？然而大家都极不慎重，把儿童教育交给父母，不管他们是多么愚蠢和卑劣。尤其是我经过街上看到怒气冲冲、暴跳如雷的父母恨不得把他们的孩子剥皮抽筋，打得死去活来。

- 既然哲学是教导我们生活的学问，儿童时代和其他时代都可以从中得到教育，为什么不能也教他们哲学呢？
- 重要的莫过于激发孩子的渴求与热情，否则培养出来的只是驮书本的驴子。对驴子才要用鞭子抽打保住满口袋的学问；学问要做到有用，不是让它留在我们的房间里，而是要与它成亲。

论死亡

- 我们生涯的终点是死亡，我们必须注视的是这个结局；假若它使我们害怕，怎么可能走前一步而又不发愁呢？
- 死亡无疑是人生中最引人注目的事；当我们判断他人必死无疑时，必须注意到一件事，每个人都很难相信自己已经死到临头了。很少人会下决心接受这是他最后时刻而去死的，恰在这时我们最易受希望的欺骗和玩弄了。
- 为了打落它的气势，我们必须采取逆常规而行的办法。不要把死亡看成是一件意外事，要看成是一件常事，习惯它，脑子里常常想到它。时时刻刻让它以各种各样的面目出现在我们的想象中。
- 死亡在哪里等着我们是很不确定的，那就随时恭候它。事前考虑死亡也是事前考虑自由。谁学习了死亡，谁也学习了不被奴役。死亡的学问使我们超越任何束缚与强制。一个人明白了失去生命不是坏事，那么生命对他也就不存在坏事了。

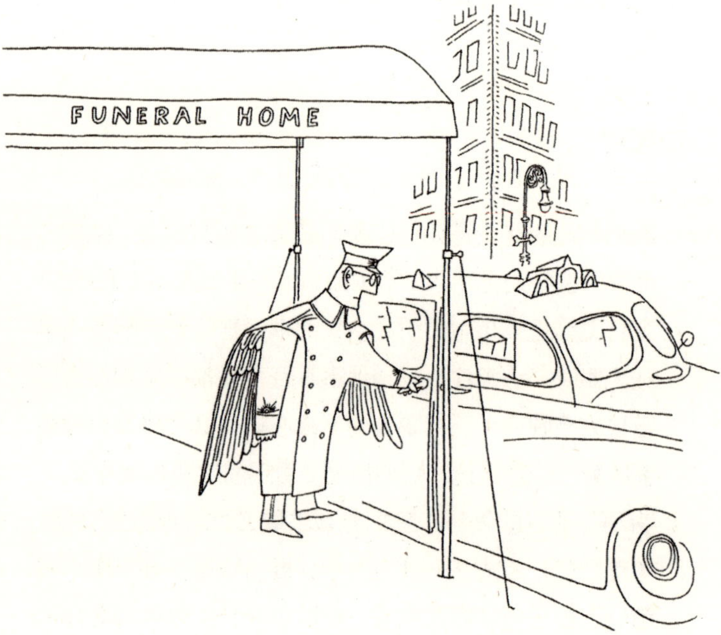
FUNERAL HOME

+ 应该随时穿好鞋子，准备上路，尤其要注意和做到的是这事只与自己有关。
+ 我现在——感谢上帝——处于这样的状态下，可以应召离开，对什么事都毫无牵挂，虽然对人生尚有依恋，失去它会感到哀伤。我正在给自己松绑，已跟大家告别了一半，除了对自己以外。没有人对离开世界作了那么干脆与充分的准备，那么彻底摆脱一切，如同我正在做的一样。
+ 我的计划最长不超过一年；此后想到的是了结；不做任何新的期待和打算；向我离去的所有地方作最后的道别；天天抛弃一点自己拥有的东西。
+ 哲学中的漂亮言辞只是让我们做人体面，但是在死亡与我们之间这场最后的对手戏，不是装腔作势所能对付的，必须实话实说，抖搂出罐底里装的真货色，"唯有那时从心底涌出了真话，面具跌落，露出本相"（卢克莱修）。这是为什么人生中一切其他行为都必须用这块最后的试金石检验的道理。这是主的日子，这是一切的审判日；一位古人说，这一天对我从前的岁月做出审判。我让死来检验我的研究心得。我们将可看到我的言论出自嘴皮子还是出自心田。
+ 你若得到过人生的好处，享尽了欢乐，那就心满意足地走吧。你若不曾欢度人生，它对你没有用处，失去它又有什么要紧的呢？你留下又做什么用呢？
+ 你为什么担心最后一天？它并不比其他的每一天更促成你的死亡。天天都走向死亡，最后一天走到了。

- 况且，大自然会伸出援助之手，给我们勇气。如果是暴卒，我们来不及害怕。若情况相反，我发觉随着病情的进展，也自然而然对生命日益蔑视。我发现身体有病时比身体健康时更易下决心去死。这使我希望做到离生愈远，离死愈近，也愈容易实行生与死的交替。
- 大自然逼迫我们走上这条路。它说：你们怎么来到也就怎么走出这个世界。从死到生这条路你们走时不热情也不害怕，从生到死你们也这样去走。
- 凡事仅有一次也就无所谓痛苦。有什么理由为瞬息的事去担那么长久的忧？活得短与活得长在死亡面前都一样。对于不复存在的东西，长与短也不存在。
- 对我来说死在哪儿都是相同的。若要我来选择，我相信我会要死在马上不是床上，要远离家庭与亲人。向朋友告别伤心多于安慰。我乐意忘掉人际中的这个义务。
- 在宁静孤寂的沉思中离开人世，就我自己，符合我的退隐独居的生活，这样我就满足了。
- 死亡不是社会活动，而是个人行为。让我们生活与欢笑在朋友中间，让死亡与厌恶上陌生地方去。
- 勇敢对待死亡的最高、最自然的境界，是不仅看着它不慌不忙，还不操心，继续自由过日子，直到进入那个时刻。

■ **主要资料来源**
《蒙田随笔全集》第1—3卷，（法）米歇尔·德·蒙田著，马振骋译，上海书店出版社，2009。

培 根

13

- 学术的落后
- 勇于创新
- 知识就是力量
- 方法照亮经验
- 人心的迷误
- 习惯的力量
- 论道德
- 论信仰
- 论处世
- 论人性
- 论人生

BACON

弗朗西斯·培根（Francis Bacon），1561—1626年，英国人。西方近代第一个大哲学家。他是一个非常矛盾的人物，一方面才智过人，在学术上有巨大贡献，另一方面人品很坏，在道德上有重大瑕疵。他一生孜孜不倦地做两件事，一件事是不辞辛劳地做学问，另一件事是不择手段地往上爬，终于当上了大法官，但不到三年，因受贿而遭到弹劾。

文艺复兴之后，人类迎来了一个充满自信的新时代，培根自称是这个新时代的吹鼓手，他的确是的。他的一本主要著作叫《伟大的复兴》，书名就透着乐观主义的气息。新时代的口号是"知识就是力量"，这句名言就出自他的这本著作。他相信人类凭借知识一定能够支配自然，在地球上建立起驾驭万物的帝国。为了实现这个理想，他对人类迄今为止知识的落后状况进行猛烈批判，鼓吹勇于创新的精神，揭露导致人心迷误的四种假象。与此同时，他强调方法的重要性，在《新工具》一书中建立了一个方法叫正当的归纳法，即按照严格的程序一步步从经验中推导出原理，以确保知识建立在可靠的基础上。本章摘取的前一半语录，皆涉及这方面的内容。后一半语录，摘自《培根人生随笔》（又译《培根论说文集》），内容涉及习惯、道德、信仰、处世、人性、人生等题目。

学术的落后

+ 只要让一个人仔细看一看那些浩如烟海的各种各样的科学技术书籍,他就会看到,到处都在不断重复同样的东西,虽然在处理的方法上有所不同,但在实质上却没有新的东西,因为我们所有的全部贮藏,乍看去虽然显得是很多的,但是一加考察,却证明是很贫乏的。至于讲到它的价值和功用,我们就必须坦白承认,我们主要从希腊人得来的那种智慧只不过像知识的童年,具有儿童的特性而已:它能够谈说,但它不能够生产;因为它只富于争辩,而没有实际效果。
+ 哲学和理论科学就如同神像一样,受到崇拜和赞礼,但却不会移动或前进。
+ 我们知道,最能得到人民偏爱的学说,乃是那些富于争辩性或者似是而非和空洞的学说。这种学说,我可以说,只能骗取人的同意或者迎合人的同意。因此,每个时代中的绝顶聪明才智之士无疑地都被迫离开他们自己的途径;超乎俗人之上的能人智士,为了名誉的缘故,也都甘心向时间与群众的判断屈服。因此,假如有某些比较高级的思想在什么地方出现的话,它们立刻就会被俗见之风吹掉。可见时间就像一条河流,它给我们带下来轻的和膨胀了的东西,但是那些重而坚固的东西都沉没下去了。
+ 在人类记忆和学识所能及的二十五个世纪中,你很难指出六个世纪是富于科学精神的,或者是有利于科学发展的。在时间上也和在地区上一样,存在着许多荒地和沙漠。因为只有三个学术上的革命和时代值得记述,第一个在希腊,第二个在罗马,最后一个就在我们的时代,就是说,在西欧各国。而这三个时代,每一个可以适当分派到的还不到两个世纪。

+ 如果一个人从工场转到图书馆,看到浩如烟海的各种书籍而感到惊异,只消让他仔细考查一下这些书籍的实质和内容,他的惊异一定会转到另一个方向;因为在他看到了这些书籍的不断重复和人们怎样只是在做已经做过的事,在说已经说过的话之后,他就会从赞美书籍的形形色色转而对一向盘踞着人心的科目的贫乏感到惊异了。

+ 的确,如果物质世界的各个领域,也就是说地球、海洋与星体的领域,已经在我们的时代大大地打开和表露在我们的面前,而理智的世界仍然关闭在旧时发现的狭隘范围之内,那就是很可耻的事情了。

+ 知识所受到的更大的不幸,乃是由于人缺乏志气,由于人所从事的工作细微琐屑。而最坏的是这种缺乏志气还和一种傲慢自大的态度结合在一起。

+ 照我的判断,一切流行的体系都不过是许多舞台上的戏剧,根据一种不真实的布景方式来表现它们自己所创造的世界罢了。

勇于创新

+ 聪明严肃的人总认为自然是隐晦的,生命是短促的,感官是骗人的,判断是软弱无力的,实验是困难的等等,因此认为在世界的时代运转中,一切科学都有其涨落,当它们已经达到了某一点和某种情况的时候,它们便不能再向前进展了。因此,如果有人相信或者期许更多一些东西,这些人便认为这是一种狂妄而不成熟的人心里面的想法。

+ 说到古代,人们对于它的看法是很随便的,是和这个名词本身很不调和的。因为世界的老年才能够算是真正的古代,而这是我们时代的属性,而不是古人所处的世界的那个早年的属性。那个时代虽然对于我们来说是比较年老的,但对于世界来说,却是比较年青的。正如我们要从老年人那里而不从青年人那里去寻求关于人的更多的知识和更成熟的判断,因为老年人的经验丰富,而他所见所闻和所想过的东西是多种多样的;同样,只要我们的时代认识它自己的力量,并且愿意试一试这种力量,实施这种力量,那么我们完全可以希望从这个时代得到比古代更多的东西,因为它是世界上更进步的时代,并且储藏着无限丰富的实验和观察。

+ 须知不尝试的损失与不成功的损失二者之间是无比较可言的:不尝试是根本抛弃了取得巨大利益的机会,不成功则不过损失了人们的小小一点劳力。

+ 我想,与此相似的论断也会由后世之人加到我自己身上,就是说:我并不曾做出什么伟大的事,只不过把被认为伟大的事认为较小一些罢了。

+ 时间是世界上最大的革新家。

培 根

知识就是力量

- 人类知识和人类权力归于一；因为凡不知原因时即不能产生结果。要支配自然就须服从自然；而凡在思辨中为原因者，在动作中则为法则。
- 科学的真正合法的目标，就只是给人类生活提供新的发现和力量。
- 技术和科学应当像采矿一样，在那里，新的工作和新的进步的喧嚷声到处都可以听见。
- 这样看来，我们就有很多的根据来希望，在自然的胎宫中还贮有许多极其有用的秘密东西，与现在已知的任何东西都不贴近，也无可比拟，而完全处于人们想象的熟路之外，迄今尚未被发现出来。
- 历代对于发明家们都酬以神圣的尊荣；而对于功在国家的人们，如城国和帝国的创建者、立法者、拯救国家于长期祸患的人、铲除暴君者，以及类此等人，则至高不过谥以英雄的尊号。人们如正确地把二者加以比较，无疑会看出古人的这个评判是公正的。因为发现之利可被及整个人类，而民事之功则仅及于个别地方；后者持续不过几代，而前者则永垂千秋；此外，国政方面的改革罕能不经暴力与混乱而告实现，而发现则本身便带有福祉，其嘉惠人类也不会对任何人引起伤害与痛苦。再说，发现可以算是重新创造，可以算是模仿上帝的工作。
- 我们还该注意到发现的力量、效能和后果。这几点是再明显不过地表现在古人所不知、较近才发现、而起源却还暧昧不彰的三种发明上，那就是印刷、火药和磁石。这三种发明已经在世界范围内把事物的全部面貌和情况都改变了：第一种是在学术方面，第二种是在战事方面，第三种是在航行方面；并由此又引起难以数计的变化来；竟至任何帝国、任何教派、任何星辰对人类事务的力量和影响都仿佛无过于这些机械性的发现了。

+ 进一步讲，我们不妨把人类野心的三个种类也可说是三个等级来区分一下。第一是要在本国之内扩张自己的权力，这种野心是鄙陋的和堕落的。第二是要在人群之间扩张自己国家的权力和领土，这种野心虽有较多尊严，却非较少贪欲。但是如果有人力图面对宇宙来建立并扩张人类本身的权力和领域，那么这种野心——假如可以称作野心的话——无疑是比前两种较为健全和较为高贵的。而说到人类要对万物建立自己的帝国，那就全靠方术和科学了。

+ 若有人以方术和科学会被滥用到邪恶、奢侈等等的目的为理由来加以反对，请人们也不要为这种说法所动。因为若是那样说，则对人世一切美德如智慧、勇气、力量、美丽、财富、光本身以及其他等等也莫不可同样加以反对了。我们只管让人类恢复那种由神所遗赠、为其所固有的对于自然的权利，并赋以一种权力；至于如何运用，自有健全的理性和真正的宗教来加以管理。

+ 通向人类权力和通向人类知识的两条路途是紧相邻接，并且几乎合而为一。

方法照亮经验

+ 一切实验上的努力开始于给自己提出某些要来完成的确定工作,并且用过早和不合时宜的热情来追求它们。我说,它所寻求的是果实的实验,而不是光明的实验,因为它并没有摹仿神圣的程序。这种程序在它第一天的工作里面只创造光明,并且给这种工作规定了一个整天;在这一天中,它并不进行物质的生产工作,只在以后的日子里才来进行这个工作。
+ 在大洋能够航行和新世界能够发现之前,用来作为更确实可靠的指导的罗盘必须先发现出来。
+ 寻求和发现真理的道路只有两条,也只能有两条。一条是从感觉和特殊事物飞到最普遍的公理,把这些原理看成固定和不变的真理,然后从这些原理出发,来进行判断和发现中间的公理。这条道路是现在流行的。另一条道路是从感觉与特殊事物把公理引申出来,然后不断地逐渐上升,最后才达到最普遍的公理。这是真正的道路,但是还没有试过。
+ 真正的经验方法,首先就要点起蜡烛来,然后用蜡烛来照明道路,这种方法实际上是从经过适当安排和消化的经验开始,而不是从粗劣或错误的经验开始,由此寻出公理来,又从既定的公理导出新的实验来。
+ 历来研究科学的人或者是经验主义者,或者是独断主义者。经验主义者好像蚂蚁,他们只是收集起来使用。理性主义者好像蜘蛛,他们从他们自己把网子造出来。但是蜜蜂则采取一种中间的道路。他从花园和田野里面的花采集材料，但是用他自己的一种力量来改变和消化这种材料。真正的哲学工作也正像这样。因为它既不只是或不主要是依靠心智的力量，但它也不是从自然历史和机械实验中把材料收集起来，并且照原来的样子把它整个保存在记忆中。它是把这种材料加以改变和消化而保存在理智中的。

+ 人只能从否定的东西出发，最后在穷尽了排斥以后，才能够达到可定的东西。
+ 真理从错误中会比从混乱中出现得较快。

人心的迷误

+ 人的理智一旦接受了一种意见——不管是通行的意见或者是他所喜欢的意见——就把别的一切东西都拉来支持这种意见，或者使它们符合这种意见。虽然在另一方面可以找到更多的和更有力量的相反的例证，但是对于这些例证却加以忽视或轻视，或者用某种分别来把它们摆在一边而加以拒绝；这样，通过这种有力而且有害的预先决定，就可以使它以前的结论的权威不致受到侵犯。
+ 人的理智还有一种特有的、永久的错误，就是容易被积极的东西而不容易被消极的东西所激动。然而事实上却应当对于二者同样适当地采取冷静的态度。的确，对于确立真正的公理来说，消极的例证是更有力量的。

- 一个人盼望是真的东西,也就是他比较容易相信的东西。
- 人的理智的最大障碍和差错还是在于感官的迟钝、无力和欺骗性;在于刺激感官的东西的力量超过了不直接刺激感官然而更加重要的东西。因此,看不见的东西既然很少能观察到或者根本观察不到,所以当视觉停止的时候,思考一般也就停止下来。
- 哲学一向所遭受的最大阻碍正就是这样一点:人们都不留心注意于熟知习见的事物,只是于过路中把它们接受下来而完全不究问其原因。
- 每一个研究自然的人都应当把这一条当作规则,即:凡是他以一种特别满意的心情去抓住不放的东西,都应当加以怀疑,而在处理这种问题的时候,应当格外注意使理智保持平衡和清醒。
- 即使人们都疯了而且都疯得一样,他们彼此之间也会很好地取得一致的。
- 语词显然是强制和统治人的理智的,它使一切陷于混乱,并且使人陷于无数空洞的争辩和无聊的幻想。
- 某些人专门喜欢标新立异,用一些新鲜术语哗众取宠。他们不是让意义支配辞藻,而是让辞藻支配意义。

习惯的力量

- 人们的思想多是依从着他们的愿望的,他们的谈论和言语多是依从着他们的学问和从外面得来的见解的;但是他们的行为却是随着他们平日的习惯的。
- 既然习惯是人生的主宰，人们就应当努力求得好的习惯。习惯如果是在幼年就起始的，那就是最完美的习惯，这是一定的，这个我们叫作教育。教育其实是一种从早年就起始的习惯。
- 假如个人的单独的习惯其力量是很大的，那么共有的联合的习惯，其力量就更大得多了。因为在这种地方他人的例子可为我之教训，他人的陪伴可为我之援助，争胜之心使我受刺激，光荣使我得意，所以在这种地方习惯的力量可说是到了最高峰。
- 天性常常是隐而不露的，有时可以抑制，但很少能熄灭。压制之于天性，只会使它在压力减退之时更烈于前；但是长期养成的习惯却能变化气质，约束天性。
- 人生是由能力与习惯而获得幸运的。

论道德

- 在世界中，没有一种恶德比虚伪和背信弃义更令人蒙羞。
- 曾经一个预言这样说道：当基督再次降临时，他在人间会找不到诚信。
- 谎言是直对着上帝而躲避着世人的。
- 一个人起初也许只是为了掩饰事情的某一点而说一点谎，但后来他就不得不说更多的谎，以便掩盖与那一点相关联的一切。

- 说谎者永远是弱势的,因为他的那些掩饰和伪装,不可能长久地掩盖下去,他不得不随时提防着自己被揭发和暴露。他会永无宁日。
- 面对幸运所需要的美德是节制,而面对逆境所需要的美德则是坚韧。从道德修养方面来看,和前者相比,后者更是难能可贵。
- 内在德性高的人,必定拥有真正的才德。就好像不需要花哨陪衬的宝石,自身便会更有价值。
- 要记住,如果去指责别人的优点,就等于更厉害地损坏了你的德性。
- 世俗之人是难以理解那种真正崇高的美德的,这就使得那些表面上的做作表现和假冒才德,反而最受世俗之人欢迎。名誉好像是一条河,它能够承载轻浮的空虚之物,也淹没沉重的坚实之物。但是,假如那些有地位和见识的人,同声称誉某人时,这情形犹如《圣经》当中所说的,"美好名誉如同香膏",它的香气播撒四方而且不易消逝,且比花卉的香气更加持久。

论信仰

- 有一位古代神学家曾说过这样坦率的话:"凡是施压与强制别人良心和信仰的人,他们多半是为了自己的利益。"
- 那些一知半解的哲学设法使人倾向于无神论,但是只要深入研究一下哲理,就会叫凡人的心皈依到宗教上去。

- 在我看来,那些否认有神的人,应当是毁灭人类尊严的人。因为人类在肉体方面的确是与禽兽相近,如果人类在精神方面再不与神灵接近一点的话,那么我们人类恐怕就成了一种卑污下贱的低等动物了。同样道理,无神论者也毁灭了英雄气概和人性的光大,因为当人依赖神灵的保护和恩惠并且以神自励的时候,就能够积聚一种力量和信心,这种力量和信心单凭人性本身是得不到的。
- 无神论把人类交给理性,交给哲学,交给法律,交给名利之心,或者交给天然的亲子之情等等。所有这些东西,虽没有宗教的存在,但是它也可以引导人类走下去,使其有一种外表上的道德。但是迷信却不同,它卸除了一切标准,从而在人心深处树立了一种绝对专制的君主体制。因此,那些倾向无神论的时代,基本上还都算是太平时代,但是,迷信却曾经扰乱过许多正常的国家。

论处世

- 如果你被激怒,应该努力在愤怒的同时给对方以蔑视,而不应表现出畏惧。
- 怒气的主要原因与动机大致有三种。首先是过于敏感,因此那些比较纤弱细致的人,一定属于经常生气的人,各种微小的事情都可以使他们受到不同的刺激乃至打击。其次是在所受的伤害中,发现或者想象含有羞辱的成分,这会强化怒气。最后是认为名誉受损,在这种情况下，当事人最好的调剂之道，正如康萨弗（公元1453—1515年，西班牙名将。）所说的那样，一个人应当有一种"用粗绳子编织的荣誉之网"，就不会被他人轻易摧毁。

- 尽管一个人可能怒火中烧，必须注意的是，要确保他的怒气不至于招灾惹祸。那么在这里，至少有两点要特别注意。第一，少用极端愤懑的语言，尤其尖刻辛辣和涉及个人隐私的语言，因为骂世之言是无关紧要的，而骂人之言确实让人难以接受。第二，在处理某些事务时，不可在怒火中烧时将其否决。千万记住，不要在头脑发热时做出任何无法挽回的事情。
- 善于沉默也是一种善德和修养。我们可以发现，那些饶舌之人，差不多都是一些内心空虚、操行可厌的人。表面上看，这些无所事事的人几乎无所不知，他们不但议论知道的事情，而且也妄言不知道的事情。
- 不会有什么人，乐意去对一个多嘴多舌的人敞开心扉。
- 清除猜疑的最好方法，就是开诚布公地把自己的疑心告诉那些被怀疑的人。这样一来，怀疑者对于被怀疑的人肯定就有了比以前更多地了解，同时又可以使被怀疑的人小心留意，以免言行不慎再让人产生猜疑。但是这种办法，对于那些性格卑污的人来说是行不通的，因为这样的人，如果发现有一次自己受到了怀疑，那么将会永远虚伪下去。
- 生活中那些喜欢口出恶言的人，总是忽略了那些受伤害者的记忆力和报复心。

- 虽然有一点儿傻气,但是没有呆气,再没有比这种人更为幸运的人了。
- 古之贤者,为避免他们的才德所招致的嫉妒起见,都习于把这些才德归之于上帝或幸运;因为这样他们就可以较为安全地享有这些才德了:再者,一个人如果受神灵的护佑,那也就可见他是一个伟人。凡过于把幸运之事归功于自己的聪明和智谋的人,多半是结局很不幸的。
- 人的举止应当像他们身上的衣服,不可以太紧或者过于讲究。衣服应当宽舒一点,以便于工作和行动。

论人性

- 人的天性究竟怎样,只有在他的私人生活里才会看得更加清楚。因为在这种生活里面,天性是没有任何虚伪掩饰的。在人的热情里面也最容易看出人的天性,因为热情会让人把平日教训全都忘掉。在某一种新的事情或者新的尝试当中,也最易看出人的天性,因为在这种情形里面,天性是没有先例可循的。
- 一个人的天性,如果长不成鲜花的话,就会成为一堆莠草,所以他应当及时浇水保养他的鲜花,并且要及时拔除那些莠草。
- 在人类各种各样的情欲当中,有两种最为惑人心智,那就是爱情和嫉妒。这两样情感,能够激发出强烈的欲望,创造出虚幻的意象,强大的能量足以蛊惑人心。

- 嫉妒是一种四处游荡的无聊欲望，容易嫉妒别人的人多属好动者。这种嫉妒别人的人是一种闲得难受的人，所以古语对此有论："多管别人闲事的人肯定没安什么好心。"
- 在人类的一切情欲当中，嫉妒之情恐怕要算是最顽强、最持久的了。所以古人曾经这么说过："嫉妒不懂休息。"同时也有人观察到，与其他感情相比，只有爱情和嫉妒是能够让人瘦弱下去的，因为生活里，没有什么能够比爱情与嫉妒更加具有持久的消耗力。
- 爱情是有代价的，即在常常不能得到对方回报的时候，就会埋下一种深藏心底的轻蔑。这是一条铁定不变的规律。情人之间应当十分警惕自己这一感情中的不健康因素的存在。
- 有一句古语说得极是："地位显出为人。"也就是说，一个人的地位显示出了有些人的长处，也显出有些人的短处。
- 一个人因为有了权力地位而人格增进，这是他人格高尚而且心胸宽广的确证。

论人生

- 一个人的心若能以仁爱为动机，以天意为归宿，并且以真理为地轴而动转，那这人的生活可真是地上的天堂了。
- 研究真理就是向它求爱求婚，认识真理就是与之同处，相信真理就是享受它，三者乃是人性中最高的美德。

- 留心你的年岁的增加,不要永远想做同一的事情,因为年岁是不受蔑视的。
- 幸运的消长系诸外界的偶然之事,比如面貌,他人之死亡,机会与才德之遇合,这是不可否认的。但是,一个人的幸运的造成主要还是在他自己手里。所以诗人说,"人人都可以成为自己的幸运的建筑师"。
- 世间有些人,他们的生活好像永远是在舞台上度过似的。这种生活对于别人是掩饰起来的,唯有自己可以明了。然而永远的掩饰是痛苦的,而一个只顾荣华、不顾天性的人可算是一个十足的奴才。
- 如果一个人的财富达到了某种程度之后,这个人就不可能完全享受它了。尽管他有能力储备这种财富,也可以分配并且赠送财富,而且他或者还会因为财富而出名。但是对他本人,这些财富实际上已没有太多实在用处了。请看那些为了一块小小的彩色石头而一掷千金的人。其实那块石头真的有那么大的价值吗?商战当中有些商人不遗余力,为了某些所谓的财富竞争得焦头烂额,其实也仅仅是为了看不见的那点虚荣。
- 由于财富太多而毁掉自我的人,远远多于因财富而功成名就的人。
- 那些身居高位的人,经常想要借助他人的眼光来发现自己的幸福。因为若是他们依着自己的感受判断,他们大约不会发现自己是幸福的人。但是一旦想到别人对于他们身居高位产生的联想,他们好像就知足了,因为他们获得了某些外界谈论而引发的快乐了。可是同时,在他们内心深处,也许正好相反。因为这些人经常会感觉到自己的忧虑。
+ 善于选择就等于是节省时间,而那些不合时宜的举动就等于是打乱了基本规则。
+ 人生最美好的挽歌,就在于当你在一种富有价值的事业中度过一生之后,依然能够微笑地说道:"主啊,如今请让你的仆人安然离去吧。"

主要资料来源

《十六—十八世纪西欧各国哲学》,北京大学哲学系外国哲学史教研室编译,商务印书馆,1975。

《新工具》,(英)培根著,许宝骙译,商务印书馆,1984。

《培根人生随笔》,弗兰西斯·培根著,乌尔沁译,译林出版社,2017。

《培根论说文集》,弗兰西斯·培根著,水天同译,商务印书馆,1983。

14 霍布斯

- 闲暇是哲学之母
- 欲望和激情的心理学
- 人性及其现象
- 世间情态
- 论法律
- 论信仰

HOBBES

托马斯·霍布斯(Thomas Hobbes), 1588—1679年。英国哲学家、政治理论家。在哲学上,最早对人的认识、激情和行为的心理过程进行分析,是英国经验主义和功利主义学派的先驱。在政治理论上,创立社会契约学说,但主张保留君主专制。长期担任某贵族的私人教师,在英国曾经因为思想而受到迫害,流亡巴黎,在欧洲享有盛誉。

主要著作为《利维坦》,本章所摘语录皆出自此书。摘录的重点有四个。一是论哲学,把哲学分为自然哲学与公民哲学两个部分,又把公民哲学分为伦理学和政治学两个部分。二是论人性,属于伦理学,包括欲望和激情的心理学,人性及其现象,世间情态。三是论法律,属于政治学。四是论信仰,强调要用理性来判断信仰和一切以上帝的名义发布的命令之真伪。

闲暇是哲学之母

+ 闲暇是哲学之母。
+ 纵然不是为了别的目的,只是由于人的心灵忍受不了空的时间,正如自然界忍受不了空的空间一样,为了你自己可以找到事情消磨时间,不至于因为无事可干而去打扰有职务的人,或因为与无聊的人交友而受害,我劝你研究哲学。
+ 哲学的主要部分有两个。因为主要有两类物体,彼此很不相同,提供给探求物体的产生和特性的人们讲究。其中一类是自然的作品,称为自然的物体,另一类则称为国家,是由人们的意志与契约造成的。因此便产生出哲学的两个部分,称为自然哲学与公民哲学。但是由于为了认识国家的特性,必须先知道人们的气质、爱好和行为,所以通常又把公民哲学分为两个部分,一部分研究人们的气质和行为,称为伦理学,另一部分注重认识人们的公民责任,称为政治学,或者直接称为公民哲学。
+ 哲学就是根据任何事物的发生方式推论其性质,或是根据其性质推论其某种可能的发生方式而获得的知识,其目的是使人们能够在物质或人力允许的范围内产生人生所需要的效果。根据这一定义就可以显然看出,我们不能把经验算成哲学,因为这不过是过去一连串事态的记忆。任何人通过超自然的启示所知道的东西也不能称为哲学。根据书籍的权威进行推理而得到的知识也不是哲学，因为这不是从原因推论结果、也不是从结果推论原因所得到的，因之便不是知识而只是信仰。

欲望和激情的心理学

- 爱与欲望是一回事，只是欲望指的始终是对象不存在时的情形，而爱则最常见的说法是指对象存在时的情形。
- 这种被称为欲望的运动，从其表象方面说来就是高兴或愉快，它看来是生命运动的一种加强和辅助。所以引起高兴的事物，由于辅助或加强生命运动而被恰当地称为高兴和愉快；相反的事物则由于阻挠和干扰生命运动而被称为不高兴和烦恼。
- 当人们具有能达成的看法时，欲望就称为希望。同样，不具有这种看法时就称为失望。当人们具有对象将造成伤害的看法时，嫌恶就称为畏惧。同样具有通过抵抗免除伤害的希望时就称为勇气。突然上来的勇气称为愤怒。常存的希望称为自信。常存的失望就是不自信。
- 当我们看到他人遭受巨大伤害，并认为是强暴行为所造成的，因而产生的愤怒就称为义愤。希望他人好的欲望称为仁慈、善意或慈爱；这种欲望如果是对人类普遍存在的，便称为善良的天性。
- 对财富的欲望称为贪婪。这一名词永远用于贬责的意义，因为竞求财富的人，在别人取得财富时，是不痛快的。虽然这种欲望本身究竟应当加以谴责，还是可以容许，要看追求财富的方法而定。地位或优先权的欲望就是野心。这一名词也由于上述理由而用于坏的意义。

- 对达成目的无大助益的事物的欲望，以及对妨害不大的事物的畏惧，都称为怯懦。对小助益和小妨害的轻视就称为豪迈。在死亡或受伤的危机下所表现的豪迈就称勇敢或刚毅。在财富的使用上所表现的豪迈就称为大方。
- 专爱一人而又想专其爱的爱情谓之爱的激情。同样，爱具有施爱而不见答的畏惧心理时，谓之嫉妒。
- 想要知道为什么及怎么样的欲望谓之好奇心。这种欲望只有人才有，所以人之有别于其他动物还不只是由于他有理性，而且还由于他有这种独特的激情。
- 头脑中假想出的，或根据公开认可的传说构想出的对于不可见的力量的畏惧谓之宗教。所根据的如果不是公开认可的传说，便是迷信。
- 不理解原因或状况的畏惧谓之恐慌。其实，最初发生这种畏惧的人，对于原因总是有一些理解的，只是其余的人一个个都认为旁人知道为什么，于是跟着别人一哄而散罢了。因此，这种激情只存在于一群乌合之众或一大群人中。
- 因构想自己的权势与能力而产生的快乐就是所谓自荣的欣喜心情。这种心情所根据的，如果是自己以往行为的经验，便与自信相同。但如果仅是根据他人的议词，或仅是自己假想一套以自得其乐，便是虚荣。这一名称起得很恰当，因为有根据的自信可以产生努力，而自认为有量力则不能，于是称为"虚"就很正确了。
- 假想或自以为具有明明知道在自己身上不存在的能力的虚荣心理是青年人最容易产生的，而且受到英雄人物的历史和故事的助长，这种心理往往会由于年龄和工作而得到纠正。
- 骤发的自荣是造成笑这种面相的激情，这种现象要不是由于使自己感到高兴的某种本身骤发的动作造成的，便是由于知道别人有什么缺陷，相比之下自己骤然给自己喝彩而造成的。最容易产生这种情形的人，是知道自己能力最小的人。这种人不得不找别人的缺陷以便自我宠爱。因此，多笑别人的缺陷，便是怯懦的征象。因为伟大的人物的本分之一，就是帮助别人，使之免于耻笑，并且只把自己和最贤能的人去相比较。
- 最能引起智慧差异的激情主要是程度不同的权势欲、财富欲、知识欲和名誉欲。这几种欲望可以总括为第一种欲望，也就是权势欲；因为财富、知识和荣誉不过是几种不同的权势而已。

人性及其现象

- 一个人对于时常想望的事物能不断取得成功，也就是不断处于繁荣昌盛状态时，就是人们所谓的福祉，我所说的是指今生之福。因为心灵永恒的宁静在今世是不存在的。原因是生活本身就是一种运动，不可能没有欲望，

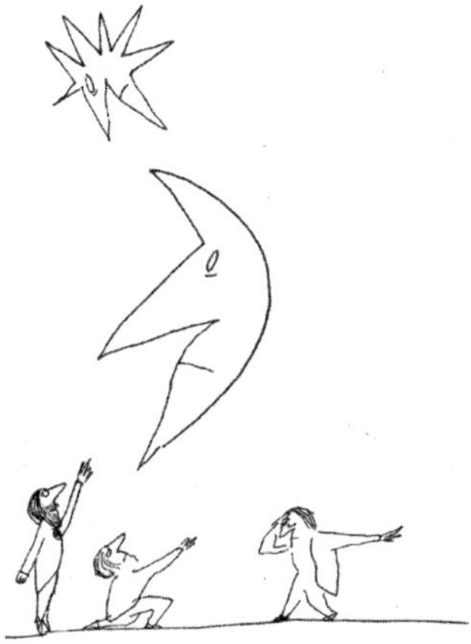

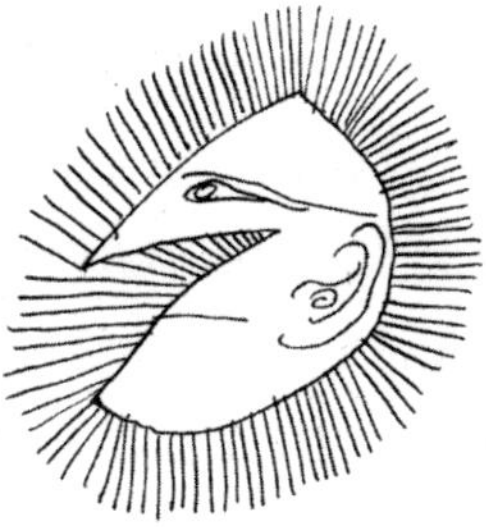

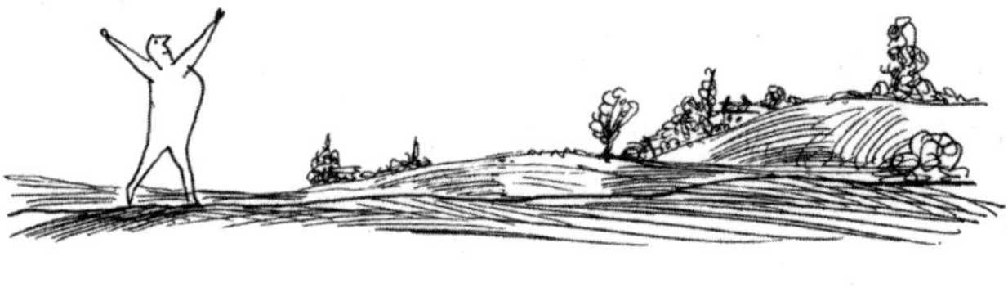

也不可能没有畏惧，正如同不可能没有感觉一样。
- 今生的幸福不在于心满意足而不求上进。欲望终止的人，和感觉与映像停顿的人同样无法生活下去。幸福就是欲望从一个目标到另一个目标不断地发展，达到前一个目标不过是为后一个目标铺平道路。
- 在人类的天性中我们发现：有三种造成争斗的主要原因存在。第一是竞争，第二是猜疑，第三是荣誉。第一种原因使人为了求利；第二种原因使人为了求安全；第三种原因则使人为了求名誉而进行侵犯。
- 人们隐秘的思想是无所不包的，无论是神圣的、亵渎的、圣洁的、淫秽的、庄重的、轻佻的事，莫不尽有，既没有羞愧，也没有谴责。宣之于口时，则不能超出判断所能许可的时间、地点和人物。解剖学家或医师可以谈论或写作他们对于污秽之事的判断；因为这是为了于人有利，而不是取悦于人。但如果另一个人在同一事物上大放厥词、驰骋其愉快的想象，那就像是失足污泥之中的人去见贵客一样，其间的差别只在于缺乏明辨。
- 动物虽然也能用一些声音来相互表示自己的欲望和其他感情，但它们却没有某些人类的那种语词技巧，可以向别人把善说成恶、把恶说成善，并夸大或缩小明显的善恶程度，任意惑乱人心，搅乱和平。
- 从本性说，最善良的人便是最不怀疑旁人欺诈的人。
- 一般说来，虚荣的人除非同时也很怯懦，否则就容易发怒。他们比别人更容易把一般谈话中不客气的地方当成轻视。而罪恶很少有不是由愤怒产生的。

- 为任何事务而求助于某人就是尊重他,因为这就说明我们认为他有帮助别人的力量。帮助的事情愈困难,尊重就愈大。

世间情态

- 有口才而又善于逢迎,就会使人相信这人,因为前者是假象的智慧,而后者则是假象的仁爱。
- 无知本身虽然不带恶意,但却能使人相信谎言而又加以传播,有时还会编造出谎言来。
- 我毫不怀疑如果"三角形三角之和等于两直角"这一说法和任何人的统治权或具有统治权的一些人的利益相冲突的话,这一说法即使不受到争议,也会由于有关的人在力所能及的情况下采取把所有几何学书籍通通烧掉的办法,而受到镇压。
- 从自己认为是同等地位的人处获得难望报偿的厚惠,使人表面上敬爱,而实际上则隐恨在心。这就像是使他处于一个绝望的欠债人的状况,由于不愿意见到他的债主,暗地里希望他去到一个再也见不着的地方。因为恩惠使人感恩,感恩就是羁轭,无法报偿的感恩就是永世无法摆脱的羁轭。
- 加害他人超过其所能或所愿弥补的程度,将使害人者恨受害者,因为他必需预料到的,不是报复便是怜宥,这两者都是令人生恨的事。

- 学识是一种微小的权势,因为学问的本质规定它除开造诣很深的人以外就很少有人能知道它。
- 人的价值或身价正像所有其他东西的价值一样就是他的价格;也就是使用他的力量时,将付与他多少。因之,身价便不是绝对的,而要取决于旁人的需要与评价。对人来说,也和对其他事物一样,决定行市价格的不是卖者而是买者。
- 仅仅由于信而好古而被接受的意见,就其本质而言,并不是引用者的判断,而只是像打呵欠一样一人传一人地流传之言。
- 人们用他人的机智之言当成丁香插在自己腐朽的学说里,常常具有不可告人的目的。

论法律

- 良法就是为人民的利益所需而又清晰明确的法律。
- 语词之力太弱,不足以使人履行其信约,人的本性之中,可以想象得到的只有两种助力足以加强语词的力量:一种是对食言所产生的后果的恐惧,另一种是因表现得无须食言所感到的光荣或骄傲。后者是一种极其少见而不能作为依据的豪爽之感,在追求财富、统治权和肉欲之乐的人中尤其罕见,偏偏这种人却占人类的绝大部分。可以指靠的激情是畏惧。这种激情有两种十分普遍的对象,一种是不可见的神鬼力量,另一种是失约时将触犯的人的力量。在这两种力量中，前一种力量虽然较大，但就畏惧感讲来，则一般是对后一种的畏惧较大。

+ 在报复中，也就是在以怨报怨的过程中，人们所应当看到的不是过去的恶大，而是将来的益处多。这一自然法规定除了为使触犯者改过自新和对其他人昭示警诫之外，禁止以其他任何目的施加惩罚。

+ 通过对人们的信仰进行审查和宗教审判，把仅仅是行为法则的法律扩展到人们的思想和良知意识上去。这样一来，人们要不是由于表达真思想而受到惩罚，便是由于害怕惩罚而被迫表达非真实的思想。

+ 同一种违法行为的罪恶，如果是出于恃强、恃富或倚仗亲友来抵抗执法者等动机而犯下的，比出于希图不被发现或畏罪潜逃而犯下的更为重大。因为认为恃强可以逍遥法外这一点在任何时候和一切引诱下都是藐视法律的根源。

+ 劫夺和贪污公共财富或税收，其罪恶比抢劫或诈骗私人财物罪恶更大；因为劫夺公众就是同时劫夺许多人。

+ 贵者的尊荣地位之所以有价值，就在于他们能施济贱者，否则就一无价值了。他们所做的暴行、压迫和伤害并不能因为他们地位尊贵而得到宽宥，反倒是要因此而加重罪行，因为他们最没有必要犯下这些行为。

+ 一个人对另一个人造成的损害可以通过赔偿来补偿，但罪却没法用赔偿的方式消除，因为那样就使犯罪的自由成为一种买卖的对象了。

+ 使人们的行为具有正义色彩的是一种罕见的高贵品质或

侠义的勇敢精神，在这种精神下，人们耻于让人看到自己为了生活的满足而进行欺诈或背信。
+ 品行的不义指的是进行侵害的倾向或居心，它在没有变成行动以前，而且也无须假定有任何人受了侵害，就已经是不义的。

论信仰

+ 雕偶像的人在雕制时人们并不认为他们能使那些偶像成为神，而是向偶像祈祷的人使之成为神。
+ 我们宗教的奥义就像治病的灵丹一样，整丸地吞下去倒有疗效，但要是嚼碎的话，大多数都会被吐出来，一点效力也没有。
+ 如果一个人向我声称上帝以超自然的方式直接向他传了谕，而我又感到怀疑，我就很难看出他能提出什么论据来让我不得不相信。诚然，这人如果是我的主权者，他便可以强制我服从，使我不用行动或言辞表示我不相信他的话，但却不能让我不按理性驱使我的方式去思想。
+ 人们内在的思想和信仰不是人间的统治者所能知道的，而且既不能随意支配，也不是法律所造成的结果，而是未表露的意志与上帝的权力所造成的结果，因之便不属于义务的范围。
+ 信仰是上帝的赐予，人无法通过应许报偿而加之，或通过刑罚威胁而夺之。

- 上帝虽然是全世界的主权者,但我们却没有义务要把每一个人以上帝的名义提出的任何东西当成上帝的法律。
- 困难只在于这样一点,当人们在上帝的名义下接受命令时,许多时候都不知道这命令究竟是出自上帝,还是发布命令的人在滥用上帝的名义谋一己之私。
- 向国王祈求他所能为我们做的事情,虽然是匍匐在他前面,也只是一种世俗的崇拜,因为我们只承认他具有凡人的能力,而不具有其他能力。但如果我们自愿地向他祈求好天气或其他唯有上帝才能为我们做的事情,那便是敬神的敬拜和偶像崇拜了。从另一方面说来,一个国王如果以死刑或其他严重体刑相威胁,强制别人这样做,那便不是偶像崇拜;因为主权者以刑律之威命令别人对他做的事并不表示服从的人在内心中把他当成神崇敬,而只表示自己企图免于一死,或免于苦难的生活。
- 每一个人都必须通过自己的天赋理性,将上帝赐给我们分辨真伪的法则运用到所有的预言上去。
- 思想是自由的,一个人在内心中始终有自由根据他自己对号称为奇迹的行为,在其使人相信时,根据它对于那些自称能行奇迹或支持奇迹的人会产生什么好处,来决定相信与否,并根据这一点来推测这些事情究竟是奇迹还是谎骗。
- 在自以为受到神的启示而且对这种看法着了迷的一群人当中,其愚行的效果常常不能通过这种激情在一个人身上所产生的任何十分过分的行为看出来。但当他们许多人聚谋时,整个一群人的怒狂就十分明显了。如果对我们最好的朋友吼叫、打击、扔石头,那还有什么事情更能说明疯狂状态呢?但这还远比不上那样一群人所能做出的事,他们对于以往一辈子都受其保护、免于伤害的人,也能发出鼓噪,加以打击和杀害。

■ **主要资料来源**
《利维坦》,(英)霍布斯著,黎思复、黎廷弼译,杨昌裕校,商务印书馆,1985。

笛卡尔 15

- 为求真理而怀疑一切
- 把怀疑和行动分开
- 我思故我在
- 哲学思考的特性和价值
- 正确地运用才智
- 为何阅读和写作

DESCARTES

勒内·笛卡尔（Rene Descartes），1596—1650年，法国哲学家，主要著作为《谈谈方法》和《第一哲学沉思集》。长期在荷兰隐居，达二十年之久。终身未婚，有过一个私生女儿，五岁夭折，自言是一生最大的悲伤。五十三岁时，瑞典女王克里斯蒂娜邀请他给自己讲哲学，他一再推辞，但盛情难却，女王派一艘军舰隆重地把他接进王宫。按照女王的要求，他每天清晨五点给女王讲课。对于习惯晚起的哲学家来说，这真是苦不堪言，加上身子骨单薄，经受不住北欧冬天的寒冷，不到三个月就得肺炎死了。

笛卡尔的哲学，从怀疑一切开始。所谓怀疑一切，是指对于任何理论，在未经独立思考检验其有无根据之前，决不把它当作真理接受。他同时强调，必须把怀疑和行动分开，在真理的思考上要有怀疑精神，而在日常生活的行动中要遵循已有的知识。从怀疑一切出发，有一天他悟到，这个在怀疑的我必须存在，否则怎么怀疑呢？怀疑即思考，所以，我思考，证明了我存在，由此得出了"我思故我在"的著名命题。这个命题意义重大，以前的哲学家都在外部世界中寻找存在的根据，他把方向转了过来，在主体（我）和认识（思）中寻找存在的根据，为哲学开辟了探究意识的新方向，因此被现代哲学界公认为近代哲学之父。

为求真理而怀疑一切

- 我自幼就受到典籍的教育,因为我听信了人们的话,认为靠读书就可以对一切有益于人生的东西得到一种明白而且可靠的知识,所以我怀着一种极大的欲望去学习典籍。可是当我全部修毕这些课业,照例被认为成了学者的时候,我的意见就立刻完全改变了。因为我发现自己为这么多的怀疑和错误所困扰,因而觉得我的努力求学并没有得到别的好处,只不过是愈来愈发觉自己的无知。然而我进的是欧洲最有名的一所学校,如果世界上任何地方有博学之士的话,我想那里就应该有。
- 关于哲学我只能说一句话:我看到它经过千百年来最杰出的能人钻研,却没有一点不在争论中,因而没有一点不是可疑的,所以我不敢希望自己在哲学上的遭遇比别人好;我考虑到对同一个问题可以有许多不同的看法,都有博学的人支持,而正确的看法却只能有一种,所以我把仅仅貌似真实的看法一律看成大概是虚假的。
- 就是因为这个缘故,一到年龄容许我离开师长的管教,我就完全抛开了书本的研究。我下定决心,除了那种可以在自己心里或者在世界这本大书里找到的学问以外,不再研究别的学问。
- 我在学生时期就已经知道,我们能够想象得出来的任何一种意见,不管多么离奇古怪,多么难以置信,全都有某个哲学家说过。我在游历期间就已经认识到,与我们的意见针锋相对的人并不因此就全都是蛮子和野人,正好相反，有许多人运用理性的程度与我们相等，或者更高。我还考虑到，同一个人，具有同样的心灵，自幼生长在法兰西人或日耳曼人当中，就变得大不相同；连衣服的样式也是这样，一种款式十年前时兴过，也许十年后还会时兴，我们现在看起来就觉得古里古怪，非常可笑。由此可见，我们所听信的大都是成规惯例，并不是什么确切的知识；有多数人赞成并不能证明就是什么深奥的真理，因为那种真理多半是一个人发现的，不是众人发现的。所以我挑不出那么一个人，我认为他的意见比别人更可取，我感到莫奈何，只好自己来指导自己。

+ 我考虑到一切学问的本原都应当从哲学里取得，而我在哲学里还没有发现任何确实可靠的本原，所以我想首先应当努力在哲学上把这种本原建立起来；可是这件工作是世界上最重要的事情，又最怕轻率的判断和先入之见，我当时才二十三岁，不够成熟，一定要多等几年，事先多花些时间准备。

+ 我们看到，由一个建筑师一手设计和建成的那些房屋，通常总比由许多人利用一些本来为了别的目的而砌的旧墙连缀而成的房屋，要来得漂亮整齐。所以我想，书本上的那些学问，至少那些只有或然的理由而并没有任何证明的学问，既然是由许多不同的人的意见逐渐积累而形成的，它们接近真理的程度，就根本比不上一个有良知的人对所遇见的事物可以很自然地做出那些简单的推理。

+ 说到我心里直到现在所信服的那些意见，我却没有别的更好的办法,只有把它们一下通通清除出去,以便空出地位,然后或者安放上另外一些更好的意见,或者当我把原来意见放在理性的尺度上校正之后,再把它放回去。我深信用这种方法来指导我的生活,所得的成就将会大大超过只是在旧的基础上进行建筑,以及只是依据我青年时代没有考察是否真实便加以相信的那些原则。

+ 以后整整九年,我只是在世界上转来转去,遇到热闹戏就看一看,只当观众,不当演员。对每一个问题我都仔细思考一番,特别注意其中可以引起怀疑、可以使我们弄错的地方,这样,就把我过去马马虎虎接受的错误一个一个连根拔掉了。我这并不是模仿怀疑论者,学他们为怀疑而怀疑,摆出永远犹疑不决的架势。因为事实正好相反,我的整个打算只是使自己得到确信的根据,把沙子和浮土挖掉,为的是找出磐石和硬土。

+ 虽然如此,自从很久以来我心里就有某一种想法:有一个上帝,他是全能的,就是由他把我像我现在这个样子创造和产生出来的。可是,谁能向我保证这个上帝没有这样做过,即本来就没有地,没有天,没有带有广延性的物体,没有形状,没有大小,没有地点,而我却偏偏具有这一切东西的感觉;并且所有这些都无非是像我所看见的那个样子存在着的?还有,和我有时断定别的人们甚至在他们以为知道得最准确的事情上弄错一样,也可能是上帝有意让我每次在二加三上,或者在数一个正方形的边上,或者在判断什么更容易的东西上弄错。

把怀疑和行动分开

+ 我们知道,在重建住宅之前,光把旧房拆掉,备上新料,请好建筑师,或者亲自设计,并且仔细绘出图纸,毕竟还是不够的,还应该另外准备一所房子,好在施工期间舒舒服服地住着。所以,当我受到理性的驱使、在判断上持犹疑态度的时候,为了不至于在行动上犹疑不决,为了今后还能十分幸运地活着,我给自己定下了一套临时行为规范。第一条是:服从我国的法律和习俗,笃守我靠神保佑从小就领受的宗教,在其他一切事情上以周围最明智的人为榜样,遵奉他们在实践上一致接受的那些最合乎中道、最不走极端的意见,来约束自己。因为我虽然为了重新审查自己的全部意见,从那时起把它们一律当成一文不值,却深信最好还是遵从最明智的人的看法。
+ 我的第二条准则是:在行动上尽可能坚定果断,一旦选定某种看法,哪怕它十分可疑,也毫不动摇地坚决遵循,就像它十分可靠一样。这样做是效法森林里迷路的旅客,他们决不能胡乱地东走走西撞撞,也不能停在一个地方不动,必须始终朝着一个方向尽可能笔直地前进,尽管这个方向在开始的时候只是偶然选定的,也不要由于细小的理由改变方向,因为这样做即便不能恰好走到目的地,至少最后可以走到一个地方,总比困在树林里面强。为人处世也是这样,我们的行动常常必须当机立断,刻不容缓。有一条非常可靠的真理,就是在无法分辨哪种看法最正确的时候必须遵从或然性最大的看法，即便看不出哪种看法或然性大些也必须选定一种，然后在实践中不再把它看成可疑的，而把它当作最正确、最可靠的看法，因为我们选定这种看法的理由本来就是如此。我明白了这个道理，从那时起就不犯后悔的毛病，不像意志薄弱的人那样反复无常，一遇风吹草动就改变主意，今天当作好事去办的明天就认为很坏。

+ 我的第三条准则是：永远只求克服自己，不求克服命运；只求改变自己的愿望，不求改变世间的秩序。总之，要始终相信：除了我们自己的思想以外，没有一样事情可以完全由我们做主。所以，我们对自身以外的事情尽了全力之后，凡是没有办到的，对于我们来说，就是绝对办不到的事情。

+ 关于意志所能包括的东西，我一向是在日常生活和真理的思考之间做非常严格的区别的。因为，在日常生活中，我决不认为应该只有按照我们认识得非常清楚、分明的事情才能做，相反，我主张甚至用不着总是等待很有可能的事物，而是有时必须在许多完全不认识和不可靠的事物中选择一个并且决定下来，在这以后，就如同是由于一些可靠的和非常明显的理由而选择出来的那样坚持下去，只要我们看不到相反的理由。

+ 必须注意生活上的行动和追求真理二者之间的区别，因为说到生活上的行动，不联系到感官，那是非常荒唐的。因此人们经常嘲笑那些怀疑论者，他们把世界上的一切事物忽视到如此地步，以致必须由他们的朋友们看守住他们，以便防止他们自己陷入深渊。就是为了这个缘故，一个有良知的人不能真正对这些事物有所怀疑。可是，当问题在于追求真理，在于知道人类精神能够靠得住地认识到什么东西时，不愿意认真地把这些东西当作不可靠的，甚至当作假的来抛弃掉，以便指出那些用这样的办法抛弃不掉的因而是更确实的、更能被我们认识的、更可靠的东西，这无疑是完全违反理性的。

我思故我在

+ 我马上就注意到：既然我因此宁愿认为一切都是假的，那么，我那样想的时候，那个在想的我就必然应当是个东西。我发现，"我思想，所以我存在"这条真理是十分确实、十分可靠的，怀疑派的任何一条最狂妄的假定都不能使它发生动摇，所以我毫不犹豫地予以采纳，作为我所寻求的那种哲学的第一条原理。
+ 我考虑到，那个要想怀疑一切者，却不能怀疑他怀疑时不存在，而且，那个不能怀疑自己、却怀疑其余的一切的推理者，并不是我们说是我们的形体的那个东西，而是我们称之为我们的灵魂或思想的那个东西，于是我就把这个思想着的存在当成最初的本原。
+ 我小心地考察我究竟是什么，发现我可以设想我没有身体，可以设想没有我所在的世界，也没有我所在的地点，但是我不能就此设想我不存在，相反地，正是从我想到怀疑一切其他事物的真实性这一点，可以非常明白、非常确定地推出：我是存在的；而另一方面，如果我一旦停止思想，则纵然我所想象的其余事物都真实地存在，我也没有任何理由相信我存在，由此我就认识到，我是一个实体，这个实体的全部本质或本性只是思想，它并不需要任何地点以便存在，也不依赖任何物质性的东西；因此这个"我"，亦即我赖以成为我的那个心灵，是与身体完全不同的，甚至比身体更容易认识，纵然身体并不存在，心灵也仍然不失其为心灵。

+ 就是因为我确实认识到我存在，同时除了我是一个在思维的东西之外，我又看不出有什么别的东西必然属于我的本性或属于我的本质，所以我确实有把握断言我的本质就在于我是一个在思维的东西，或者就在于我是一个实体，这个实体的全部本质或本性就是思维。
+ 我仔细检查，发现只要我们不思想，因而不触动灵魂这个与形体分立的部分，我们身上所能产生的也就恰恰是那些机能，这一方面可以说无理性的动物跟我们是一样的，可是我却不能因此在那个身体里找到什么依靠思想的、纯粹属于我们的机能；后来我假定神创造了一个理性灵魂，用我描述的那种特定的方式把它结合到那个身体上，我就在其中发现这类机能了。

哲学思考的特性和价值

+ 哲学这个名词的意思是研究智慧，所谓智慧指的并不只是处事审慎，而是精通人能知道的一切事情，以处理生活、保持健康和发明各种技艺；这种知识要能够做到这样，必须是从一些根本原因推出来的。所以，要研究怎样取得这种知识，一个真正从事哲学研究的人应当首先研究这些根本原因，也就是本原；而这些本原应当满足两个条件：第一个是要非常清楚，非常明显，人心一注意到它们就不能怀疑它们的真理性；另一个是要依靠它们才认识其他事物。

+ 每一个民族的文明与开化，就是靠那里的人哲学研究得好，因此一个国家最大的好事就是拥有真正的哲学家。

+ 真正说来，活着不研究哲学，就如同闭上两眼不肯睁开；观看我们视觉发现的一切而得到的那种愉快，根本比不上人们凭哲学发现事物的知识而获得的那种满足。野生的禽兽只有身体需要保护，就经常不断地从事寻求养身的食品；然而人的主要部分是心灵，就应该把主要精力放在寻求智慧上，智慧才是他真正的养料。

+ 那种通过根本原因得到的对于真理的认识，也就是哲学所研究的那个智慧。

+ 哲学好像一棵树，树根是形而上学，树干是物理学，从树干上生出的树枝是其他一切学问，归结起来主要有三种，即医学、机械学和道德学，道德学我认为是最高的、最完全的学问，它以其他学问的全部知识为前提，是最高等的智慧。可是我们并不是从树根上，也不是从树干上，只是从树枝的末梢上摘取果实的。

+ 在属于形而上学的问题上，主要的困难在于清楚、分明地领会第一概念。由于它们似乎与我们通过感官接受来的许多成见不一致，而这些成见，我们自从儿童时期就已经司空见惯了，这些第一概念，只有那些非常用心并且致力于尽可能把他们的精神从感官的交往中解脱出来的人，才能完全懂得。

+ 有些人的精神陷入感官里边如此之深，以致除了用想象而外，什么也体会不了，从而不适于做形而上学思考。

正确地运用才智

+ 单有聪明才智是不够的，主要在于正确地运用才智。杰出的人才固然能够做出最大的好事，也同样可以做出最大的坏事；行动十分缓慢的人只要始终循着正道前进，就可以比离开正道飞奔的人走在前面很多。
+ 当我们自从年轻时就相信了什么事物，并且随年代的增长我们的成见越发坚定以后，不管人们用什么理由使我们看到它的错误，或者不如说，尽管我们注意到在它身上的什么错误，如果我们不去习惯于逐渐挖掉不是由于理性，而是由于习惯深深刻印在我们精神之中的东西，那么仍然是很不容易从我们的信任中完全去掉这种成见的。
+ 在我看来，普通人的推理所包含的真理要比读书人的推理所包含的多得多：普通人是对切身的事情进行推理，如果判断错了，它的结果马上就会来惩罚他；读书人是关在书房里对思辨的道理进行推理，思辨是不产生任何实效的，仅仅在他身上造成一种后果，就是思辨离常识越远，他由此产生的虚荣心大概就越大，因为一定要花费比较多的心思，想出比较多的门道，才能设法把那些道理弄得好像是真理。

+ 有不少人不肯全说真心话，也是由于有不少人并不知道自己的真心是什么；因为相信一件事并不等于知道自己相信这件事，这是两种思想活动，常常分道扬镳。
+ 健康当然是人生最重要的一种幸福，也是其他一切幸福的基础，因为人的精神在很大程度上是取决于身体器官的气质和状况的。如果可以找到一种办法使每一个人都比现在更聪明、更能干，我认为应当到医学里去找。
+ 在各门学问里逐渐发现真理很像开始发财，不用费多大气力就可以大有收获，不像过去穷的时候那样费好大劲也捞不到几文。我们也可以把寻求真理比作领兵打仗，实力通常总是随着胜利而雄厚的，吃了败仗要煞费苦心才能保住不垮，打了胜仗之后却不用费多大气力就能占领许多城池和大片地盘。
+ 争辩的时候人人都想取胜，尽量利用貌似真实的理由吹嘘，很少权衡双方的道理，那些长期充当律师的人并不因此后来就是更好的法官。
+ 要想透彻理解、全面精通一样东西，跟别人学还不如自己发明。
+ 某些聪明人，别人花二十年工夫想出来的东西只要告诉他们两三个字，他们就立刻以为自己在一天之内全都知道了；这种人越聪明、越机灵，就越容易犯错误，越不能发现真理。
+ 真理虽然常常不像错误和虚构那样打动我们的想象力，由于它显得不大奇妙而比较简单，它给人们带来的满足总是比较持久、比较牢靠的。
+ 再没有什么东西能比真理更古老的了。
+ 最愚昧无知的人能够在一刻钟之内解决的问题，比最有学问的人一辈子解决得还要多。
+ 我知道，我们在与自己有关的事情上，是多么容易弄错，我也知道，我们的朋友们的判断，在使我们高兴的时候，是多么值得我们怀疑。

为何阅读和写作

+ 遍读好书，有如走访著书的前代高贤，同他们促膝谈心，而且是一种精湛的交谈，古人向我们谈出的只有他们最精粹的思想。
+ 读书，并不是读所有的书，而是专指读那些能给我们教益的人写的书，因为这就是我们与作者进行的一种谈话。
+ 为教育自己而学习。
+ 固然人人都应当尽力为他人谋福利，独善其身是毫无价值的；可是我们也不能目光短浅、只顾眼前，如果高瞻远瞩，放弃一些可能有益于今人的事情，去从事一些给子孙万代带来更大利益的工作，那也是很好的。

- 假如世界上有那么一个人，大家确实知道他能够做出最伟大的发现，给公众带来莫大的利益，由于这个缘故，别人都千方百计地帮助他完成计划，依我看来，能帮得上他的也只限于提供经费，资助他进行必要的实验，再就是谁也不要打扰他、浪费他的时间。何况我这个人还没有那么大的魄力，不敢保证自己的贡献一定出乎寻常，也没有那么大的派头，不敢想象大家都应当很关心我的计划，我的人格也不是十分卑鄙，那些可以被人认为非分的照顾我是一样都不肯接受的。
- 我虽然并不过分好名，甚至可以说厌恶荣誉，认为荣誉妨碍安静，安静最佳。我尽管始终采取漠然态度，既不求名也不求无名，还是不能不得到某种名声。
- 我深知我这个人是没有办法在人世间飞黄腾达的，我对此也毫无兴趣，我永远感谢那些宽宏大量、让我自由自在地过闲散日子的人，并不希望有人给我尘世上的高官显位。

主要资料来源

《谈谈方法》，（法）笛卡尔著，王太庆译，商务印书馆，2000。
《第一哲学沉思集》，（法）笛卡尔著，庞景仁译，商务印书馆，1986。
《十六—十八世纪西欧各国哲学》，北京大学哲学系外国哲学史教研室编译，商务印书馆，1975。

帕斯卡尔 16

人的全部尊严在于思想
信仰是人生最重要的事
信仰是赌博
感受到上帝的是人心而非理智
直觉比理智重要
精神现象
梦和醒难以区分
人性研究
正常的人性
人性的弱点
论自我
幸福在何处
论无聊
独处和交往
阅读和写作

PASCAL

布莱斯·帕斯卡尔（Blaise Pascal），1623—1662年，法国数学家、物理学家、哲学家。童年即对自然科学有浓厚的兴趣，18岁设计并制造出世界上第一架计算机，后来又成为概率论的创立者。主要哲学著作为《思想录》，该书立足于人性和人的处境，既充满激情，又富有理性，对人类精神生活和信仰问题进行了深刻而独到的思考。

本章语录皆摘自《思想录》，内容分四个方面。一、论思想和信仰，包括：人的全部尊严在于思想；信仰是人生最重要的事；信仰是赌博；感受到上帝的是人心。二、论认识和精神现象，包括：直觉比理智重要；精神现象；梦和醒难以区分。三、论人性，包括：人性研究；正常的人性；人性的弱点；论自我。四、论人生，包括：幸福在何处；论无聊；独处和交往；阅读和写作。

人的全部尊严在于思想

- 人在自然界中到底是个什么呢?对于无穷而言就是虚无,对于虚无而言就是全体,是无和全之间的一个中项。
- 人显然是为了思想而生的;这就是他全部的尊严和他全部的优异;并且他全部的义务就是要像他所应该的那样去思想。而思想的顺序则是从他自己以及从他的创造者和他的归宿而开始。可是世人都在思想着什么呢?从来就不是想到这一点,而是只想着跳舞、吹笛、唱歌、作诗、赌赛等等,想着打仗,当国王,而并不想什么是做国王,什么是做人。
- 人只不过是一根苇草,是自然界最脆弱的东西;但他是一根能思想的苇草。用不着整个宇宙都拿起武器来才能毁灭他;一口气、一滴水就足以致他死命了。然而,纵使宇宙毁灭了他,人却仍然要比致他于死命的东西更高贵得多;因为他知道自己要死亡,以及宇宙对他所具有的优势,而宇宙对此却是一无所知。因而,我们全部的尊严就在于思想。
- 能思想的苇草——我应该追求自己的尊严,绝不是求之于空间,而是求之于自己思想的规定。我占有多少土地都不会有用;由于空间,宇宙便囊括了我并吞没了我,有如一个质点;由于思想,我却囊括了宇宙。
- 人的伟大之所以为伟大,就在于他认识自己可悲。一棵树并不认识自己可悲。
- 我们对于人的灵魂具有一种如此伟大的观念,以致我们

不能忍受它受人蔑视,或不受别的灵魂尊敬;而人的全部的幸福就在于这种尊敬。

+ 人对于自己,就是自然界中最奇妙的对象;因为他不能思议什么是肉体,更不能思议什么是精神,而最为不能思议的则莫过于一个肉体居然能和一个精神结合在一起。这就是他那困难的极峰,然而这就正是他自身的生存。

+ 人的伟大是那样地显而易见,甚至于从他的可悲里也可以得出这一点来。因为在动物是天性的东西,我们于人则称之为可悲;由此我们便可以认识到,人的天性现在既然有似于动物的天性,那么他就是从一种为他自己一度所固有的更美好的天性里面堕落下来的。因为,若不是一个被废黜的国王,有谁会由于自己不是国王就觉得自己不幸呢?

+ 一切的物体、太空、星辰、大地和地上的王国都比不上最渺小的精神;因为精神认识这一切以及它自己,而物体却一无所知。所有的物体合在一起,我们都不能从其中造就出一丝一毫的思想来;这是不可能的,而且是属于另一种秩序的。

信仰是人生最重要的事

+ 灵魂不朽是一件与我们如此之重要攸关的事情,它所触及于我们的又是如此之深远;因此若是对于了解它究竟是怎么回事竟然漠不关心的话,那就必定是冥顽不灵了。我们全部的行为和思想都要随究竟有没有永恒的福祉可希望这件事为转移而采取如此之不同的途径，以至于除非是根据应该成为我们的最终目标的那种观点来调节我们的步伐，否则我们就不可能具有意义和判断而迈出任何一步。

+ 而且最后还有那无时无刻不在威胁着我们的死亡，它会确切无误地在短短的若干年内就把我们置诸于不是永远消灭就是永远不幸的那种可怕的必然之中。没有什么比这更真实又比这更恐怖的事情了。让我们在这上面思索一下吧，然后让我们说：在这个生命中除了希望着另一个生命而外就再没有任何别的美好，我们只是随着我们之接近于幸福才幸福，而且正如对于那些对永生有着完全保证的人就不会再有不幸一样，对于那些对永生没有任何知识的人也就绝不会有幸福可言；这些不都是毋庸置疑的吗？

+ 无可怀疑的是，这一生的时光只不过是一瞬间，而死亡状态无论其性质如何，却是永恒的；我们全部的行为与思想都要依照这种永恒的状态而采取如此之不同的途径，以致除非根据应该成为我们终极目标的那个真理来调节我们的途径，否则我们就不可能有意义地、有判断地前进一步。

+ 那些并不以思想人生这一最终目的而度过自己一生的人们，对于涉及他们的本身、他们的永生、他们的一切的一件事，采取这种粗疏无知的态度，这使我恼怒更甚于使我怜悯；它使我惊异，使我震讶，在我看来它就是恶魔。我这样说，并不是出于一种精神信仰上的虔敬的热诚。反之，我是说我们应该出于一种人世利益的原则与一种自爱的利益而具有这种感情。

+ 对于人，没有什么比他自己的状态更为重要的了，没有什么比永恒更能使他惊心动魄的了；因而，如若有人对丧失自己的生存、对沦于永恒悲惨的危险竟漠不关心，那就根本不是自然的了。他们之为物和其他的一切事物都迥不相同：他们甚至担心着最细微的小事，他们预料着这些小事，他们感觉着这些小事；就是这个人，日日夜夜都在愤怒和绝望之中度过，唯恐丧失一个职位或在想象着对他的荣誉有什么损害，而正是这同一个人明知自己临死就会丧失一切，却毫无不安、毫不动情。看到在同一颗心里而且就在同一个时间内，既对最微小的事情这样敏感，而对最重大的事情又那样麻木得出奇；这真是一件邪怪的事。

+ 看到人类的盲目和可悲，仰望着全宇宙的沉默，人类被遗弃给自己一个人而没有任何光明，就像是迷失在宇宙的一角，而不知道是谁把他安置在这里的，他是来做什么的，死后他又会变成什么，他也不可能有任何知识；这时候我就陷于恐怖，有如一个人在沉睡之中被人带到一座荒凉可怕的小岛上而醒来后却不知道自己是在什么地方，也没有办法可以离开一样。因此之故，我惊讶何以人们在这样一种悲惨的境遇里竟没有沦于绝望。

+ 只有两种人才是可以称为有理智的，即或者是那种因为认识上帝而全心全意在侍奉上帝的人，或者是那种因为他们不认识上帝而全心全意在寻求上帝的人。

信仰是赌博

+ 让我们来考察一下这个论点吧,让我们说:"上帝存在,或者是不存在"。然而,我们将倾向哪一边呢?在这上面,理智是不能决定什么的;有一种无限的混沌把我们隔离开了。这里进行的是一场赌博,在那无限距离的极端,正负是要见分晓的。根据理智,你就既不能得出其一,也不能得出另一;根据理智,你就不能辩护双方中的任何一方。因此,就不要谴责那些已经做出了一项抉择的人们的谬误吧!因为你也是一无所知。——"不;我要谴责他们的,并不是已经做出了这项抉择,而是做出了一项抉择;因为无论赌这一边还是另一边的人都属同样的错误,他们双方都是错误的:正确的是根本不赌。"——是的;然而不得不赌;这一点并不是自愿的,你已经上了船,既然非抉择不可,所以抉择一方而非另一方也就不会更有损于你的理智。这是已成定局的一点。然而你的福祉呢?让我们权衡一下赌上帝存在这一方面的得失吧。让我们估价这两种情况:假如你赢了,你就赢得了一切;假如你输了,你却一无所失。因此,你就不必迟疑去赌上帝存在吧。

+ 你应该努力不要用增加对上帝的证明的办法,而要用减少你自己的感情的办法,来使自己信服。你愿意走向信仰,而你不认得路径;你愿意医治自己的不信仰,你在请求救治:那你就应该学习那些像你一样被束缚着、但现在却赌出他们全部财富的人们;正是这些人才认得你所愿意遵循的那条道路，并且已经医治好了你所要医治的那种病症。去追随他们所已经开始的那种方式吧：那就是一切都要做得好像他们是在信仰着的那样，也要领圣水，也要说会餐，等等。正是这样才会自然而然使你信仰并使你畜生化。——"但，这是我所害怕的。"——为什么害怕呢？你有什么可丧失的呢？但是为了向你表明它会引向这里，它就要减少你的感情，而你的感情则是你最大的障碍。

+ 如果除了确定的东西之外，就不应该做任何事情，那么我们对宗教就只好什么事情都不做了；因为宗教并不是确定的。然而我们的所作所为又有多少是不确定的啊，例如航海、战争。因此我说那就只好什么事情都不要做了，因为没有任何事情是确定的；可是比起我们会不会看见明天到来，宗教却还有着更多的确定性呢；因为我们会不会看到明天，并不是确定的，而且确实很有可能我们不会看到明天。但我们对于宗教却不能也这样说。宗教存在并不是确定的；可是谁又敢说宗教不存在乃是确实可能的呢？因而，当我们为着明天与为着不确定的东西而努力的时候，我们的行为就是有道理的；因为根据以上所证明的机遇规则，我们就应该为着不确定的东西而努力。

+ 我们一定不可误解自己：我们乃是自动机，正如我们是精神一样；由此可见，进行说服的工具就不单纯是证实。被证实的事物是何等少见啊！证明只能使精神信服。习俗形成了我们最强而有力的、最令人相信的证明；它约束那个能使精神就范而不进行思索的自动机。

感受到上帝的是人心而非理智

+ 精神自然而然要信仰，意志自然而然要爱慕；从而在缺少真实的对象时，它们就非附着于虚妄不可。
+ 感受到上帝的乃是人心，而非理智。而这就是信仰：上帝是人心可感受的，而非理智可感受的。
+ 有两种人能认识：一种是有着谦卑的心的人，不管他们具有怎样的精神程度，高也罢、低也罢，他们都爱卑贱；另一种是具有充分的精神可以看到真理的人，不管他们在这上面会遇到什么样的反对。
+ 我只能赞许那些一面哭泣一面追求着的人。
+ 最好是由于徒劳无功地寻求真正的美好而感到疲惫，从而好向救主伸出手去。
+ 上帝既向那些试探他的人隐蔽起自己来，又向那些追求他的人显示出自己来。
+ 所谓预言，也就是不用外在的证明而以内心的直接的感受来谈上帝。
+ 一个如此之纯洁的上帝只能是把自己显示给内心已经纯洁化了的人们，这是完全正当的。因此之故，这种宗教对我才是可爱的。
+ 所有这些人都看到了效果，但他们并没有看到原因；他们比起那些已经发现其原因的人们来，就像是只具有眼睛的人之于具有精神的人一样；因为效果是可感觉的，而原因却唯有对于精神才是可见的。
+ 各种宗教都得真诚：真异教徒，真犹太人，真基督徒。

- 要痛斥那些炫耀宗教的人。
- 虔诚与迷信不同。维护虔诚到了迷信的地步,那就是毁坏虔诚。
- 人们往往把自己的想象当作是自己的心;于是只要他们一想到皈依,他们就自以为是皈依了。
- 只有三种人:一种是找到了上帝并侍奉上帝的人;另一种是没有找到上帝而极力在寻求上帝的人;再一种是既不寻求上帝也没有找到上帝而生活的人。前一种人是有理智的而且幸福的,后一种人是愚蠢的而且不幸的,在两者之间的人则是不幸的而又有理智的。

直觉比理智重要

- 理智行动得非常迟缓,它有那么多的看法,根据那么多的原则,而这些又必须经常呈现;只要它的全部原则并没有都呈现,它就随时都会昏然沉睡或者是走入歧途。感情却并不如此行动;它是立即就行动的。因此我们就必须把我们的信仰置于感情之中;否则的话,它就永远会摇摆不定。
- 理智的最后一步,就是要承认有无限的事物是超乎理智之外的。
- 理智所依恃的就必须是这种根据内心与本能的知识,并且它的全部论证也要以此为基础。
- 我们认识真理,不仅仅是由于理智而且还由于内心;正是由于这后一种方式，我们才认识到最初原理。
+ 我们一切的推理都可以归结为向情感让步。
+ 几何学的原则几乎是看不见的，我们毋宁是感到它们的而不是看到它们的；那些自己不曾亲身感到过它们的人，别人要想使他们感到，那就难之又难了。我们必须在一瞥之下一眼看出整个的事物来而不能靠推理过程，至少在一定程度上是这样。
+ 我们对于作证是无能为力的，这是一切教条主义所无法克服的。我们对真理又具有一种观念，这是一切怀疑主义所无法克服的。
+ 我们必须懂得在必要的地方怀疑，在必要的地方肯定，在必要的地方顺从。
+ 如果我们单纯是物质，我们就会什么都不认识；而如果我们是由精神与物质所构成的，我们就不能够充分认识单纯的事物，无论它是精神的还是物质的事物。

精神现象

+ 一个人的精神越伟大，就越能发现人类具有的创造性。平庸的人是发现不了人与人之间的差别的。
+ 精神可以是强劲而又狭隘的，也可以是广博而又脆弱的。
+ 能嘲笑哲学，这才真是哲学思维。
+ 智慧把我们带回到童年。
+ 一个跛脚的人并不使我们烦恼，但一个跛脚的精神则使我们烦恼；这是什么缘故呢？是因为一个跛脚的人承认我们走得正直，而一个跛脚的精神却说跛脚的乃是我们自己；若不是如此，我们就会可怜他们而不会恼怒他们了。
+ 当人们不理解一桩事物的真相时，能有一种共同的错误把人们的精神固定下来，那就最好不过了。
+ 人们在互相谴责时，不是遵循着自己幼年的错误印象，便是轻率地追求着新奇的印象。
+ 习惯就是第二天性，它摧毁了第一天性。然而天性又是什么呢？何以习惯就不是天然的呢？我倒非常担心那种天性其本身也只不过是第一习惯而已，正如习惯就是第二天性一样。
+ 极端的精神就被人指责为癫狂，正像极端缺少精神一样。除了中庸之外，没有别的东西是好的。是大多数人确定了这一点，脱离了中道就是脱离了人道。
+ 过于年轻和过于年老都有碍于精神，教育太多和太少也是一样。

梦和醒难以区分

+ 如果我们每夜都梦见同一件事，那么它对我们的作用就正如同我们每天都看到的对象是一样的。如果一个匠人每晚准有十二小时梦见自己是国王，那么我相信他大概就像一个每晚十二小时都梦见自己是匠人的国王是一样的幸福。
+ 因为梦是各不相同的，而且同一个梦也是纷乱的，所以我们梦中所见到的就比我们醒来所见到的,其作用要小得多;这是由于醒有连续性的缘故,但它也并不是那么的连续和均衡乃至于绝无变化,仅只是并不那么突然而已,除非它是在很罕见的时候,例如在我们旅行时,那时我们就说:"我好像是在做梦";因为人生就是一场稍稍不那么无常的梦而已。

+ 除了信仰而外就没有人能有把握说自己究竟是醒着的还是睡着的;这是由于我们在睡梦中坚信自己是醒着的,正如我们真正醒着时一样,我们相信看到了空间、数目和运动,我们感到了时间流逝,我们计算着它;并且最后我们还像醒着一样地在行动着;从而根据我们的自白一生就有一半是在睡梦中度过的。我们既然常常梦见我们在做梦,梦加上梦,那么难道不可能我们一生中自以为是醒着的那一半,其本身也就只不过是一场梦境而已么?其他的梦就都是嫁接在这场梦上面,这场梦我们要到死才会醒过来,而在这场梦中我们所具有的真与善的原则,就正像在自然的梦里是同样的稀少;或许这些激荡着我们的种种不同的思想都只不过是幻念,正如时间的流逝或者我们梦中的幻景那样?

人性研究

+ 正是由于不懂得研究人,所以人们才去探讨别的东西;然而是不是这也并不是人所应该具有的知识,而为了能够幸福他就最好是对于自己无知呢?
- 人性并不是永远前进的,它是有进有退的。激情是有冷有热的;而冷也像热本身一样显示了激情的热度的伟大。一个世纪又一个世纪的人们的创作也是一样,世上的好和坏,总的说来,也是一样。
- 有人把天性看成是完美无瑕的,另有人则看成是不可救药的,于是他们就无法逃避一切邪恶的这两大根源:即,不是骄傲,便是怠惰。
- 人除了在自己天性中所发现的光明而外,就再没有别的光明。
- 有两件东西把全部的人性教给了人:即本能和经验。
- 不是由于我们理智的高傲的活动,而是由于理智的朴素的屈服,我们才能真正认识自己。
- 欲念和强制是我们一切行为的根源:欲念形成自愿的行为;强制形成不自愿的行为。
- 强力、美丽、良好的精神、虔敬,各有其自己所统辖的不同场所,而不能在别地方,而他们的谬误则在于到处都要求统辖。但什么都做不到这一点,哪怕是强力本身也做不到:它在学者的王国里就会一事无成;它只不过是表面行动的主宰而已。
- 科学有两个极端是互相接触的。一个极端是所有的人都发现自己生来就处于其中的那种纯粹天然的无知。另一个极端则是伟大的灵魂所到达的极端,他们遍历人类所能知道的一切之后,才发现自己一无所知,于是就又回到了他们原来所出发的那种同样的无知;然而这却是一种认识其自己的、有学问的无知。那些介乎这两者之间的人，他们既已脱离了天然的无知而又不能到达另一个极端，他们也沾染了一点这种自命不凡的学识，并假充内行。这些人搅乱了世界，对一切都判断不好。人民和智者构成世人的行列；这些人则看不起世人，也被世人看不起。他们对一切事物都判断得不好，而世人对他们却判断得很好。

+ 有四种人：即有热诚而无知识；有知识而无热诚；既无知识又无热诚；既有热诚又有知识。
+ 两副相像的面孔，其中单独的每一副都不会使人发笑，但摆在一起却由于他们的相像而使人发笑。

正常的人性

+ 伟大的人物在这方面也是普通人，无论他们是多么高明，他们总还有某些地方是与最卑贱的人连在一起的。他们并没有悬在空中，完全脱离我们的社会。不，不是的；如果他们比我们伟大的话，那乃是他们的头抬得更高，然而他们的脚还是和我们的脚一样低。它们都是在同一个水平上。
+ 我们决不能说某个人："他是数学家"，或者"他是宣教士"，或者"他长于雄辩"；而只能说："他是个诚恳的人"。唯有这种普遍性的品质才使我高兴。当我们看到一个人就想起他的著作，这就是一种恶劣的标志了。

- 人们说:"这是一位优秀的数学家"。然而我却用不着什么数学,他会把我当成一个命题吧。"这是一位优秀的战士",——他会把我当成一个围攻着的据点吧。因而就必须是一个诚恳的人才能普遍地适合于我的一切需要。
- 诸侯们、国王们有时候也游戏。他们并不总是坐在他们的宝座上;他们在宝座上也感到无聊:伟大是必须被舍弃之后,才能感觉到。连续不断会使人厌恶一切;为了要感到热,冷就是可爱的。
- 必须是异常之清醒的理智,才能把那位住在自己精美的后宫里、有四万名禁卫军簇护着的大公爵也看成是一个凡人。
- 这位主宰人世的审判官,他的精神也不是独立得可以不受自己周围发出的最微小的噪音所干扰的。并不需要有大炮的声响才能妨碍他的思想;只需要有一个风向标或是一个滑轮的声响就够了。假如他此刻并没有好好地推理,你也不必惊讶;正好有一只苍蝇在他的耳边嗡嗡响,这就足以使得他不能好好地提出意见了。如果你想要他能够发现真理,就赶走那个小动物吧;是它阻碍了他的理智并且干扰了他那统治着多少城市和王国的强大的智慧。
- 假设传道士出场了,假设自然赋给他以一条粗哑的喉咙和一副古怪的面容,假设他的理发师没有把他的胡子刮整齐,假设他偶尔恰好弄得格外肮脏;那么不论他宣讲怎样伟大的真理,我敢打赌我们的元老就会丧失自己的庄严了。
- 世界上最伟大的哲学家,假如是站在一块刚好稍微大于所必需的板子上面而下面就是悬崖;那么不管他的理智怎么样在向他肯定他的安全,但他的想象必然要占上风。大多数人绝不会接受这种想法而不面色苍白、汗出如浆的。

人性的弱点

+ 我们仅只请教于耳朵;因为我们缺少心灵。
+ 最能抓住我们的事情,例如保藏好自己的那一点财产,往往都是微不足道的。
+ 一点点小事就可以安慰我们,因为一点点小事就可以刺痛我们。
+ 我们是如此之狂妄,以至于我们想要为全世界所知,甚至于为我们不复存在以后的来者所知;我们又是如此之虚荣,以至于我们周围的五六个人的尊敬就会使得我们欢喜和满意了。
+ 我们路过一个城镇,我们并不关心要受到它的尊敬。但是当我们在这里多停一些时间,我们就要关心这件事了。需要多少时间呢?那时间只和我们虚荣的、渺不足道的一生成比例。
+ 虚荣是如此之深入人心,以至于兵士、马弁、厨子、司阍等等都在炫耀自己并且想拥有自己的崇拜者;就连哲学家也在向往它。
+ 好奇心只不过是虚荣。最常见的是,人们之想要认识只不过是为了要谈论它。不然的话,要是为了绝口不谈,

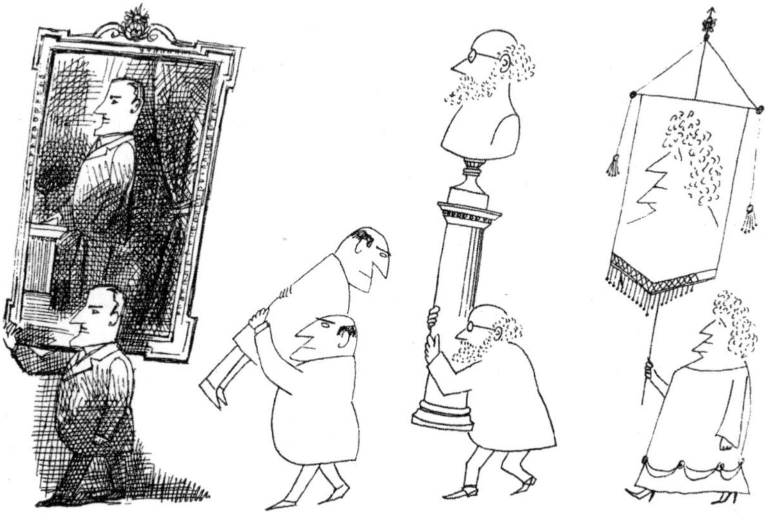

要是为了单纯的观赏之乐而并不希望向人讲述，那我们就绝不会去做一次海上旅行了。

+ 谁要是想充分认识人的虚荣，就只消考虑一下爱情的原因和效果。爱情的原因是"我不知道为什么"（高乃依语），而爱情的效果又是可怖的。这种"我不知道为什么"是微细得我们无法加以识别的东西，但却动摇了全国、君主、军队、全世界。克利奥巴特拉（埃及女王，以其美貌征服了罗马大将安东尼）的鼻子；如果它生得短一些，那么整个大地的面貌都会改观。
+ 尊敬也就是："麻烦你。"这在表面上是虚文，但却是非常正确的。
+ 我们是以外表的品质而不是以内心的品质在鉴别人的，这做得多么好啊！我们两个人应该谁占先呢？应该谁向另一个让步呢？应该是不聪明的那一个吗？可是我像他一样聪明，在这上面就一定会争执不休的。他有四名仆从，而我只有一名：这一点是看得见的，只消我们数一下；于是让步的就应该是我。假如我要抗争，我就是个笨伯了。我们就是以这种办法得到和平的；这就是最大的福祉。
+ 很少有人是在贞洁地谈着贞洁的，很少有人是在怀疑中谈论怀疑主义的。我们只不外是谎话、两面性和矛盾而已，我们在向自己隐瞒自己并矫饰着自己。
+ 你由于被主人宠爱就不更是奴隶了吗？奴隶啊，你确乎是交了好运！你的主人宠你，他马上也会鞭挞你。
+ 人们干坏事从来都没有像他们是出自良心而干坏事时干得那么淋漓尽致而又那么兴高采烈了。

论自我

+ 什么是我？一个人临窗眺望过客，假如我从这里经过，我能说他站在这里是为了要看我吗？不能；因为他并没有具体地想到我。然则，由于某个女人美丽而爱她的人，是在爱她吗？不是的；因为天花——它可以毁灭美丽而不必毁灭人——就可以使他不再爱她。而且，假如人们因我的判断、因我的记忆而爱我，他们是在爱我吗？不是的，因为我可以丧失这些品质而不必丧失我自己本身。然则，这个我又在哪里呢？假如它既不在身体之中，也不在灵魂之中的话。因此，我们从来都不是在爱人，而仅只是在爱某些品质罢了。
+ 时间治好了忧伤和争执，因为我们在变化，我们不会再是同一个人。
+ 他不再爱十年以前他所爱的那个人了。我很相信：她已不再是同样的那个人了，他也不再是的。
+ 每个人对于他自己就是一切，因为自己一死，一切对于自己就都死去了。由此而来的是，每个人都相信自己对于所有的人就是一切。
+ 自我有两重性质：就它使自己成为一切的中心而言，它本身就是不义的；就它想奴役别人而言，它对于别人就是不利的，因为每一个自我都是其他一切人的敌人并且都想成为其他一切人的暴君。你可以取消它的不利，却不能取消它的不义。
+ 自我意志是永远不会满足的，即使它能支配它所愿望的一切；然而只要我们一放弃它，我们立刻就会满足。

幸福在何处

+ 人人都寻求幸福，这一点是没有例外的；无论他们所采用的手段是怎样的不同，但他们全都趋向这个目标。使得某些人走上战争的，以及使得另一些人没有走上战争的，乃是同一种愿望；这种愿望是双方都有的，但各伴以不同的观点。意志除了朝向这个目的而外，就决不会向前迈出最微小的一步。这就是所有的人，乃至于那些上吊自杀的人的全部行为的动机。可是过了那么悠久的岁月之后，却从不曾有一个没有信仰的人到达过人人都在不断瞩望着的那一点。

+ 我们使人从小就操心着自己的荣誉、自己的财富、自己的朋友，甚而至于自己朋友的财富和荣誉。我们就这样给他们加以种种担负和事务，使得他们从天一亮起就苦恼不堪。——你也许说，这就是一种奇异的方式，可以使他们幸福！那我们还能做什么使他们不幸呢？——啊！我们还能做什么呢？我们只要取消这一切操心就行了；因为这时候他们就会看到他们自己，他们就会思想自己究竟是什么，自己从何而来，自己往何处去。这就是何以在为他们准备好那么多的事情之后，假如他们还有时间轻松一下的话，我们就还要劝他们从事消遣、游戏并永远要全心全意地有所事事的缘故了。人心是怎样地空洞而又充满了污秽啊!
+ 我们不肯使自己满足于我们自身之中和我们自己的生存之中所具有的那个生命:我们愿望能有一种想象的生命活在别人的观念里;并且我们为了它而力图表现自己。我们不断地努力在装扮并保持我们这种想象之中的生存,而忽略了真正的生存,这是我们自身生存之空虚的一大标志。
+ 我们从来都没有掌握住现在。我们期待着未来,不然我们便回想着过去,我们只是在并不属于我们的那些时间里面徘徊。
+ 假使每个人都检查自己的思想,那他就会发现它们完全是被过去和未来所占据的。我们几乎根本就不想到现在;而且假如我们想到的话,那也不过是要借取它的光亮以便安排未来而已。现在永远也不是我们的目的:过去和现在都是我们的手段,唯有未来才是我们的目的。因而我们永远也没有在生活着,我们只是在希望着生活;并且既然我们永远都在准备着能够幸福,所以我们永远都不幸福也就是不可避免的了。
+ 普通人都把美好寄托在幸运上,在身外的财富上,或者至少是在开心上。哲学家已经指出了这一切的虚幻,而把它寄托在自己力所能及的地方。
+ 想象力安排好了一切;它造就了美、正义和幸福,而幸福则是世上的一切。
+ 除了真诚地追求真理而外,没有什么能使人安心。
+ 一切良好的格言,世界上都有了;只是有待我们加以应用。
+ 当我们在自己眼前放一些东西妨碍我们看见悬崖时,我们就会无忧无虑地在悬崖上面奔跑了。
+ 坐在一艘遭到风暴袭击的船里而又确有把握它绝不会沉没,那真是赏心乐事。

论无聊

+ 对于一个人最不堪忍受的事莫过于处于完全的安息,没有激情,无所事事,没有消遣,也无所用心。这时候,他就会感到自己的虚无、自己的沦落、自己的无力、自己的依赖、自己的无能、自己的空洞。
+ 人是那么的不幸,以至于纵令没有任何可以感到无聊的原因,他们却由于自己品质所固有的状态也会无聊的;而他又是那么的虚浮,以至于虽然充满着千百种无聊的根本原因,但只要有了最微琐的事情,例如打中了一个弹子或者一个球,就足以使他开心了。
+ 每天都赌一点彩头,这样的人度过自己的一生是不会无聊的。但假如你每天早晨都给他一笔当天他可能赢到的钱,条件是绝不许他赌博;那你可就要使他不幸了。也许有人要说,他所追求的乃是赌博的乐趣而并非赢钱。那么就让他来赌不赢钱的博,他一定会感到毫无趣味而且无聊不堪的。因此,他所追求的就不仅是娱乐;一种无精打采的、没有热情的娱乐会使他无聊的。他一定要感到热烈。
+ 几个月之前刚丧失了自己的独生子并且今天早上还被官

司和诉讼纠缠着而显得那么烦恼的那个人，此刻居然不再想到这些事情了；这是什么缘故呢？你用不着感到惊讶：他正一心一意在观察六小时以前猎狗追得那么起劲的那头野猪跑到哪里去了。他别的什么都不再需要。一个人无论是怎样充满忧伤，但只要我们能掌握住他，使他钻进某种消遣里面去，那么他此时此刻就会是幸福的；而一个人无论是怎样幸福，但假如他并没有通过某种足以防止无聊散布开来的热情或娱乐而使自己开心或沉醉，他马上就会忧伤和不幸的。没有消遣就绝不会有欢乐，有了消遣就绝不会有悲哀。而这也就是构成有地位的人之所以幸福的那种东西了，他们有一大群人在使他们开心，并且他们也有权力来维持自己的这种状态。

+ 请注意这一点吧！做了总监、主计大臣或首席州长的人，要不是其所处的地位就是从一清早就有一大群人来自四面八方，为的就是不让他们在一天之内可以有一刻钟想到他们自己，还会是什么别的呢？可是，当他们倒台之后，当他们被贬还乡的时候——回乡之后，他们既没有财富，又没有仆从来伺候他们的需要——他们就不能不是穷愁潦倒的了，因为已经再没有人来阻止他们想到自己。

+ 这个人生来是为了认识全宇宙的，生来是为了判断一切事物的，生来是为了统御整个国家的，而对捕捉一头野兔的关心就占据了他并且整个地充满了他。而假如他不肯把自己降低到这种水平，并且希望永远都在紧张着，那么他无非是格外地愚蠢不堪而已，因为他在想使自己超乎人类之上；而归根到底，他也不外是一个人。
- 唯一能安慰我们之可悲的东西就是消遣，可是它也是我们可悲之中的最大的可悲。因为正是它才极大地妨碍了我们想到自己，并使我们不知不觉地消灭自己。若是没有它，我们就会陷于无聊，而这种无聊就会推动我们去寻找一种更牢靠的解脱办法了。可是消遣却使得我们开心，并使我们不知不觉地走到死亡。
- 我们绝不会对天天都要饮食和睡眠感到无聊，因为饥饿是反复出现的，困倦也是的；如若不然，我们就要对它们感到无聊了。同样，没有对于精神事物的饥渴，我们也会感到无聊的。

独处和交往

- 我们由于交往而形成了精神和感情。但我们也由于交往而败坏着精神和感情。
- 有时候，当我考虑人类各种不同的激动，以及他们在宫廷中、在战争中所面临的种种危险与痛苦，并由此而产生了那么多的争执、激情、艰苦的而又往往是恶劣的冒险等等；我就发现人的一切不幸都来源于唯一的一件事，那就是不懂得安安静静地待在屋里。
- 如果所有的人都知道他们彼此所说对方的是什么，那么整个世界上就不会有四个朋友。
- 我们必须保持一种背后的想法，并以这种想法判断一切，而同时却要说得像别人一样。

阅读和写作

+ 当一篇很自然的文章描写出一种感情或作用的时候，我们就在自己的身上发现了我们所读到的那个真理，我们并不知道它本来就在那里，从而我们就感动得要去热爱那个使我们感受到它的人；因为他显示给我们的并不是他本人的所有，而只是我们自身的所有；而正是这种恩惠才使得他可爱。
+ 艾比克泰德、蒙田和我的写作方式乃是最平易、最富启示性的，因为它们完全是由日常生活谈话而产生的思想所构成的。
+ 当我们阅读一篇很自然的文章时，我们感到又惊又喜，因为我们期待着阅读一位作家而我们却发现了一个人。
+ 同样的文字用另一种写法却构成另一种思想。
+ 偶然的机会引起了思想，偶然的机会也勾销了思想；根本没有可以保留思想或者获得思想的办法，思想逃逸了，我想把它写下来；可是我写下的只是它从我这里逃逸了。

■ 主要资料来源
《思想录》，帕斯卡尔著，何兆武译，商务印书馆，1985。

斯宾诺莎 17

- 人类情绪的界说
- 遵循理性的指导而生活
- 如何用理性指导情感
- 用爱制服恨
- 做一个有精神力量的人
- 不可贪爱无常之物
- 德性本身就是幸福
- 人性和道德现象

SPINOZA

巴鲁赫·斯宾诺莎（Baruch de Spinoza），1632—1677年，荷兰哲学家。出生在一个犹太家庭，二十四岁时因为思想自由被开除出犹太教会。常年靠磨透镜为生，研究透镜在当时为许多科学人士所喜爱，但工作时吸入的粉尘损害了他的健康。作品生前多为匿名出版，出版后常被禁，但仍然名声卓著。为了不受打扰，安静写作，一生中几度易地居住，最后定居海牙，租住在一个油漆匠家里，直到四十四岁死于肺病。在哲学家里，斯宾诺莎以品行高洁著称，安于贫困，为了保持思想自由，不止一次拒绝来自有权者的赞助，其中包括海德堡大学提供的哲学教授职位。他的哲学包含一个奇特的反差：方法是几何学，关注的焦点却是人性和人的幸福。他的思想的影响，可以用海涅的一句诙谐名言概括："所有我们现代的哲学家都是透过斯宾诺莎磨制的眼镜观看世界。"

　　本章所摘语录，第一节是对人性的剖析，即人类情绪的界说。后面各节，都是阐述一种理性主义的人生观，包括：遵循理性的指导而生活；如何用理性指导情感；用爱制服恨；做一个有精神力量的人；不可贪爱无常之物；德性本身就是幸福；人性和道德现象。斯宾诺莎的人生哲学有斯多葛主义的倾向，但远比斯多葛派积极和乐观。

人类情绪的界说

+ 我将要考察人类的行为和欲望，如同我考察线、面和体积一样。
+ 欲望是人的本质自身。所以"欲望"一词，我认为是指人的一切努力、本能、冲动、意愿等情绪，这些情绪随人的身体状态的变化而变化，甚至常常是互相反对的，而人却被它们拖曳着时而这里，时而那里，不知道他应该朝着什么方向前进。
+ 快乐是一个人从较小的圆满到较大的圆满的过渡。痛苦是一个人从较大的圆满到较小的圆满的过渡。
+ 爱是为一个外在原因的观念所伴随着的快乐。恨是为一个外在原因的观念所伴随着的痛苦。
+ 敬爱是对于令我们惊异的对象的爱。嘲笑是由于想象着我们所恨之物有可以轻视之处而发生的快乐。
+ 嘲笑与笑之间有很大的区别，因为笑与诙谐都是一种单纯的快乐，只要不过度，本身都是善的。
+ 对于曾做有利于他人之事的人表示爱，便叫作嘉奖。对于曾做有害于他人之事的人表示恨，便叫作义愤。
+ 因爱一个人而对他估量过高便叫作过奖。因恨一个人而将他看得太低便叫作轻视。
+ 同情是为我们想象着我们同类中别的人受灾难的观念所伴随着的痛苦。
+ 嫉妒是一种恨，此种恨使人对他人的幸福感到痛苦，对他人的灾殃感到快乐。同情是一种爱，此种爱使人对他人的幸福感到快乐，对他人的不幸感到痛苦。
- 由于爱自己而将自己看得太高就是骄傲。由于痛苦而将自己看得太低就是自卑。
- 感恩或谢忱是基于爱的欲望或努力，努力以恩德去报答那曾经基于同样的爱的情绪，以恩德施诸我们的人。
- 仁慈是施恩惠给我们所怜悯的人的欲望。愤怒是我们因恨被激动而欲伤害所恨的人的欲望。复仇是我们被相互的恨所激动而欲伤害那基于同样的情绪曾经伤害过我们的人的欲望。残忍或凶狠是一个人被激动而伤害他所爱或他所怜悯的人的欲望。
- 讥讽是起于对我们所恨或所畏惧的对象的轻视。
- 希望是一种不稳定的快乐，此种快乐起于关于将来或过去某一事物的观念，而对于那一事物的前途，我们还有一些怀疑。恐惧是一种不稳定的痛苦，此种痛苦起于关于将来或过去某一事物的观念，而对于那一事物的前途，我们还有一些怀疑。
- 没有只有希望而无恐惧，也没有只有恐惧而无希望的事。当一个人徘徊于希望中时，他恐惧着他所想望的事物不会实现。反之，他希望他所恨的事物不会实现。
- 信心起于希望，失望起于恐惧，当希望或恐惧的对象的前途已是无可置疑之时。
- 如果事物被我们设想为是善的，同时又是必然出现的，则由此在心灵中产生了一种我们称之为确信的宁静状态；这也是某种快乐，但与希望不同，并不带有痛苦。如果我们知道事情是坏的，同时又是必然出现的，那么这就会在心灵中引起绝望，绝望无非只是某种痛苦。
- 欣慰是为一件意外发生的过去的事的观念所伴随着的快乐。惋惜是为一件意外发生的过去的事的观念所伴随着的痛苦。
- 自满是由于一个人省察他自己和他的活动力量而引起的快乐。卑谦是由于一个人省察他的无能或软弱无力而引起的痛苦。
- 骄傲是在于人们把在自己身上并不曾发现的圆满性归于自己所有。可憎的卑谦是人们把自己并不具有的不圆满性归之于自己所有。我这里不是指那些自己并不承认，但为了欺骗别人装作卑谦的伪君子，而是指那些真正相信他们归之于自己所有的不圆满性是的确存在于自己身上的人。
- 荣誉是当人们看到了他们的行为受到别人尊敬和赞美，而这种尊敬和赞美又不带有任何其他可能有的打算或利益时，在自己身上所感到的一种快乐。耻辱是当人们看到他们的行为受到别人的轻蔑，而这种轻蔑又不带有任何可能有的不利或伤害时，在他们身上所产生的一种痛苦。
- 渴望是想要占有某种东西的欲望或愿望，这种欲望由于对那物的回忆而加强，但同时由于对别的足以排斥那所欲的对象的东西的回忆而被阻碍。
- 好胜是对于一物的欲望，这种欲望之发生是由于我们想象着别的人有同样的欲望。
- 猜忌是一种人们想保住已得的事物，并独自享有它的忧虑。
- 惊异是心灵凝注于一个对象的想象，因为这个特殊的想象与别的想象没有联系。
- 好名是助长并加强一切情绪的欲望,因此好名的情绪几乎是不能克制的。因为只要一个人具有欲望,他必然具有好名之心。
- 所有一切情绪皆从欲望、快乐或痛苦派生出来,也可以说,除了这三种情绪之外,没有别的情绪,所有一切不同的情绪,只不过是用来表示这三种原始情绪间的关系和外在迹象的变迁之不同的名称而已。

遵循理性的指导而生活

- 唯有遵循理性的指导而生活,人们的本性才会必然地永远地相符合。
- 天地间没有任何个体事物比起遵循理性的指导而生活的人对于人更为有益。
- 绝对遵循德性而行,在我们看来,不是别的,即是在寻求自己的利益的基础上,以理性为指导,而行动、生活、保持自我的存在,此三者意义相同。
- 真德性即在于纯依理性的指导而生活,而软弱无力唯在于一个人让其自身为外物所支配,且为外物决定以做适合于外界事物的通常情况所需要之事,而不作单独足以满足自己的本性的要求之事。
- 自我满足可以起于理性,且唯有起于理性的自我满足,才是最高的满足。

+ 依照理性的指导，为了一个较大之善起见，我们宁愿择取较小的恶，如果一个较小之善可以成为较大之恶的原因，则我们亦宁愿放弃比较小之善。因为此处所谓较小之恶，实际上是善，反之，此处所谓较小之善，实际上是恶。

+ 那只受情感或意见支配的人，与为理性指导的人，其区别何在？前者的行为，不论他愿意与否，完全不知道他所做的是什么，而后者的行为，不是受他人的支配，而是基于自己的意志，而且仅做他所认识到在他的生活中最为重要之事，亦即仅追求他所最愿望的对象。因此我称前者为奴隶，称后者为自由人。

+ 真正的奴隶是那种受快乐操纵的人，他既不知道他自身的利益是什么，也不为自己的利益采取行动。只有完全听从理智的指导的人才是自由的人。

+ 我们必须使自己摆脱痛苦，而只要我们想到使失却了的事物重新找到的方法，如果这是我们力所能及的话，这是可能做到的。如果不可能，我们就必须努力摆脱掉痛苦，以免陷入痛苦所必然带来的不幸和灾难之中。在这两种情况下，我们都应该快乐地行事，因为企图以自我欲求和引惹起恶来获得和改进失却了的善是愚蠢的。

+ 凡正确运用其理智的人是不会陷溺于任何痛苦之中的，这是什么缘故呢？因为他立足于全善之上，而在此善中蕴涵了一切快乐和满足。

+ 那个能正确理解事物莫不出于神性之必然，莫不依自然的永恒律令而发生之人，事实上将必不会发现任何值得恨、笑或轻视的东西，也将必不会怜悯任何人，但只就人的德性之所能达到的力量，努力去做善事，也可以说，努力去求快乐。

如何用理性指导情感

+ 我把人在控制和克制情感上的软弱无力称为奴役。
+ 一个情感只有通过一个和它相反的、较强的情感才能克制或消灭。
+ 就善恶的真知识作为仅仅的真知识而言，决不能克制情感，唯有就善恶的真知识被认作一种情感而言，才能克制情感。
+ 我的意思是说，就克制情欲而论，智人与愚人间没有高下分别，而我的真意所在，乃以为了解人性的刚强有力处与了解人性的薄弱无力处，有同等的必要，这样我们就可以决定，对于克制情感，什么是理性可以为力的，什么是理性无能为力的。
+ 心灵具有不正确的观念愈多，则它便愈受情欲的支配，反之，心灵具有正确的观念愈多，则它便愈能自主。
+ 一个被动的情感，只要当我们对它形成清楚明晰的观念时，便立即停止其为一个被动的情感。
+ 我们对于情感的理解愈多，则我们愈能控制情感，而心灵感受情感的痛苦也愈少。
+ 对于事物必然性的知识愈能推广到我们所更明晰、更活泼地想象着的个体事物上,则心灵控制情感的力量将愈大。这是经验也能加以证实的事实。因为我们看见,一个人对于所失掉的有价值的东西的痛苦一定可以减轻,如果失者认识到他所失掉的东西,在任何方式下都是无法保存的。
- 只要我们对于我们的情感还缺乏完备的知识时,我们最好是订立一个正确的生活指针或确定的生活信条,谨记勿忘,不断地应用它们来处理日常生活中发生的特殊事故,这样庶可使我们的想象力受到这些指针和信条的深刻影响,感到它们随时均在心目中。
- 自由的人绝少想到死;他的智慧,不是死的默念,而是生的沉思。

用爱制服恨

- 一切起于恨的情绪皆是恶。故凡遵循理性的指导而生活的人,必将尽可能努力使他自己勿为恨的情绪所激动,也必将努力使他人亦勿感受恨的痛苦。恨可以因互恨而增加,但可以为爱所消灭,所以恨可以转变为爱。
- 一个想要以恨来报复损害的人,真是过的愁苦生活。反之,一个努力用爱去制服恨的人是很愉快的,很有信心地向前奋斗。他可以毫不费力地反抗一个人,甚或多数人,绝不须要求任何外力或命运的帮助。为他所征服的人,大都心悦诚服,而此种服善,非由于力量的缺乏,乃由于力量的增进。
+ 那遵循理性的指导而生活的人，必尽可能用仁爱或德量以报答别人对他的怨恨、愤怒或侮蔑。
+ 心灵非武力所能征服，但可被爱或德量所征服。

做一个有精神力量的人

+ 具有精神力量的人，不恨人，不怒人，不嫉妒人，不激怒人，不轻视人，更不骄傲自恣。
+ 精神力量坚强的人认为，一切事物出于神性之必然是高于一切的原则，因此凡是一般人以为是恶的、有害的，以及一切貌似无条理的、可恐怖的、不公正的、卑鄙秽亵的，他认为皆由于我们观察事物割裂紊乱而无条理有以使然。基于这种原因，所以他最主要的努力即在于理解事物的本身，而排除一切足以妨碍寻求真知的阻力，如怨恨、愤怒、嫉妒、轻浮、傲慢以及其他情绪。
+ 人是变易无常的，遵循理性的律令而生活的人毕竟是很少的，而且人大多心怀猜忌，倾向于报复仇恨，少有以悲悯为怀的。因此对每一个人要耐心照顾到他们的心情，但又要不去模仿他们的情绪，实需要一种特殊的精神力量。反之，凡那些一味对人们吹毛求疵，只知道诅咒人们的罪恶，而不知道教导道德，只知道扰乱人的心情，而不知道稳定人的情绪的人，实在对自己对别人都是有害的。所以最好是以宽大的度量，忍受人们所施的损害，而自己专心致志于足以增进人类的调协和友谊的东西。

- 所以凡是纯因爱自由之故，而努力克制其感情与欲望的人，将必尽力以求理解德性和德性形成的原因，且将使心灵充满着由关于德性的正确知识而引起的愉快；但他将必不去吹求他人的缺点鄙视世人，或以表面的虚矫的自由恬然自喜。
- 自尊并不扩展到我们之外的任何事物中去，它只属于这样一种人，这种人不为激情所动，并无须寻找对自己的尊重就能认识自己圆满性的真正价值。

不可贪爱无常之物

- 确实的，通过我们对变灭无常的事物的爱，并与之结合，我们的本性决不会变得更坚强些，因为这些事物本身就是脆弱的，一个残废不能负担另一个残废。它们不仅于我们无所促进，而且甚至对我们是有害的。
- 那种与变灭无常的事物相结合的人确实是极其可悲的，因为，既然这些事物是在他的能力之外，受许多偶然情况所支配，所以当他为这些事物所困扰时，他是不可能从其中得到解脱的。所以我们的结论如下：如果那些迷恋变灭无常的、然而还有一定程度实在的事物的人已经是这样可怜了，那么那些醉心于荣誉、资财和逸乐这些根本没有任何实在的事物的人，将会是多么可怜啊！

+ 根据我们关于爱所作的论述,这些激情是同样不会出现在圆满的人身上:因为这些激情是以这样的事物为前提的,这些事物由于它们所必然有的变易性,我们是决不应该依附于它们的;同时我们对它们又不应有厌恶。
+ 人们虽然受制于许多情感,但永远为同一的情感所支配的人,还不多见,不过为同一的情感所牢固地纠缠着的人,也不少。我们也常常看见,有时许多人为一物所激动,甚至于即使那物不在面前,也确信其即在面前。假使一个人并不是在梦寐之中,而发生这类的事,则我们便说他是发疯了或癫狂了。至于那些陷于热恋的人,白天夜晚,只知梦想爱人或情侣,亦不能不说是疯狂,因为他们的行为处处足以令人发笑。但那贪婪的人,除金钱或财货外,不思其他,以及那虚荣心重的人,除荣誉外,不知其他,就其惯做于人有损之事,且足以引人怨恨而言,因不能认为疯狂,但真正讲来,贪婪、虚荣心、淫欲等虽没有被认作病症,事实上都是疯狂之一种。
+ 心灵的许多病态和不幸,大都基于爱恋着一个东西,而这个东西又是变化无常而绝不是我们所能确实享有的。因为假如不是爱恋一个东西的话,绝没有人会因为区区一个东西而烦恼不安。一切的侮辱、疑忌、仇恨等等,可以说都是起于爱恋那没有人可以真正确实掌握的东西。
+ 当人心为感官快乐所奴役,直到安之若素,好像获得了真正的最高幸福时,人心就会陷溺在里面,因而不能想到别的东西。但是当这种快乐一经得到满足时,极端的苦恼立即随着产生了。

- 我们获得荣誉与资财，并不像获得感官快乐那样，立刻就有苦恼与悔恨相随；反之，荣誉资财获得愈多，我们的愉快就愈大，我们想增加荣誉资财的念头也就愈强烈。但是当我们的希望一旦感到沮丧时，极大的苦恼便跟着发生。荣誉还有一种缺点，就是它能驱使好名的人为人处事完全依世俗的意见为转移，追求世俗所追求的事物，规避世俗所规避的事物。
- 世界上因为富有资财而遭受祸害以至于丧生，或者因为追逐货利而愚不能自拔，置身虎口，甚至于身殉其愚的人，例子是很多的。世界上忍受最难堪的痛苦以图追逐浮名而保全声誉的人，例子也并不更少些。至于因过分放纵肉欲而自速死亡的人更是不可胜数。
- 如果我们不是去爱那种唯一值得爱的对象，即神，而是去爱那些本性变幻无常的东西，那么，就必然会按照被爱对象所发生的变化产生出恨、痛苦等等，因为对象是极其偶然的，甚至趋于毁灭。如果人们被剥夺了其所爱的对象，就产生了恨；如果人们失去了它，就产生了痛苦。反之，如果人们爱永远不变的神，则他们就不可能陷入激情这种泥潭中去。
- 所有这些恶的产生，都是由于一切快乐或痛苦全部系于我们所贪爱的事物的性质上。因为凡是不为人所贪爱的东西，都不会引起争夺；这种东西消灭了，不会引起悲伤，这种东西为人占有了，不会引起嫉妒、恐惧、怨恨，简言之，不会引起心灵的烦扰。所有这些心灵的烦扰都起于贪爱那种变幻无常的东西。但是爱好永恒无限的东西，却可以培养我们的心灵，使得它经常欢欣愉快，不会受到苦恼的侵袭，因此它最值得我们用全力去追求、去探寻。

德性本身就是幸福

+ 幸福不是德性的报酬，而是德性自身；并不是因为我们克制情欲，我们才享有幸福，反之，乃是因为我们享有幸福，所以我们能够克制情欲。
+ 追求德性即以德性是自身目的，除德性外，天地间没有更有价值、对我们更有益的东西，足以成为追求德性所欲达到的目的。
+ 心灵享受这样神圣的爱或幸福，它才具有克制情欲的力量。没有人会由于能够克制他的情绪，因而享受幸福。反之，克制情欲的力量乃出于幸福自身。
+ 愚人在种种情况下单纯为外因所激动，从来没有享受过真正的灵魂的满足，他生活下去，似乎并不知道他自己，不知神，亦不知物。当他一停止被动时，他也就停止存在了。反之，凡是一个可以真正认作智人的人，他的灵魂是不受激动的，而且依某种永恒的必然性能自知其自身，能知神，也能知物，他决不会停止存在，而且永远享受着真正的灵魂的满足。
+ 那些希望上帝对于他们的道德、善行，以及艰苦服役，有所表彰与酬劳的人，其与道德的真正价值未免太远，他们好像认为道德和忠诚事神本身并不是至乐和最高自由似的。

- 能以物为己用，且能尽量擅自欣赏——只要勿因过度而感厌倦，因享受一物而至厌倦，即不能谓为欣赏——实哲人分内之事。如可口之味，醇良之酒，取用有节，以资补养，他如芳草之美，园花之香，可供赏玩。此外举凡服饰、音乐、游艺、戏剧之属，凡足以使自己娱乐，而无损他人之事，也是哲人所正当应做之事。因人身是许多不同性质之部分的组合体，须有新鲜多样的滋养品，庶全部体力，尽其性能，适应一切，而心灵因之亦可适于理解多量事物。

人性和道德现象

- 最大的骄傲与最大的自卑，都是对于自己本身最大的无知。
- 自卑具有虔敬与宗教的假象，而且自卑虽是骄傲的反面，但一个自卑的人却是最接近骄傲的人。
- 像这种卑谦与自卑的情绪是很少见的，因为人性的本身，总是趋于尽量反对这些情绪。因此有许多以卑谦退让著名的人，每每是异常嫉妒、异常有野心的人。
- 所谓虚荣只是借大家的意见所养成的一种自满。只要大家意见取消了，则这种自满也就随之消散。因此，凡是从大众的意见中去求荣誉的人，必须日夜焦心忧虑，不息地努力、活动、图谋以保持他的荣誉。所以这种荣誉或满足,其实都是虚幻的,非真正的满足,只可说是虚荣。
- 那些诅咒荣誉的滥用与人世的虚幻最嚣张的人,每每即是追求荣誉最急迫的人。这乃是确定不移的事实。
- 人的本性总是想他人依照他的意思而生活。这种欲望,如果在一个无有理性指导的人,便是被动的情感,叫作野心,与骄傲没有什么差异。但反之,如果在一个依理性的命令而生活的人,则是主动的德行或德性,叫作责任心。
- 人类最无力控制的莫过于他们的舌头,而最不能够做到的,莫过于节制他们的欲望。
- 一个生活在无知的人群中的自由人将尽可能努力避免他们的恩惠。
- 唯有自由的人彼此间才有最诚挚的感恩。

主要资料来源
《伦理学》,(荷)斯宾诺莎著,贺麟译,商务印书馆,1983。
《神、人及其幸福简论》,(荷)斯宾诺莎著,洪汉鼎、孙祖培译,商务印书馆,1987。
《十六—十八世纪西欧各国哲学》,北京大学哲学系外国哲学史教研室编译,商务印书馆,1975。

洛 克

18

- 305 思考和写作的快乐
- 306 不思考是常态
- 312 信仰和理性
- 313 知识的限度
- 314 信仰在于内心
- 315 论宗教宽容
- 316 法律与自由的关系
- 318 教育的重要性
- 319 道德教育
- 321 智力教育

LOCKE

约翰·洛克（John Locke），1632—1704年，英国哲学家。大学毕业后当过家庭教师，后来专心从事写作，在三个领域做出开创性的贡献。一是教育学，他终身未婚，因一对好友夫妇的要求写了一本谈儿童教育的书《教育片论》，成为教育哲学的经典。二是政治学，他的《政府论》被公认为英国自由主义政治哲学的奠基之作。三是认识论，他的《人类理解论》建立了西方哲学史上第一个博大的认识论，使西方哲学实现了从本体论向认识论的转折。

本章的内容分为四个部分。第一部分谈思考和认识，摘自《人类理解论》，包括：思考和写作的快乐；不思考是常态；信仰和理性；知识的限度。第二部分谈宗教，摘自《论宗教宽容》，包括：信仰在于内心；论宗教宽容。第三部分谈政治，摘自《政府论》下卷，仅法律与自由的关系一节。第四部分论教育，摘自《教育片论》，包括：教育的重要性；道德教育；智力教育。

思考和写作的快乐

+ 一个捕百灵和麻雀的人，比从事于高等打猎的人，所猎的对象虽逊其为快乐则一。人的理解可以说是心灵中最崇高的一种官能，因此，我们在运用它时，比在运用别的官能时，所得的快乐要较为大些，较为久些。理解之追寻真理，正如弋禽打猎一样，在这些动作中，只是追求这种动作，就能发生了大部分的快乐。心其趋向知识的进程中，每行一步，就能有所发现，而且所有的发现至少在当下说来，不但是新的，而且是最好的。

+ 人们如果在漫思遐想之时，把自己的思想记述出来，则正有上述的这种快乐。这种快乐，你是不必妒忌人的，因为你如果在读时亦运用自己的思想，则它们亦会给你同样的消遣机会。不过我所指的只是这一类发于你自己内心的思想，因此，人们的思想如果是轻易从他人得来的，则那些思想不论是什么样的，都没有关系，因为他们所追求的不是真理，而是别的卑贱的玩意；真的，一个人所说、所思，如果尽听人支配，则我们何必再过问他所说、所思的是什么呢？反之，如果你能自己为自己判断，我知道你一定会坦白地来判断。

+ 我写书原是为自己求进益，并且为了满足少数朋友们的。

+ 暧昧含糊的说法，同牵强附会言词，久已被人认为是科学的神秘所在；而且生僻讹用全无意义文字，好像又因为沿用已久，赋有特权，应被人认为是博学深思的表现。因此，我们很不容易使说者和听者都相信，那些文字只足以掩饰愚陋、阻碍真知。因此，我想，要单刀直入，把虚荣和无明的神龛打破，那一定对于人类的理解，是一种功劳。

+ 哲学本身虽不喜着华服，不过它在出现于公众时，应该和婉礼让，而且只要不伤于真理和明确性，还应该穿着本国的普通服饰——普通语言。

不思考是常态

+ 有的人在判断他人的头脑时，亦同判断假发似的，要以时髦为标准。
+ 人们是怎样钟爱痴迷地接受各种意见，同时又是怎样果断专横地主张各种意见。
+ 不论任何地方，任何新学说在其出现之初，其所含的真理，都难以得到多数人的同意；人们只要遇到新意见，则常常会加以怀疑、加以反对，而并无任何理由，只是因为它们不同凡俗罢了。
+ 人们如果不耗费时光来从事于自己职业中的日常工作，他们便不能在社会中生活；如果没有一些基础和学说，以使自己的思想有所归着，他们的心理便不能安息。人们的理解纵然极其游移、肤浅，他们亦总有自己所崇拜的一些命题，他们亦总会把这些命题作为原则，以来建立自己的推论，并且来判断真伪和是非。不过他们有的因为缺乏技巧和工夫，有的因为缺乏研究的爱好，

有的因为受人禁止，不得来随便考察，因此，他们便都被自己的懵懂、懒惰、教育或急性所欺，轻于信任这些命题了。

+ 人类的大部分都是处于这种情形的；因为他们终身劳役，受制于可怜生活的必然性，不得不消耗其生涯，以来糊口。这些人们不但在幸运方面苦无机会，在知识和研究方面往往也是一样。他们的全部时间和辛苦既然都消耗了去，以求平息枵腹的空鸣，饥儿的哭泣，那么他们的理解亦只有空空如也了。一个人既然耗其毕生的时间于繁重的职业中，我们很难希望他知道世界上纷纭的事情，正如一匹驮货的马日日被人赶赴市上，一来一往，只经过狭窄的巷子和污秽的路途，不能明白那个地方的地理似的。一个人如果缺乏闲暇、书籍、语言和与众人谈话的机会，则他休想来搜集本来存在的那些证据和观察，以来构成人类社会中所认为最重要的许多命题或大多数命题。他在这种情形下，并不能找到充分的必需的信念根据，以建立他的一套信仰。

+ 上帝所给予人的官能已经足以在他们所走的途径中指导他们；他们只要在余暇的时候，肯认真运用自己的官能就是了。无论谁都不至于把所有时光都谋了生，却没有闲暇来思想自己的灵魂，来使自己在宗教的事情方面有所开悟。人如果在这一件大事上亦曾经专心，一如其在关系较小的事情上一样，则人们都不会完全受了生活必然性的支配，都会节省出许多空时来，来促进自己在这方面的知识。

- 命途艰难的人们固然受了限制，不易有所进步，有所开悟；有一些人幸运虽大，虽然可以得到许多书籍和必需品，以来扩清疑虑，发现真理，可是他们仍被本地的法律所圈困，护卫所监视，不能来自由地有所探求，因为在上者的利益正是要使人愚无所知，免得人们知识多了，对于自己信仰减少了，因此，这些人比起我们方才所说的那些可怜的劳动者，一样没有机会和自由来充分考察，而且还有过之无不及。他们的地位虽然高大，可是他们仍陷于狭隘的思想中，而且在应该最自由的理解方面亦受了限制。
- 人们如果尽数消耗自己的收入，以来装饰自己的身体，却不肯用钱来获得知识的工具和帮助，则他们就太看轻了自己的灵魂了。因为他们虽尽心来使自己的外表整齐洁净，以为粗衣破裳是很可怜的，可是他们却安心使自己的心灵穿着粗破而斑驳的外衣，或借来的破布，一如机遇，或本地的成衣匠所给他们制造的那样。此处所谓成衣匠，就是指与他们交接的那些人的意见而言。
- 儿童们往往由他们的父母、乳母和周围的人们，把各种命题尤其是宗教方面的命题接受在心中。这是最常见不过的。这些命题既然舒徐而入在他们的天真而无偏见的理解中，而且逐渐固定起来，因此，它们不论真伪，就被长期的习惯和教育钉在人心中，永不能再拔出来。因为人们在长大以后反省那些意见时，往往看到它们在他们心中是和他们的记忆一样久远的；他们既然不曾观察到它们原来如何舒徐而入，又不知道自己如何得到它们，因此，他们便尊敬它们为神圣的道理，不许人们亵渎它们，触动它们，怀疑它们。

+ 习俗比自然的力量还大。谁敢来把自己过去一切思想和行动的基础都摇动了呢，又谁肯认自己一向完全是在错误中在世人面前丢脸呢？任何人在冒险反对其本国或本党的传统意念时，既然要到处引起人的责难来，谁还敢来干犯众怒呢，人们在稍一怀疑通俗的意念以后，既是必然要被人称为狂想者、怀疑者、无神论者，谁还有耐心甘受人这层诽谤呢。

+ 我们不是见到：许多人（且不说大多数人）相信自己对于各种事物有合理的判断吗？而他们所以如此相信，不是因为他们不曾有过别的想法吗？谁会想象自己的判断所以正确，只是由于他们未曾怀疑，未曾考察他们自己的意见呢？因为照这样，就无异于说，他们的判断所以正确，只是因为他们根本不曾判断过。但是这些人们在坚持自己的意见时，却是最顽强不过的；因为我们常见，愈不考察自己教义的人，通常是愈凶猛地、牢固地相信自己的教义的。

+ 一位渊博的学者，既然在四十年中，费了许多时间和灯烛，由希腊文和拉丁文的坚石，造成其权威，而且他的权威又为普通的传说和年高德劭的须眉所证实，那么要有一个暴起的新学后生在一霎时间把他推翻了，那不是最不可忍受的一件事，足以使其绯衣赧颜的吗？我们能希望他来承认，他在三十年来所教给他的学生的，全部错误，而且他以很高代价卖给他们的，只是一些艰僻之词，糊涂之语吗？有什么可靠的理由，在这种情形下，能说服他呢？他既然耗了许多时间惨淡经营，才能得到自己的知识和学问，那么他会被有力的辩论所说服，顿然脱掉其旧有的意念，和他在学问方面的自命不凡吗？他会赤裸裸地一丝不挂，来重新追求新的意念吗？

+ 各种可靠的理由如果违反了人们的意向和得势的情感，则它们亦会遭了同样的命运。一个贪鄙的人推论起来，只要一边有钱，则另一边虽有很可靠的理由，你亦会容易预先见到哪一边要占优势。

+ 人们虽然尽管喧嚣着说，人类已经有了许多错误和偏见，可是我必须为人类辩护说，意见错误的人们，并不如一般人所想象的那样多。我并不是说，他们都已信爱真理；乃是说，关于人们所剧烈争执的那些主义，他们是全无任何思想和意见的。因为我们如果一考试世上各教派的大多数信徒，我们就会看到，关于他们所热心信仰的那些事情，他们全没有自己的意见。他们所以决心服从某一党派，只是因为他们受了那种教育或有那种利益。他们在那里，会如军队中的兵丁似的，只是依照他们领袖的指导，来表现自己的勇敢和热忱，却不来考察甚或不知道自己所为之斗争的主义是什么样的。他只服从自己的领袖，准备好自己的手和舌来卫护公共的立场，并且在能擢升自己并在那个社会中保护自己的人面前，邀得宠信就是了。因此，人们虽然自白有一些主张，并争持一些主张，可是他们亦许会完全不相信那些主张；甚或自己的脑中根本就没有那些主张的影子。因此,我们虽然不能说,世界上错误的、较不可靠的意见,实际要较为少些,可是我们可以确乎断言,实际上同意它们的人,把它们误认为真理的人,并不如人们所想象的那样之多。

信仰和理性

+ 我们不妨注意一下,信仰和理性不论怎样相反,可是信仰仍只是人心的一种坚定的同意。而坚定的同意,如果调节得当,又只有依据很好的理由才能赋予任何事物,因此,它是不能和理性相反的。
+ 任何东西只要和理性的、显见的、自明的命令相冲突相矛盾,我们就不能说它是不与理性相干的一种信仰的事情。
+ 人们如果习于一种意见,以为在宗教的事理方面,不论它们怎样显然与常识、与一切知识的原则相冲突,我们亦不能求商于理性,他们就已放纵自己的想象和迷信了。他们既然竭尽迷信的能事,因此,他们就在宗教方面发生很奇特的意见,很荒谬的行为,使一个好思的人不能不惊异其愚昧,而且以为他们那样,不但是伟大全知的上帝所不能喜悦的;而且就在清醒而良善的人看来,亦是很可笑,很可厌的。因为这种缘故,那本该使我们有别于禽兽,本该特别把我们当作理性动物看,使我们高出于牲畜之上的宗教,反而使人往往成为最无理性的,而且比畜类还要愚蠢。

+ 真正的真理之爱，有一种无误的标记，就是，他对于一个命题所发生的信仰，只以那个命题所依据的各种证明所保证的程度为限，并不超过这个限度。不论谁，只要一超过这个同意的限度，则他之接受真理，并非由爱而接受，他并非为真理而爱真理，他是为着别的目的。
+ 所谓狂热就是要排弃理性，在本无启示处，妄来建立启示。结果，它就把理性和启示都排除了，而以一个人脑中的无根据的幻想来代替它们，并且把那些幻想作为自己意见和行为的基础。
+ 一种强烈的想象如果超出于常识之上，脱离理性的一切束缚，反省的一切阻力，并且升到神圣权威的地步，则它在与我们的性情和心向拍合时，便会成功为另一条新原则，把全体席卷以去。
+ 一个狂热信徒只要听说，他或他的老师受了灵感，并且和圣灵直接沟通，则你虽提出真正理性的证据来，你亦不会反驳倒他的学说。任何人只要受了错误原则的熏染，则他在与这些原则相反的事物方面，并不能为最明显、最有力的道理所移动。

知识的限度

+ 我们的知识是很狭窄的，因此，我们如果稍一观察黑暗的一面，和我们的无知，则我们或许会对自己现在的心理状况窥测到一点。所谓无知比我们的知识要大了无数倍,因此,我们如果发现,自己在何种范围内有明白清晰的观念,并因而只使自己的思想限于理解所能达到的那些事物,则我们会大为平息了许多无谓的争执,促进了许多有用的知识。
+ 在样样事情方面要求解证,那是很愚昧的。一个人在日常生活中如果除了直截明白的解证以外,再不愿承认别的一切,则他便不能确信任何事物,只有速其死亡罢了。他的饮食虽精美,他亦会不敢来尝试;而且我亦真不知道,还有什么事情,他在做时,是凭借毫无疑义、毫不能反驳的根据的。
+ 日常的行为,事业的经营,都不让我们迟延。在这里,我们虽没有确实的、解证的知识,可是我们仍不得不来选择一面,因为人生的事务,大部分是要依其意见决定的。
+ 我们的职务不是要通晓一切事物,只是要知道那些关系于自己行为的事物。

信仰在于内心

+ 真正的宗教完全是另一回事,它并不是为了制定浮华的仪式,也不是为了攫取教会的管辖权或行使强制力,而是为了依据德性和虔诚的准则,规范人们的生活。
+ 一个对拯救自己的灵魂漠不关心的人,要使我相信他特别关心拯救我的灵魂,那的确是很困难的。
+ 如果说福音书和使徒们是可信的,那么,任何人若没有仁爱,没有那种不是加之以外力,而是动之以爱心的信仰,是断不能成为基督徒的。
+ 真正的宗教的全部生命和动力,只在于内在的心灵里的确信,没有这种确信,信仰就不成其为信仰。
+ 悟性的本质就在于,它不可能因外力的原因而被迫去信仰任何东西。

论宗教宽容

+ 我以为下述这点是高于一切的,即必须严格区分公民政府的事务与宗教事务,并正确规定二者之间的界限。如果做不到这点,那么那种经常性的争端,即以那些关心或至少是自认为关心人的灵魂的人为一方,和以那些关心国家利益的人为另一方的双方争端,便不可能告一结束。
+ 对每个人的灵魂和天国里的事情的管理既不属于国家,也不能屈从于它,而只能完全由每个人自己去管。
+ 任何私人都无权因为他人属于另一教会或另一宗教以任何方式危害其公民权利的享受。他作为一个人而享有的一切权利以及作为一个公民而享有的公民权,都是神圣不可侵犯的。这些并不是宗教事务。无论他是基督徒,还是异教徒,都不得对他使用暴力或予以伤害。如果有谁从正路误入歧途,那是他自己的不幸,并未有损于你。因此,你既然相信他将要在来世受罚,也就无须在今生的事情方面对他惩罚。
- 掌管灵魂的事属于每个人自己,也只能留归他自己。可是,如果他对掌管自己的灵魂漠不关心呢?我倒要反问一句:如果他对自己的财产或健康漠不关心,而这些显然与公民政府关系更密切,那又该怎么办呢?长官能以法律保证他不会成为穷人或病夫吗?
- 真理不是靠法律教诲的,也不需要强力将它带入人们的心灵里,而谬误倒的确是借助于外力的支持和救助传播开来的。
- 至于说有些宗教集会是私下的,请问:谁该受指责呢?是那些想要公开举行的,还是那些禁止公开举行的?
- 基督教世界之所以发生以宗教为借口的一切纷乱和战争,并非因为存在着各式各样的不同意见——这是不可避免的,而是因为拒绝对那些持有不同意见的人实行宽容——这是能够做到的。

法律与自由的关系

- 自然状态有一种为人人所应遵守的自然法对它起着支配作用;而理性,也就是自然法,教导着有意遵从理性的全人类:人们既然都是平等和独立的,任何人就不得侵害他人的生命、健康、自由或财产。
- 处在社会中的人的自由,就是除经人们同意在国家内所建立的立法权以外,不受其他任何立法权的支配;除了立法机关根据对它的委托所制定的法律以外，不受任何意志的统辖或任何法律的约束。处在政府之下的人们的自由，应有长期有效的规则作为生活的准绳，这种规则为社会一切成员所共同遵守，并为社会所建立的立法机关所制定。这是在规则未加规定的一切事情上能按照我自己的意志去做的自由，而不受另一人的反复无常的、事前不知道的和武断的意志的支配。

+ 法律的目的不是废除或限制自由，而是保护和扩大自由。这是因为在一切能够接受法律支配的人类的状态中，哪里没有法律，哪里就没有自由。这是因为自由意味着不受他人的束缚和强暴，而哪里没有法律，哪里就不能有这种自由。但是自由，正如人们告诉我们的，并非人人爱怎样就可怎样的那种自由，而是在他所受约束的法律许可范围内，随其所欲地处置或安排他的人身、行动、财富和他的全部财产的那种自由，在这个范围内他不受另一个人的任意意志的支配，而是可以自由地遵循他自己的意志。

+ 政治社会的首要目的是保护财产。

+ 立法权，不论属于一个人或较多的人，不论经常或定期存在，都是每一个国家中的最高权力，但是，第一，它对于人民的生命和财产不是并且也不可能是绝对地专断的。因为，既然它只是社会的各个成员交给作为立法者的那个个人或议会的联合权力，它就不能多于那些参加社会以前处在自然状态中的人们曾享有的和放弃给社会的权力。因为，没有人能把多于他自己所享有的权力转让给别人；也没有人享有对于自己或其他人的一种绝对的专断权力，用来毁灭自己的生命或夺去另一个人的生命或财产，所以立法机关的权力也不能超出此种限度。它的权力，在最大范围内，以社会的公众福利为限。这是除了实施保护以外并无其他目的的权力，所以决不能有毁灭、奴役或故意使臣民陷于贫困的权利。第二，立法或最高权力机关不能揽有权力，以临时的专断命令来进行统治，而是必须以颁布过的经常有效的法律并由有资格的著名法官来执行司法和判断臣民的权利。第三，最高权力，未经本人同意，不能取去任何人的财产的任何部分。因为，既然保护财产是政府的目的，也是人们加入社会的目的，这就必然假定而且要求人民应该享有财产权。

教育的重要性

+ 儿童是刚刚来到一个陌生国家的旅客，对于这，他们一无所知。因此我们要有良知，不致误导了他们。
+ 教育上的错误不比其他，它是无法挽回的：这些错误就像配药一样，第一次错了，再也不能由第二次、第三次得到弥补，它将在人生今后的每一个部分和阶段都打上根深蒂固的烙印。
+ 可以说，我们所见到的人中，十个里至少有九个，他们之所以成为好人或坏人，成为有用之才或无能之辈，都是因为教育的不同所致的。人与人之间之所以千差万别，正是因了教育的缘故：在我们幼年时期形成的微小的、甚至觉察不到的印象，都将产生非常重要的、持久的后果。这犹如一些河流的源头，人们只需用上一点点力气就可以把这些灵活的水源引到其他的渠道上去，使它们完全改变方向，凭着源头这么一个小小的转向，它们便能获得不同的趋势，最后流到非常遥远的异地去了。

+ 我认为孩子们所得到的这种种奢侈的享受，无非是为家长自己的虚荣而付出的代价；其欲表现更多的是他们的虚荣心，而不是真正地为了他们的子女好。不管您采用什么办法，只要对孩子的心智成长有所增益，它就表现出您真正的仁慈，即便有可能因此而减少了要传给他的财产。一个聪明而又善良的人很少不是既在别人的看法中，又在事实上伟大而又幸福的。但是，一个愚蠢而又邪恶的人，无论您留给他多少财产，他终究既不会伟大也不会幸福。

道德教育

+ 尊重和羞耻之心，一旦令幼童体味到它们的真义，比之其他种种方式，会对心灵产生最为有力的一种刺激。您一旦让幼童从心里珍惜名誉，并害怕羞耻和羞辱，您便把真正的原则注入了他们的内心，这些原则将持续发挥作用，使他们走上正轨。

+ 幼童对别人的表扬和称赞是非常敏感的，其时间比我们想象得更早。他们发现被人尊重和看重是很快乐的，尤其是被父母和那些他们信赖的人尊重和看重时，更是如此。因此，如果父亲在他们做得好的时候善待和称赞他们，在他们做得差的时候对他们施以冷酷和怠慢的颜色；母亲和其他孩子们周围的人也加以配合，以类似的态度对待他们，不久之后，他们就能对两者之间的差别敏感起来。这一方法如果得到持续的执行，我敢说其效力会胜过恐吓或鞭挞。

+ 名誉虽然不是德行的真正原则和标准，但它离德行的真正原则和标准却是最近的：名誉是其他人的理性经过一致的同意，给予有德行的、良好的行为的证言和赞许。当幼童还没有长大成人，还不能为自己做出判断并运用自己的理性辨别是非之前，它是用来引导和鼓励幼童的一种合适的方法。

+ 有一件事情意义重大，值得我们努力，那便是教会幼童做自己心智的主人。要使他们能做到一经抉择，便有从自己热衷的事情当中急流勇退的决心，并能从容而又愉快地从事另一项事情，或者在任何时候都能从懒散中振奋起来，积极听从理性的指导，能够做到从善如流。通过这种办法，幼童的心智可以获得对自身的一种习惯性的支配力。

+ 在所有的方法当中，让儿童接受教化、形成礼仪的最简明、最容易也最有效的办法是，在他们面前示范那些您要他去做或加以避免的事情。

- 勇气于一个教养不好的人,更添一种粗野之气,也抵消了勇气的好处,学问于他便成了迂腐,才智成了滑稽,朴素成了粗俗,温良成了奉承。缺乏教养任何一种好的品质都将被扭曲,反倒成为他的缺点。良好的品质是心灵的实质性财富,但唯有良好的教养才能令它们焕发出异彩。
- 人生所要遭遇的磨难众多,这就要求我们不能对每一个细微伤害都过于紧张。我们的心灵不屈服的事物,只能给我们留下轻微的印象,同时也只能给我们造成很小的伤害,唯有精神所遭遇的磨难才会给我们带来痛苦,而且这种痛苦会得到延续。心智的强健和稳定是我们所能拥有的、对付生命中的一般邪恶和意外事件的最好武器。这样一种性情,经由练习和习惯,比之任何其他的方法都更易养成,这方面的实践应该及早实施,任何一个及早就获得这种训练的人,他都是幸福的。
- 井然有序和持之以恒,这两种品格可以造成两个人之间的重大分别。
- 世间有两种不良的教养:一种是羞怯忸怩;另一种是举止不端和无礼。这两种情形的避免要得益于遵守这么一条规则:既不要小看自己,也不要小看别人。

智力教育

- 所有儿童应该学习的事情,在他们都不应该是一种负担，或者强加于他们身上的一种任务。任何强行加于他们身上的事物都将马上变得乏味透顶，虽然在这之前幼童的心灵还很喜欢它，或者与它无甚关系，在这之后，马上就会对它产生一种憎恶。比如您可以试验每天一到某个时间就吩咐幼童玩抽陀螺的游戏，而不管他想不想玩；只把这项游戏当作他的任务，每天上午和下午都必须花上这么多的时间在这上面，您来看他会不会马上对一切这种类型的游戏都感到厌倦？这于成人而言不同样是如此吗？他们原本高兴自己去做的事情，只要发现被人视为他的一项任务，他们是不是马上会憎厌起来，并再也忍受不住呢？幼童跟我们成人当中最具自尊心的人一样，他们一心要表现出他们是自由的，良好的举动是出自他们自身之手，还有他们是完全独立的。

+ 对于我们要儿童学习的事情，我所观察的唯一巨大的阻力乃在于：吩咐他们去做，把它当作他们的任务，用它来对他们进行羞辱和斥责，使他们战战兢兢的，担惊受怕的，或者在他们愿意做的时候，又叫他们做得太久，以致产生厌倦。所有这些方面都妨碍了他们极为珍爱的、出自本性的自由。

+ 我们必须留心，任何于儿童有益的事情，都应该让他们快乐地去做，在他们对某件事厌倦之前，应及时地让他们转移到其他的某种有益的事情上去。倘若这样他们不能达到最佳状态，即把任何事情都当成在游戏中进步，那就许他们去玩他们嗜爱的稚气游戏，直到他们因为玩腻了而放弃为止。但关系到他们正在操作的有用的事情，则必须每每让他们意犹未尽，适可而止；至少应该让他们在疲劳、甚至讨厌之前撤离。这样他们才会再一次回到这种事情上来，就像重温一种游戏的欢愉一样。

+ 我常常有一种想望，认为学习对幼童来说可以是一种游戏和娱乐。倘若他们能把学习当作一种荣耀、名誉、快乐和消遣，或者当作完成其他事情的一种奖励；而且倘若他们永远不会因在这个问题上有所忽略而遭到斥责或惩罚，那么他们应该会乐于受教的。

+ 我不怀疑，在儿童这个对一切诸如此类的约束都心怀敌意的年龄，却要强迫他们，把他们束缚在书本上，这正是很多的人在他们的整个余生当中都厌恶读书和学习的原因所在。

+ 幼童比大人勤奋得多，因此幼童好动的这种性情若没能用于一些有益的事情上，大人难辞其咎。

+ 千万不要驱使幼童去阅读，也不要因此而斥责他，而要尽可能地诱导他，但不能使它成为一项职责。宁可让他晚一年学会阅读，也不可使他因此而对学习产生厌恶之情。

+ 儿童不能理解冗长的演绎，这些演绎对他们是没有说理效力的。打动他们的道理必须是浅显易懂的，与他们的思维水平相当，以及那些能够被他们感觉到和触及到的东西。

+ 人们学习语言是为了日常生活中的社会交际和思想交流，而再无更深的用途。于此目的，通过交谈学习语言的原初方法，不仅够用，而且它具有最省时、最适宜和最自然的优点。因此，就语言的这一用途而言，我们可以说，方法不是必需的。
+ 语言的学习只能是通过阅读和交谈，而不是通过背诵几个作者就能学会的；人的脑袋里面一旦装满了这样一些东西，他便预备了做书呆子的材料，因此容易成为一个书呆子。
+ 教师的任务不在于把一切可以知道的东西都塞给学生，而在于培养他对知识的爱好和尊重；在于教给他正确的求知方法，使得他在有心向学的时候可以提升自己。

■ **主要资料来源**
《人类理解论》（上下）（英）洛克著，关文运译，商务印书馆，1983。
《论宗教宽容》，（英）洛克著，吴云贵译，商务印书馆，1996。
《政府论》（下），（英）洛克著，叶启芳、瞿菊农译，商务印书馆，1983。
《教育片论》，（英）洛克著，熊春文译，上海人民出版社，2005。

休 谟

19

- 向哲学家们宣战
- 哲学必须回到研究人性
- 温和的怀疑论
- 社会本能和利己本能
- 理性是情感的奴隶
- 适度的骄傲
- 虚荣和荣誉
- 爱和恨
- 两性之爱

HUME

大卫·休谟（David Hume），1711—1776年，英国近代最重要的哲学家。28岁就出版了一生最主要的哲学著作《人性论》，这是一个大部头，文字通俗平和，但观点独特尖锐，年少气盛的他，期待会引起激烈的争论，结果却是无人理睬，用他的话说，生下来就成了死婴。他没有料到，在他身后，这本书会成为一本永垂史册的经典。全书分三卷，分别讨论理智、情感和道德，在哲学史上最早对人的这三种精神能力做了系统的研究。他的哲学把经验论贯彻到底，走向彻底的怀疑论，进而自觉地约束认识的范围，提倡一种温和的怀疑论。休谟生前已经非常出名，但不是因为他的哲学著作，而是因为他的四卷本《英国史》，他活着时是作为历史学家扬名世界的。

本章的语录皆摘自《人性论》，内容分三个方面。一、对哲学的看法，包括：向哲学家们宣战；哲学必须回到研究人性。二、认识论，即温和的怀疑论一节；三、对人性和人类情感的分析，包括：社会本能和利己本能；理性是情感的奴隶；适度的骄傲；虚荣和荣誉；爱和恨；两性之爱。

向哲学家们宣战

+ 一切带有莫名其妙的样子,并和人类原始的和最没有偏见的概念相反的任何见解,哲学家们往往会贪婪地加以信受,以为这就表明他们的学术的优越性,表明他们的学术就能够发现远远地超出通俗看法的意见。
+ 哲学家们用以说明心理行为的那些体系有一个共同缺点,就是:那些体系都假设了一种不但超出畜类能力,甚至超出我们人类中儿童和普通人的能力的精微和深奥的思想;虽然这些人也和具有最卓越的天才和悟性的人一样,可以有同样的情绪和感情。这样一种玄妙的说法正是任何体系的虚妄性的一个清楚的证明,正如与此相反的简易理论是任何体系的真实性的一个清楚的证明一样。
+ 我已经受到一切哲学家、逻辑学家、数学家、甚至神学家的嫉恨;那么,我对我必然要遭受的侮辱,还有什么惊奇吗,我对他们的体系,已经声明不赞成;那么他们如果对我的体系和我个人表示憎恨,我还能惊异吗,当我四面展望时,我就预见到争论、反驳、愤怒、诟骂和毁谤。
+ 我如果不知道我是根据了什么原则,赞许一个对象,而不赞许另一个对象,称一种东西为美,称另一种东西为丑,判断其真实和虚妄,理性和愚蠢:那么我思想起来便觉得不安。现在的学术界在这种种方面都是处于可怜的无知状态,我对此很感关切。我感觉自己雄心勃勃,要想对于人类的教导有所贡献,并借我的发明和发现获得声名。这些感想在我现在的心情中自然而然地涌现起来，我如果转到其他事情或娱乐上去，借以驱除这些感想，那么我觉得就快乐而论我将有所损失。这就是我的哲学的起源。

- 我也知道，有许多正直的先生们因为经常从事家庭琐务，或是以通常的消遣自娱，他们的思想很少超出每日呈现于其感官前的那些对象之外。的确，这一类人，我并不想把他们造成哲学家，我也不希望他们成为这些研究中的同道，或这些发现的听众。他们还是留在他们现在的情况中比较好。
- 形而上学家们通常都用词语来代替观念，并且在他们的推理中用谈论来代替思想。
- 一般说来，宗教中的错误是危险的；哲学中的错误则仅仅是可笑而已。
- 在这个时代，大部分人似乎一致地把阅读转变为一种消遣，而把一切需要很大程度注意才能被人理解的事物都一概加以摒弃。

哲学必须回到研究人性

- 显然，一切科学对于人性总是或多或少的有些关系，任何学科不论似乎与人性离得多远，它们总是会通过这样或那样的途径回到人性。即使数学、自然哲学和自然宗教，也都是在某种程度上依靠于人的科学；因为这些科学是在人类的认识范围之内，并且是根据他的能力和官能而被判断的。
- 逻辑的唯一目的在于说明人类推理能力的原理和作用，以及人类观念的性质；道德学和批评学研究人类的鉴别力和情绪；政治学研究结合在社会里并且互相依存的人类。
- 在我们的哲学研究中，我们可以希望借以获得成功的唯一途径，即是抛开我们一向所采用的那种可厌的迂回曲折的老方法，不再在边界上一会儿攻取一个城堡，一会儿占领一个村落，而是直捣这些科学的首都或心脏，即人性本身：一旦掌握了人性以后，我们在其他各方面就有希望轻而易举地取得胜利了。任何重要问题的解决关键，无不包括在关于人的科学中间；在我们没有熟悉这门科学之前，任何问题都不能得到确实的解决。
- 人性研究是关于人的唯一科学，可是却一向最被人忽视。我如果能使这门科学稍微流行一些，就心满意足了。这一点希望平息了有时候控制着我的怒气，又把我的心情从有时候控制着我的懒散状态中振奋起来。

温和的怀疑论

- 另外有一种温和的怀疑论，对于人类是有好处的，主张把我们的研究限制在那些最适合人类理智的狭隘能力的对象上面，人的想象力生来是奔放的，喜爱遥远和异乎寻常的东西，放荡不羁地奔向时间和空间上最遥远的部分，来回避习惯使它非常熟悉的事物。一种正确的判断则遵循一种相反的方法，避免一切好高骛远的研究，专门探讨平常的生活，探讨日常的实践和经验的对象；将高超的对象留给诗人和演说家去装潢，或者留给僧侣和政治家去摆弄。

+ 对于哲学来说，最适当的就是一种适度的温和的怀疑主义，同时坦率地承认对于超出一切人类能力的那些题材，我们是一无所知的。

+ 失望和快乐对我们几乎是有同样的效果，我们一旦知道了某种欲望无法得到满足，这种欲望本身就会立即消失，这是确定不易的道理。当我们一旦看到，我们已经达到人类理性的最后限度时，我们便安心满足了。

+ 最幸运的是，理性虽然不能驱散这些疑云，可是自然本身却足以达到那个目的，把我的哲学的忧郁症和昏迷治愈了，或者是通过松散这种心灵倾向，或者是通过某种事务和我的感官的生动印象，消灭了所有这些幻想。我就餐，我玩双六，我谈话，并和我的朋友们谈笑；在经过三四个钟头的娱乐以后，我再返回来看这一类思辨时，就觉得这些思辨那样冷酷、牵强、可笑，因而发现自己无心再继续进行这类思辨了。

+ 一个人如果这样轻松愉快地研究哲学，比起另一个感觉自己爱好哲学，而同时却充满了疑虑和犹豫以至完全排斥哲学的人，他的行为就更符合于地道的怀疑主义。一个地道的怀疑主义者，不但怀疑他的哲学的信念，也怀疑他的哲学的怀疑；不论由于怀疑或信念，他都从来不会摈弃他可能自然享到的天真的快乐。

社会本能和利己本能

+ 人类是宇宙间具有最热烈的社会结合的欲望的动物,并且有最多的有利条件适合于社会的结合。我们每有一个愿望,总不能不着眼于社会。完全孤独的状态,或许是我们所能遭到的最大惩罚。每一种快乐,在离群独享的时候,便会衰落下去,而每一种痛苦也就变得更加残酷而不可忍受。不论我们可以被其他任何情感所推动,如骄傲、野心、贪婪、好奇心、复仇心或性欲等,这些情感的灵魂或鼓动原则,都只是同情作用;如果我们完全除去了别人的思想和情绪,这些情感便都毫无力量。自然界一切能力和元素纵然都联合起来服务并服从于一个人;太阳的升降纵然都听他的命令;河浪海潮纵然由他随意支配;大地纵然自发地把对他有用或使他愉快的一切东西供给于他:可是你至少要给他一个人,可以和他分享幸福,使他享受这个人的尊重和友谊,否则他仍然是一个十分可怜的人。

+ 为了组成社会,不但需要社会对人们是有利的,而且还需要人们觉察到这些利益;人类在其未开化的野蛮状态下,不可能单凭研究和思索得到这个知识。因此,最幸运的是,对于那些补救方法是辽远的和不清楚的需要,恰好有另一种需要与之结合,那种需要有一种当时可以满足并较为明显的补救方法,因而可以正确地被认为是人类社会成立的最初的原始原则。这种需要就是两性间的自然欲望,这种欲望把两性结合起来,并保持他们的结合，以后由于对他们的子女的共同的关切，又产生了一种新的联系。这种新的关切又变成双亲和子女之间的联系原则，并形成了一个人数较多的社会。

+ 一般地说，自私这个性质被说得太过火了，而且有些哲学家们所乐于尽情描写的人类的自私，就像我们在童话和小说中所遇到的任何有关妖怪的记载一样荒诞不经，与自然事物离得太远了。我远不认为人类除了对自己以外，对其他事物没有任何感情；我相信，我们虽然极少遇到一个爱某一个人甚于爱自己的人，可是我们也同样很少遇到一个人，他的仁厚的情感总加起来不超过他的全部自私的感情的。

+ 社会上主要的扰乱根源是我们所谓的财产，是它们在人与人之间的轻易转变和浮动性。只有通过社会全体成员所缔结的公约使那些他们占有的财产得到稳定，使每个人安享他凭幸运和勤劳所获得的财产。通过这种方法，每个人就知道什么是自己可以安全地占有的。

+ 没有一种情感能够控制利己的感情，只有那种感情自身，借着改变它的方向，才能加以控制。不过这种变化是稍加反省就必然要发生的；因为显而易见，那种情感通过约束，比起通过放纵可以更好地得到满足；我们维持了社会，就比在孤立无援的状态下——这种状态是必然随着暴力和普遍的放纵而来的——在获得所有物方面就有了大得很多的进步。

+ 自利情感不论被认为是善良的或恶劣的，情形都是一样的；因为只有它本身才约束住自己：因此，它如果是善良的，那么人类是借这种德而成为有社会性的；如果是恶劣的，那么他们的这种恶也有同样的效果。

理性是情感的奴隶

+ 在哲学中，甚至在日常生活中，最常见的事情就是谈论理性和情感的斗争，就是重视理性，并且说，人类只有在遵循理性的命令的范围内，才是善良的。人们说，每一个理性动物都必须根据理性来调整他的行为；如果有任何其他动机或原则要求指导他的行为，他应该加以反对，一直要把它完全制服，或者至少要使它符合于那个较高的原则。古今精神哲学的大部分似乎都建立在这个思想方法上；而且不论在形而上学的辩论中，或是在通俗的讲演中，都没有比这个所谓理性超过于情感的优越性成为更加广阔的争论园地。理性的永恒性、不变性和它的神圣的来源，已经被人渲染得淋漓尽致；情感的盲目性，变幻性、和欺骗性，也同样地受到了极度的强调。为了指出一切这种哲学的谬误起见，我将力求证明，第一，理性单独绝不能成为任何意志活动的动机，第二，理性在指导意志方面并不能反对情感。
+ 单是理性既然不足以产生任何行为，或是引起意志作用，所以我就推断说，理性这个官能同样也不能制止意志作用，或与任何情感或情绪争夺优先权。除了相反的冲动而外，没有东西能反对或阻挡情感的冲动。由此可见，反对我们情感的那个原则不能就是理性，而只是在不恰当的意义下被称为理性。当我们谈到情感和理性的斗争时，我们的说法是不严格的，非哲学的。理性是、并且也应该是情感的奴隶，除了服务和服从情感之外，再不能有任何其他的职务。

+ 人类在其情绪和意见方面很少受理性的支配，所以他们总是借比较而不借其内在的价值来判断各个对象。
+ 我们既然很少依据对象的内在价值来判断它们，而是根据它们和其他对象的比较来形成它们的观念，因此，随着我们观察到他人享有或大或小的幸福，遭到或大或小的苦难，我们就据以估量自己的幸福和苦难，并因而感到一种相应的痛苦或快乐。我们因为他人的苦难，而对我们的幸福有一个更为生动的观念，因为他人的幸福，而对自己的苦难有一个更为生动的观念。
+ 我们判断对象，多半是通过比较，很少依据其本身的价值。但是任何一种比较都没有以我们自己为中心所作的比较更为明显，因此在一切场合下，这种比较都在发生，并且与我们的绝大多数情感混杂起来。

适度的骄傲

+ 我所谓骄傲是指我们在观察德行、美貌、财富或权力时，由于对自己满意而心中发生的那种愉快的印象而言；而所谓谦卑，则是指相反的印象而言。

- 在生活行为中最有用的确是莫过于一种适当程度的骄傲，因为骄傲使我们感到自己的价值，并且使我们对我们的一切计划和事业都有一种信心和信念。一个人不论赋有什么样的才具，他如果不知道自己有这种才具，并且不形成适合于自己的才具的计划，那种才具对他便完全无用。在一切场合下，都需要知道我们自己的力量；如果允许我们在任何一方面发生错误的话，那么过高估计自己的价值，比把它估得低于它的正确水平，要更加有利一些。幸运往往赞助勇敢和进取的人；而最能以勇气鼓舞我们的莫过于对自己的好评。

- 一个人的过分的自负是最令人不快的：每个人几乎都有犯这种恶的强烈倾向；没有人能够区别清楚他自己身上的恶与德，或者确实知道，他对自己的价值的重视是有很好的根据的；因为这些理由，所以这种情感的一切直接表现都遭到谴责。把自己估价过高的那种傲慢的、几乎人人都犯的倾向，使我们对于自夸发生了一种反感，以至我们不论在什么地方遇到了它，都根据一个通则来加以谴责；我们也难以给予贤达的人以自负的特权，即使在他们最隐藏的思想中。至少我们必须承认，在这一点上，某种伪装是绝对必要的；如果我们胸中藏着骄傲，我们也必须装出谦和的外表，而在我们的举止和行为中表现出谦逊和互相恭敬。

- 我相信，凡稍微熟悉世故而能透察他人内心的情绪的人，都不会说，礼貌和礼仪所要求于我们的谦卑，会超出于表面以外，或者说，在这一方面的彻底的诚恳会被认为是我们的义务的一个真正的部分。正相反，我们可以说，一种纯真和真心的骄傲或自尊，如果掩饰得好，并且有很好的根据，乃是一个尊荣的人的性格的必需条件，而且要想得到人类的尊重和赞美，也没有其他的心灵性质比这种性质更是必要的。

+ 所谓英雄德性，以及我们所钦佩的那种所谓伟大和豪迈的心灵性质，只是一种牢固的和坚定的骄傲和自尊。勇敢、无畏、野心、荣誉心、豪情以及那一类的其他辉煌的品德，其中显然都含有大量的自尊成分，并且由那个根源得到它们的大部分的价值。我可以退一步说，如果有一种有节制的骄傲在暗中鼓动我们的行为，而不爆发为粗鄙的傲慢言行，以致触犯他人的虚荣心，世人是自然加以尊重的。

虚荣和荣誉

+ 骄傲是那样自然地发生起来的，凡我们自己的或属于我们的任何事物，只要产生了惊奇之感，没有不同时刺激起那另一种情感来的。例如，我们因为我们所遇到的惊险事情，因为我们曾经逃脱险境，因为我们曾处于危难之中而洋洋自夸。一般人所以爱好撒谎的原因，就在于此。人们往往并无任何利害关系，而纯粹是因为虚荣，就堆造一大批的离奇事迹，那些奇事有的是他们头脑中的虚构，有的即使是真实的，至少也与他们没有任何联系。他们的丰富的想象供给了他们一大批的惊险事迹；而当他们没有那种编造的才能的时候，他们就冒用别人的事迹，以满足自己的虚荣心。

- 房屋、花园、家具，也像自身的优点和才艺一样，成为我们自负的依据；这些外在的有利条件本身和思想或人格虽然相距甚远，可是这些有利条件却大大影响了甚至那个原以人格为其最后对象的情感。当外界对象对我们获得了任何特殊关系而与我们结合或联系起来时，就有这种情形发生。大洋中一条美丽的鱼，荒野中一个野兽，以及任何既不属于我们也和我们无关的事物，不论赋有什么样的奇特性质，不论它们自然地激起多大程度的惊奇和赞美，都对我们的虚荣心没有任何影响。任何事物必须和我们有某种关系，才能触动我们的骄傲感。

- 一个守财奴由于他的钱财而感到高兴，那就是说，由于钱财使他有能力获得生活中的一切快乐和舒适而感到高兴，虽然他知道，他已经享有他的财富达四十年之久，而从未加以使用，因而不能借任何一种推理断言，这些快乐的实际存在比他完全被剥夺了他的全部财物时较为接近了些。

- 财富有使人享受人生一切乐趣的能力，由于这种能力，人们对于财富确实有一种原始的快乐。这种能力是财富的本性和本质，所以它必然是由财富发生的一切情感的最初来源。这些情感中最重要的一种就是别人的爱或尊重的情感，因此这种情感是因为对于所有主的快乐发生同情而发生的。不过所有主既然因其财富而获得他人的爱和尊重，因而也就对于财富感到一种次生的快乐，而这种快乐只是由他自身发生的那种原始快乐的再度反射。这种次生的快乐或虚荣感成为财富的一种主要的可取之点，并且也是我们自己希图得到财富或是尊重他人财富的主要理由。

+ 在哲学中，甚至在日常生活和谈话中，有一句老生常谈的话，就是：使我们对他人的骄傲感到非常不悦的，乃是我们自己的骄傲；他人的虚荣对我们所以是不可忍受的，乃是因为我们自己就是虚荣的。快活的人自然与快活的人互相结合，放荡的人自然与放荡的互相结合；可是骄傲的人却永远不能忍受骄傲的人，而宁愿与性情相反的人交往。我们全体既然都有些骄傲，所以骄傲就普遍地被人责备和谴责；因为骄傲有一种自然倾向，容易借一种比较作用引起他人的不快。这种效果必然会更自然地发生，因为那些毫无根据而自负的人永远在做那一类的比较，而且他们也没有别的方法可以支持他们的虚荣。一个聪明贤达的人能够自得其乐，无须考虑别人的短长；但是一个愚蠢的人却永远必须找寻一个更愚蠢的人，才能欣赏他自己的才具和智力。

+ 美名虽然一般说来是令人愉快的，可是我们从我们自己所尊重和赞许的人的赞美方面，比从我们所憎恨和鄙视的人的赞美方面，得到更大的快乐。同样，我们对他们的判断十分重视的那些人，如果对我们表示轻蔑，我们就要感到极大的耻辱。
- 其他人的称赞若不是和我们自己的意见相合,并且他们所赞美的若不是我们所主要擅长的性质,便绝不能给予我们很大的快乐。军人不重视雄辩的能力,法官不重视勇敢,主教不重视幽默,商人不重视学问。一个人对于任何抽象考虑下的品质,不论如何加以重视,而当他自觉到自己并无这种品质时,那么全世界的人的对他的赞许,也不会在这一点上给他以多大的快乐,这是因为他们永不能使他同意他们的缘故。

爱和恨

- 我们的爱和恨永远指向我们以外的某一个有情的存在者。当我们谈及自爱时,那不是就爱的本义而言,而且自爱所产生的感觉和一个朋友或情人所刺激起的柔情也并无共同之点。憎恨也是如此。我们可以因为我们自己的过失和愚蠢而感到耻愧;但是只有由于他人所加的侵害才会感到愤怒或憎恨。
- 爱永远跟随着有一种使所爱者享有幸福的欲望,以及反对他受苦的厌恶心理;正像恨永远跟随着有希望所恨者受苦的欲望,以及反对他享福的厌恶心理一样。
- 爱只是希望别人幸福的一种欲望,而恨只是希望别人苦难的一种欲望。

- 他人的良好品质由第一个观点产生爱；由第二个观点产生谦卑；由第三个观点产生尊敬，尊敬是这两种情感的混合物。同样，他人的恶劣品质，则随着我们观察它们的观点，引起憎恨、骄傲或鄙视。
- 使人发生慈爱情感的那种倾向，就使一个人在人生一切部门中都成为令人愉快的、有益于人的；并且给予他那些本来可以有害于社会的所有其他性质以一个正确的方向。勇敢与野心，如果没有慈善加以调节，只会造成一个暴君和大盗。至于判断力与才具，以及所有那一类的性质，情形也是一样。它们本身对于社会的利益是漠不关心的，它们所以对人类具有善恶的倾向，是决定于它们从这些其他的情感所得的指导。
- 我们也不要想象，一切愤怒情感都是恶劣的，它们是令人不愉快的。在这一方面，我们对于人性要给予某种程度的宽容。愤怒和憎恨是我们的结构和组织中所固有的。在某些场合下，缺乏了愤怒和憎恨，甚至可以证明一个人的软弱和低能。在人们表现轻微的愤恨时，我们不但因为它是自然的，而加以宽容，而且甚至因为它不如大部分人类的愤恨情感那样的激烈，而加以赞扬。当这些愤怒的情感达到了残忍的程度时，它们就成为一种最可憎恨的恶。对于这种恶的可怜的受害者们我们所发生的一切怜悯和关怀，全部都转过来反对犯了这种恶行的人，并产生了我们在其他任何场合下所感觉不到的那样强烈的憎恨。

两性之爱

+ 在爱和恨与其他感情掺杂起来以后所发生的一切复合情感中,两性的爱最值得我们注意,这是一方面因为它的强和猛,一方面因为它给若干奇特的哲学原则提供了一个无法争论的论证。显然,这种感情在它的最自然的状态下是由三种不同的印象或情感的结合而发生的,这三种情感就是:一、由美貌发生的愉快感觉;二、肉体上的生殖欲望;三、浓厚的好感或善意。

+ 由类似关系和平行欲望这两种关系,就发生了美感、肉体欲望和好感之间那样一种联系;以至这三者成分可说是不可分离的。而且我们根据经验发现,三者中间不论那一种先行出现,都无关系;因为它们中间任何一种都必然伴有相关的感情。性欲冲动中的人对于性欲的对象至少具有暂时的好感,同时也想象她比平时较为美丽;正如许多人开始时对一个人的机智和优点抱有一种好感和尊重,随后又由此进到其他两种情感上去。但是最常见的一种爱,就是首先由美貌发生、随后扩展到好感和肉体欲望上去的那种爱。好感或尊重与生殖欲望之间的距离太远了,不容易结合在一起。前者或许是灵魂的最细致的情感,后者或许是最粗俗的情感。对于美貌的爱恰好是处于两者之间的中介,分沾了两者的本性:因此,它是特别适宜于产生两者的。

+ 异性不但是性欲的对象,而且是它的原因。当我们受到性欲的激动时,不但要把观点转向异性,而且一想到异性，就足以刺激起性欲来。但是由于这种原因出现的频率太大，以致失掉了力量，所以它就必须被一种新的冲动所刺激起来；我们发现那种冲动就由一个人的美貌发生，即由印象和观念的双重关系发生。

- 一个人一旦处于热恋之中，他的情人的一些小的过错和任性，恋爱中容易发生的嫉妒和争吵，虽然都是不愉快的，并且与愤怒和憎恨是关联着的，可是却被发现为给予优势的情感一种附加的力量。
- 别离被观察到有两种相反的效果，它在不同的情况下，或者是增强情感，或者是减弱情感。拉罗希福科公爵说得好：别离消灭微弱的情感，却增强强烈的情感；正如大风虽能吹灭蜡烛，却会吹旺一堆大火。长期别离自然地减弱我们的观念，削弱我们的情感；但是在观念强烈生动、足以支持自己的时候，由别离而生起的不快反而会增强情感，给予情感以新的力量和猛烈。
- 有许多有关男女体面的细节，如果公然违犯，那么世人永远不会宽恕，但是如果顾全了外表，秘密而隐蔽地违犯了它们，就比较容易被人忽视。

主要资料来源
《人性论》，(英)休谟著，关文运、郑之骧译，商务印书馆，1981。

卢梭　20

- 教育的主题是怎样做人
- 尊重儿童的天性
- 警惕书本知识
- 道德教育切忌说教和虚伪
- 幸福在于控制欲念和减少痛苦
- 让生命贴近自然
- 人生的道理
- 自爱和博爱
- 人性研究
- 良心是灵魂的声音
- 两性的互补
- 论女人
- 论爱情
- 论婚姻和家庭生活

ROUSSEAU

让-雅克·卢梭（Jean-Jacques Rousseau），1712—1778 年，法国伟大的启蒙思想家。出身贫寒，少年时当过学徒和仆役，青年时当过家庭教师，一生主要靠抄乐谱为生。自学成才，38 岁应征论文《论科学和艺术》获奖，在知识界初露头角。此后出版《论人类不平等的起源》《社会契约论》等著作，成为政治学经典，对法国大革命有重要影响。50 岁出版《爱弥儿》，成为教育学经典。卢梭个性鲜明，情感丰富，人品正直，晚年著两卷本自传《忏悔录》，坦陈生平是非。因思想激进，受教会迫害，长年流亡，又因气质敏感和患妄想症，与法国思想界决裂，在贫困和孤独中离世。

卢梭提倡回归自然，尊重人的本性，这个思想贯穿于他对教育、人生、人性、性爱的看法之中。本章的语录皆摘自《爱弥儿》，内容分三个方面。一、论教育，包括：教育的主题是怎样做人；尊重儿童的天性；警惕书本知识；道德教育切忌说教和虚伪。二、论人生和人性，包括：幸福在于控制欲念和减少痛苦；让生命贴近自然；人生的道理；自爱和博爱；人性研究；良心是灵魂的声音。三、论性爱，包括：两性的互补；论女人；论爱情；论婚姻和家庭生活。

教育的主题是怎样做人

- 在所有一切有益人类的事业中,首要的一件,即教育人的事业,却被人忽视了。
- 这种教育,我们或是受之自然,或是受之于人,或是受之于事物。我们的才能和器官的内在的发展,是自然的教育;别人教我们如何利用这种发展,是人的教育;我们对影响我们的事物获得良好的经验,是事物的教育。所以,我们每一个人都是由三种教师培养起来的。一个学生,如果在他身上这三种教师的不同的教育互相冲突的话,他所受的教育就不好,而且将永远不合他本人的心意;一个学生,如果在他身上这三种不同的教育是一致的,都趋向同样的目的,他就会自己达到他的目标,而且生活得很有意义。这样的学生,才是受到了良好的教育的。
- 生活,这就是我要教他的技能。从我的门下出去,我承认,他既不是文官,也不是武人,也不是僧侣;他首先是人:一个人应该怎样做人,他就怎样做人,他在紧急关头,而且不论对谁,都能尽到做人的本分;命运无法使他改变地位,他始终将处在他的地位上。
- 在我们中间,谁最能容忍生活中的幸福和忧患,我认为就是受了最好教育的人。
- 你要记住,在敢于担当培养一个人的任务以前,自己就必须要造就成一个人,自己就必须是一个值得推崇的模范。
- 应该使一个人的教育适应他这个人,而不要去适应他本

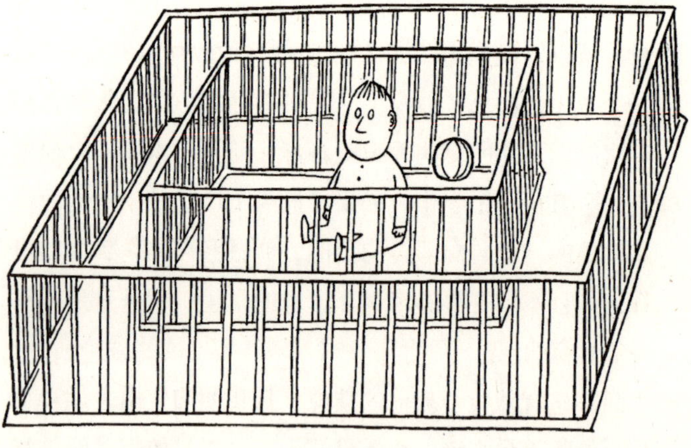

身以外的东西。由于你培养他唯一无二地只能适应于一种社会地位,所以就使得他对其余的一切地位无法适应了,如果命运同你开玩笑,则你除了使他变成一个很可怜的人以外,是得不到其他结果的,这一点,你难道还不明白?一个大贵族已经变成了叫花子,而在穷愁潦倒之中还在夸他的出身,这岂不是可笑之至?

- 他必须像农民那样劳动,像哲学家那样思想,才不至于像蒙昧人那样无所事事地过日子。教育的最大的秘诀是:使身体锻炼和思想锻炼互相调剂。

尊重儿童的天性

- 在万物的秩序中,人类有它的地位:在人生的秩序中,童年有它的地位:应把成人看作成人,把孩子看作孩子。
- 大自然希望儿童在成人以前就要像儿童的样子。如果我们打乱了这个次序,我们就会造成一些早熟的果实,它们长得既不丰满也不甜美,而且很快就会腐烂:我们将造成一些年纪轻轻的博士和老态龙钟的儿童。儿童是有他特有的看法、想法和感情的;如果想用我们的看法、想法和感情去代替他们的看法、想法和感情,那简直是最愚蠢的事情。
- 要尊重儿童,不要急于对他做出或好或坏的评判。让特异的征象经过一再地显示和确实证明之后,才对它们采取特殊的方法。让大自然先教导很长的时期之后,你才去接替它的工作，以免在教法上同它相冲突。
+ 当我们看到野蛮的教育为了不可靠的将来而牺牲现在，使孩子受各种各样的束缚，它为了替他在遥远的地方准备我认为他永远也享受不到的所谓的幸福，就先把他弄得那么可怜时，我们心里是怎样想法的呢？
+ 我们还有一个错误是，要他们去注意那些同他们没有一点儿关系的问题，例如他们将来的利益啦，成年人是多么幸福啦，长大时别人将对他们多么尊敬啦；这些话对没有一点儿远虑的人来说，是绝对没有什么意义的。
+ 由于你们从他们幼年时候起就对他们讲一种他们根本听不懂的语言，因而就使他们养成了种种习惯：爱玩弄字眼，爱打断别人的一切讲话，自己认为自己同老师一样的高明，凡事总爱争辩，总不服气。
+ 由于大家不愿意把孩子教育成孩子，而要把他教育成一个博士，所以做父亲和做教师的不论骂他、夸他、吓他、教他、改他的缺点、答应给他东西和对他讲道理，都操之过急，做得不是时候。
+ 特别是不要为了叫他赞成他不喜欢的事情而同他讲道理，因为常常在不愉快的事情中谈论道理，只会使他觉得道理是令人讨厌的东西，使他还不能明白道理的心灵从小就对道理表示怀疑。
+ 多给孩子们以真正的自由，少让他们养成驾驭他人的思想，让他们自己多动手，少要别人替他们做事。这样，尽早就让他们养成习惯，把他们的欲望限制在他们力所能及的范围内，他们就不会尝他们力不从心的事情的苦头了。
- 种种手段你都试验过,而没有试验的手段,只有一个,可是能取得成效的,恰恰就是这个未曾试验的手段:有节制的自由。
- 最坏的教法是,让他在他的意志同你的意志之间摇摆不定,让他同你无止无休地争论在你们两人当中究竟由谁做主;我觉得,事事由他做主,反而比你做主要好一百倍。
- 我在这里可不可以把最重要的和最有用的教育法则大胆地提出来呢?这个法则就是:不仅不应当争取时间,而且还必须把时间白白地放过去。
- 你说你了解时间的价值,所以不愿意有分秒的损失。可是你没有看到,由于错用时间而带来的损失,比在那段时间中一事不做的损失还大,一个受了不良教育的孩子,远远不如没有受过任何教育的孩子聪明。你看见他无所事事地过完了童年的岁月,就感到惊奇!唉!难道说让他成天高高兴兴的,成天跑呀、跳呀、玩呀,是一事不做、浪费时间吗?

警惕书本知识

- 如果我们把人的知识分为两部分,一部分是所有的人共有的,另外一部分是学者们特有的,那么,把后者同前者一比,就显得是太渺小了。
- 当人们还处在没有真正的思想的年岁时,有天才的人和没有天才的人之间的区别在于,后者光接受虚假的观念,而前者能看出它们是假的,因此就一个也不接受;所以两者都如同傻子:一个是样样都不懂,而另一个是觉得样样都不称他自己的心。

+ 谁否认过在学者们的学识中有千百种真实的事物是蒙昧无知的人永远也不知道的呢?然而,有学问的人是不是因此就更接近真理呢?完全相反,他们愈是前进,便愈是远离真理,因为在判断上的自负自大比知识的增长快得多;他们每学到一个真理,同时也就会产生一百个错误的判断。

+ 我们花时间去学别人的思想,就没有时间锻炼自己的思想,结果,学到的知识固然是多,但培养的智力却少。

+ 我对书是很憎恨的,因为它只能教我们谈论我们实际上不知道的东西。

+ 我们始终要区别,哪些倾向是产生于自然,哪些倾向是产生于偏见。有一种求知热的产生,完全是由于想使别人尊敬他为一个学者,而另外一种求知热的产生,则由于人对所有一切在目前或将来同他息息相关的事物有一种自然的好奇心。在儿童时期学习的东西中,需要抛弃那些不适合于我们天然的兴趣的东西,而且要把学习的范围限制于我们的本能促使我们去寻求的知识。

+ 问题不在于教他各种学问,而在于培养他有爱好学问的兴趣,而且在这种兴趣充分增长起来的时候,教他以研究学问的方法。毫无疑问,这是所有一切良好的教育的一个基本原则。

- 我要不厌其烦地一再说明这一点：要以行动而不以言辞去教育青年，他们在书本中是学不到他们从经验中学到的那些东西的。当他们无话可说的时候，硬要叫他们练习口才，当他们没有什么事情要说服别人的时候，硬要他们坐在教室的板凳上感受豪迈的语句的力量和巧言服人的妙处，这是多么荒唐啊！所有一切的修辞法，在一个不懂得辞令的用处的人看来，纯粹是咬文嚼字的伎俩。一个小学生知不知道汉尼拔为了坚定部下越过阿尔卑斯山的决心是怎样修饰其词句的，这有什么关系呢？反之，你不给他讲那些美妙的辞令，而是教他要怎样一个说法才能说得校长放他一天假，我担保他倒是很专心听你讲措辞的方法的。
- 我这样使孩子们摆脱了种种的功课，从而就替他们消除了使他们最感痛苦的原因——读书。读书是孩子们在儿童时期遇到的灾难，而你却单单要他们在读书中消磨他们的时间。

道德教育切忌说教和虚伪

- 向孩子们进行的或可能进行的种种道德教育，差不多都可以归纳成如下的一套对话。老师：不应该做那件事情。孩子：为什么不该做那件事情？老师：因为那样做是很不好的。
- 在道德教育方面，只有一条既适合于孩子，而且对各种年龄的人来说都最为重要,那就是:绝不损害别人。甚至教人为善这一条,如果不从属于这个教训,也是虚伪的、矛盾的和有害的。最高尚的道德是消极的,同时也是最难于实践的,因为这种道德不是为了做给人家看的。

- 我们好善厌恶之心也犹如我们的自爱一样,是天生的。良心的作用并不是判断,而是感觉;尽管我们所有的观念都得自外界,但是衡量这些观念的情感却存在于我们的本身。

- 既然良知向所有的人的心都发出了呼声,那么,为什么只有极少的人才能听见呢?唉!这是因为它向我们讲的是自然的语言,而我们所经历的一切事物已经使我们把这种语言全都忘记了。

- 要打动别人的心,自己的行为就必须合乎人情!所有这些完人是既不能感动别人也不能说服别人的。人们往往认为,由于他们没有情欲,所以由他们去克制学生的情欲,是一件很容易的事情。如果你想纠正你的学生的弱点,你就应当把你自己的弱点暴露给他看,就应当让他在你身上也发现他所体验到的斗争,使他照你的榜样学会自己克制自己。

- 只有在你变成了他的知心人的时候,你才能真正做他的老师。

- 只要父母之间没有亲热的感情,只要一家人的聚会不再使人感到生活的甜蜜,不良的道德就势必来填补这些空缺了。

幸福在于控制欲念和减少痛苦

+ 人的聪明智慧或真正的幸福道路在哪里呢？正确说来，它不在于减少我们的欲望，因为，如果我们的欲望少于我们的能力，则我们的能力就有一部分闲着不能运用，我们就不能完全享受我们的存在；它也不在于扩大我们的能力，因为，如果我们的欲望也同样按照更大的比例增加的话，那我们只会更加痛苦；因此，问题在于减少那些超过我们能力的欲望，在于使能力和意志两者之间得到充分的平衡。
+ 痛苦总是多于快乐，这是我们大家共有的。在这个世界上，对于人的幸福只能消极地看待，衡量的标准是：痛苦少的人就应当算是幸福的人了。
+ 人愈是接近他的自然状态，他的能力和欲望的差别就愈小，因此，他达到幸福的路程就没有那样遥远。只有在他似乎是一无所有的时候，他的痛苦才最为轻微，因为，痛苦的成因不在于缺乏什么东西，而在于对那些东西感到需要。
+ 除了体力、健康和良知以外，人生的幸福是随着各人的看法不同而不同的；除了身体的痛苦和良心的责备以外，我们的一切痛苦都是想象的。
+ 有多少君王由于失去了他们从未见过的土地而感到悲伤啊！有多少商人只因想插足印度而在巴黎叫喊啊！
+ 人啊！把你的生活限制于你的能力，你就不会再痛苦了。紧紧地占据着大自然在万物的秩序中给你安排的位置，没有任何力量能够使你脱离那个位置。

卢 梭

- 自然人的幸福是同他的生活一样简单的；幸福就是免于痛苦，也就是说，它是由健康、自由和生活的必需条件组成的。
- 我们的自然的欲念是很有限的，它们是我们达到自由的工具，它们使我们能够达到保持生存的目的。所有那些奴役我们和毁灭我们的欲念，都是从别处得来的；大自然并没有赋予我们这样的欲念，我们擅自把它们作为我们的欲念，是违反它的本意的。
- 始终是偏见在我们的心中使欲念旺盛如火。一个人如果只注意于现有的东西，只看重他确实了解的东西，他的欲念是不会冲动起来的。有了错误的看法，就会产生强烈的欲望。
- 任何一种欲念，只要你能够控制它，它就是好的；如果你让它使役你，它就会成为坏的欲念了。
- 任何一个身体健康、无冻饿之虞的人，只要他抛弃了他心目中臆想的财富，他就可以说是一个相当富有的人了。
- 在所有一切的财富中最为可贵的不是权威而是自由。真正自由的人，只想他能够得到的东西，只做他喜欢做的事情。
- 在这盖满了大地的许许多多的财富中，我将寻求我最喜欢和最能占有的东西。为此，我的财富的第一个用场是用来买得闲暇和自由，其次是用来买得健康，如果健康可以用钱买得到的话。
- 在变化无常的人生中，我们要特别避免那种为了将来而牺牲现在的过于谨慎的畏首畏尾的做法；这种做法往往是为了将来根本就得不到的东西而牺牲现在能够得到的东西。我们应当使一个人在什么年龄就过什么年龄的快乐生活，以免花了许多心血之后，还没有过快乐的生活就死了。

- 当我们不知道我们应当做什么事情的时候，最聪明的办法就是什么事情也不做。在一切格言中，这是对人最有用处的格言，同时也是人们最最难于奉行的格言。如果你还不知道幸福在什么地方就去追求幸福，那就会愈追愈远，就会走多少道路便遇多少危险。
- 一个人要能够在自己的地位发生变化的时候毅然抛弃那种地位，不顾命运的摆布而立身做人，才说得上是幸福的。
- 企图在衰败的王权下疯狂挣扎的这个破落的国王，你们爱怎样称颂他就怎样称颂他，可是我是看不起他的；我认为，他只不过是靠他的王冠生活，如果他不是国王，他便一文不值；但是，如果他失去王位而能够不靠王冠生活的话，那么他的品位倒是远远在国王之上了。他已经从国王的地位——懦夫、流氓或疯子都可以取得这个地位——升到了只有极少数的人才能取得的人的地位。这时候，他战胜了命运，敢于把命运不看在眼里，他一切都依靠他自己。

让生命贴近自然

- 出自造物主之手的东西，都是好的，而一到了人的手里，就全变坏了。他要强使一种土地滋生另一种土地上的东西，强使一种树木结出另一种树木的果实。
- 城市是坑陷人类的深渊。经过几代人之后，人种就要消灭或退化；必须使人类得到更新，而能够更新人类的，往往是乡村。
- 农业是人类所从事的历史最悠久的职业，它是最诚实，最有益于人，因而也就是人类所能从事的最高尚的职业。
- 生命、健康、理性和舒适，应该是压倒一切的，不舒适的事物绝不会显得优美；苗条并不等于瘦弱，为了讨得人家的爱，就不应当有一副不健康的样子。一个人生病的时候固然是可以引起人家的同情，但是，要想得到人家的喜欢，就必须长得活活泼泼，身体健康。
- 如果你们想找到真正勇敢的人，就请到没有医生的地方去好了，在那里，人们是不知道疾病会带来什么后果的，是很少想到死亡的。人天生是能够不屈不挠地忍受痛苦、无牵无挂地死去的。正是医生所处的药方、哲学家讲述的教条和僧侣宣扬的劝世文，使人自甘堕落，忘记了应该怎样死去。

人生的道理

- 人并非生来就一定能做帝王、贵族、显宦或富翁的，所有的人生来都是赤条条地一无所有的，任何人都要遭遇人生的苦难、忧虑、疾病、匮乏以及各种各样的痛苦，最后，任何人都是注定要死亡的。做人的真正意义正是在这里，没有哪一个人能够免掉这些遭遇。
- 所有一切属于人的东西都是要衰老的；在人生中，一切都是要完结的，一切都是暂时的。如果使我们感到快乐的环境无止境地存在下去的话，则我们将因对它享受惯了，而领略不到它的趣味了。如果外界的事物一点都不改变，我们的心就会变；不是幸福离开我们，就是我们离开幸福。
- 我认为，不管我生活在什么地方，不管我处在什么环境，我都要努力尽我做人的使命；如果每一个人都是很合式地为自己而生活，就不会有人感到他需要什么人才能生存了。
- 明智的人是过一天算一天的，他在他的周围尽他每天应尽的天职。千万别超过我们的能力，别超出我们的生活。我唯一关心的是，我今天应该做什么。
- 生活得最有意义的人，并不就是年岁活得最大的人，而是对生活最有感受的人。

自爱和博爱

- 我们的种种欲念的发源，所有一切欲念的本源，唯一同人一起产生而且终生不离的根本欲念，是自爱。
- 自爱始终是很好的，始终是符合自然的秩序的。由于每一个人对保存自己负有特殊的责任，因此，我们第一个最重要的责任就是而且应当是不断地关心我们的生命。

+ 自爱心所涉及的只是我们自己,所以当我们真正的需要得到满足的时候,我们就会感到满意的;然而自私心则促使我们同他人进行比较,所以从来没有而且永远也不会有满意的时候,因为当它使我们顾自己而不顾别人的时候,还硬要别人先关心我们然后才关心他们自身,这是办不到的。可见,敦厚温和的性情是产生于自爱,而偏执妒忌的性情是产生于自私。因此,要使一个人在本质上很善良,就必须使他的需要少,而且不事事同别人进行比较;如果一个人的需要多,而且又听信偏见,则他在本质上必然要成为一个坏人。
+ 由自爱而产生的对他人的爱,是人类的正义的本原。
+ 只要把自爱之心扩大到爱别人,我们就可以把自爱变为美德,这种美德,在任何一个人的心中都是可以找得到它的根底的。

人性研究

+ 我认为,为了要认识人类,就必须从研究个人着手,谁有能全面地了解每一个人的倾向,谁就能够预见它们在一个民族中的综合的影响。
+ 所有一切健康的和真正有益于人的观念,是人类最初所知道的那些观念,它们在任何时候都是社会中的唯一的真正的纽带。
+ 怜悯心是甜蜜的,因为当我们设身处地为那个受苦的人着想的时候，我们将以我们没有遭到他那样的苦难而感到庆幸。妒忌心是痛苦的，因为那个幸福的人的面孔不仅不能使羡慕的人达到那样幸福的境地，反而使他觉得自己不能成为那样幸福的人而感到伤心。

+ 在他人的痛苦中，我们所同情的只是我们认为我们也难免要遭遇的那些痛苦。
+ 伟大的人是绝不会滥用他们的优点的，他们看出他们超过别人的地方，并且意识到这一点，然而绝不会因此就不谦虚。他们的过人之处愈多，他们愈认识到他们的不足。他们对他们超过我们的地方所感到的自负，还不如他们对他们的弱点所感到的羞愧之心大；在享受他们所独有的长处时，他们是绝不会愚蠢到夸耀自己不拥有的天赋。
+ 大多数人的看法并不是他们自己的看法，而是他们认为比他们高明的人的看法；那些人怎样说，他们就跟着怎样说；他们之所以称道某一个东西，并不是因为它好，而是因为那些人在称道它。在任何时候，让每一个人有他自己的看法，这样，大多数人所称道的东西其本身便必然是好的。

良心是灵魂的声音

+ 良心是灵魂的声音，欲念是肉体的声音。
+ 为善之乐就是对善举的奖励，一个人要配得上这个奖励,才能获得这个奖励。

+ 我的意思并不是说善良的必将得到报偿,因为,一个优秀的人物除了按自然而生活以外,还希望得到什么更好的报偿呢?

+ 你也不要问我坏人所受的痛苦是不是无止境的,是不是由于上帝的慈悲而判他们永受折磨,这些我也是不知道的,我也没有想弄清这些无用的问题的好奇心。坏人的结果怎样,同我有什么关系?我对他们的命运是毫不关心的。我不大相信对坏人判处的痛苦是永无终止的。如果最高的正义之神要报复的话,他就要在今生报复。世上的各民族啊,你们和你们的过错就是他的使臣。他利用你们的灾难去惩罚那些酿成灾难的罪人。在你们表面上极其隆盛的时候,凶恶的欲念给你们的罪恶带来的惩罚,表现在你们欲念难填的心在遭受妒忌、贪婪和野心的腐蚀。何必到来生去找地狱呢?它就在这个世界上的坏人的心里。

+ 你们称之为猛兽的狮子和豹子,按照它们凭力量的本能去伤害其他的动物,以保持它们的生命。可是你们比它们还凶猛一百倍,你们的违反本能,不是出于什么需要,而是为了贪图那残酷的享受。

+ 真正的礼貌表现在对人的善意:怀着善意的人,是不难于表达他对人的礼貌的;只有那些不怀善意的人才要在外表上强作礼貌的样子。

+ 为了得到人家的喜欢,是用不着那样地矫揉造作,只要我们为人善良就行了;对于别人的弱点,我们用不着说一番假话去敷衍，只要我们采取宽容的态度就行了。

两性的互补

+ 男人和女人共同的地方在于他们都具有人类的特点，他们不同的地方在于他们的性。从这两个观点来看，我们发现他们之间既有那样多相同的地方，也有那样多相反的地方，以至我们可以说，大自然把两个人既做得这样相像，又做得这样不同，确实是奇迹之一。所有这些相同和相异的地方，对人的精神道德是有影响的；这种影响是很显著的，而且大家都是亲身经验得到的，所以我们用不着争论到底是男性优于女性，还是女性优于男性，或者两种性别的人是相等的，因为，每一种性别的人在按照他或她特有的方向奔赴大自然的目的地时，要是同另一种性别的人再相像一点的话，那反而不能像现在这样完善了！就他们共同的地方来说，他们是相等的；就他们相异的地方来说，是无法比较的。
+ 如果你想永远按照正确的道路前进，你就要始终遵循大自然的指导。所有一切男女两性的特征，都应当看作是由于自然的安排而加以尊重。
+ 男子们发现，他们要得到快乐，便要依靠女性的自愿，而且依靠的程度比他们所想象的还大得多，他们必须采取体贴对方的做法，才能满足自己的愿望。所以，我们可以看出，我们是怎样在不知不觉中由肉欲而达到道德观的，是怎样由粗俗的两性结合中逐渐产生温柔的爱情的法则的。

+ 所有一切男女两性同样具有的能力，并不是双方具有的程度都是相等的；但从总的方面说来，他们和她们的能力是互相补充的。妇女以妇女的身份做事，效果就比较好，如果以男人的身份去做，效果就比较差；无论在什么地方，只要她们善于利用她们的权利，她们就可以占据优势；但如果她们要窃取我们的权利，她们就必然会不如我们的。

+ 如果在妇女们的身上去培养男人的品质，而不去培养她们本来应该具备的品质，这显然是在害她们。这并不是说男性只能唯一无二地具有男性的品质，女性只能唯一无二地具有女性的品质，这只是说这些品质在每一种性别的人的身上应当有主有次。

+ 两性的社会关系是很美妙的，由于有了这种关系，结果就产生了一种道德的行为者，女人便是这个道德的行为者的眼睛，而男人则是它的胳臂。但是，由于他们二者是那样的互相依赖，所以女人必须向男人学习她应该看的事情，而男人则必须向女人学习他应该做的事情。如果女人能够像男人那样穷究种种原理，而男人能够像女人那样具备细致的头脑，则他们彼此将互不依赖，争执不休，从而使他们的结合也不可能继续存在。但是，当他们彼此和谐的时候，他们就会一起奔向共同的目的；我们不知道他们当中哪一个人出的气力多一些，每一个人都受对方的驱使，两个人都互相服从，两个人都同样是主人。
- 男人比女人对人心有更透彻的研究，然而女人却比男人更能看出人心的内部的活动情景。
- 妇女的心思比男人的心思细致，男人的天才比女人的天才优厚；由女人进行观察，由男人进行推理，这样配合，就能获得单靠男人的心灵所不能获得的更透彻的了解和完整的学问。

论女人

- 一个女人应当具备的第一个重要的品质是温柔，因为，她既然是生成要服从有那样多恶习和缺点的男人，则她从小就要知道她应当毫无怨言地忍耐一个丈夫不公正的行为和错误。她之所以要这样温柔，不是为了他，而是为了她自己。除非男人是一个怪物，否则一个女人的温柔的性情迟早是会使他俯首帖耳地拜她的下风的。
- 女人管束男人的方法是用温情去管束，是用巧妙的手腕和殷勤的态度去管束；她是采取关心男人的方式去命令男人做事的，她是采取哭泣的方式去吓唬男人的。她应当像一位大臣那样统治他的家，从而才可以想做什么就命令男人去做什么。从这一点上说，我可以担保，凡是治理得井井有条的家，也就是女人最有权威的家。
- 狡黠是女性的一种自然的禀赋，我深深相信所有一切自然的倾向其本身都是很正当的。

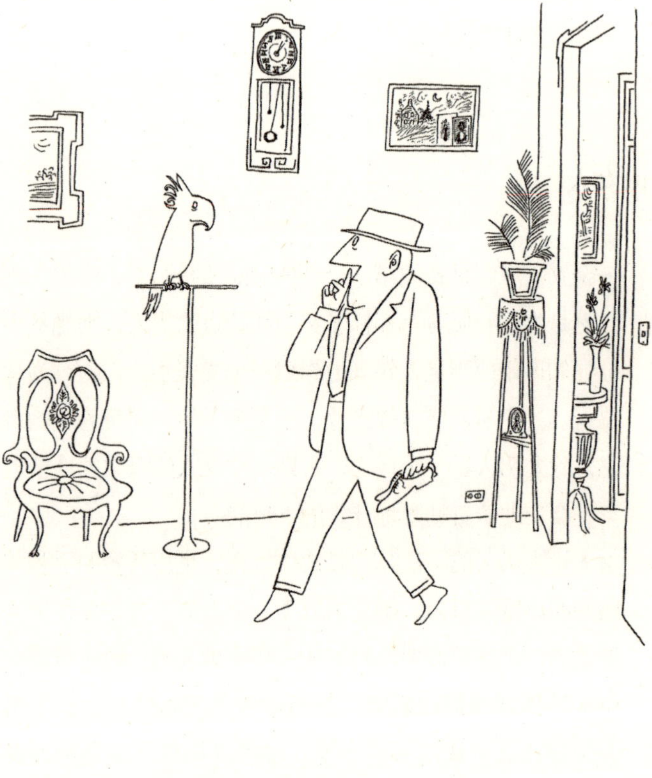

- 我在这里所说的矫情，同适合于她们的性别、来源于天性的矫情是恰恰相反的；后者的目的在于掩饰她们确有的情感，而前者的目的在于假装她们没有的情感。每一个社交界的妇女，成天都在那里吹嘘她们所谓的情感，但在实际上，她们除了她们自己以外，是谁也不爱的。
- 对一切事物，都求它一个中等；就拿美色来说，也不例外。清秀而楚楚可人的容貌，虽然不能引起你的爱恋，但能讨得你的喜欢，所以我们应当选择这种容貌；这种容貌的女人一方面对丈夫既没有什么损害，另一方面对双方都有好处。温雅的风度是不像姿色那样很快就消失的，它是有生命的，它可以不断地得到更新；一个风度温雅的女人在结婚三十年之后，仍能像新婚那天一样使她的丈夫感到喜悦。

论爱情

- 爱情的缠绵完全是从舒适宁静的生活中产生的，激烈的运动将窒息一切温柔的情感。
- 我承认爱情是空幻的，只有情感才是真实的，是情感在促使我们去追求使我们产生爱情的真正的美。有人说，这种美在我们所爱的对象的身上是不存在的，它是因我们的错觉而产生的。啊！这有什么关系呢？我们是不是因此就可以不那么热烈地把我们所有的世俗的情感奉献给这个想象的模特儿呢？

- 在爱情上，对人的爱是专属的，如果有一次对另外一个人表现得更亲切，就会伤害感情的。一个敏感的男人，宁可单独一个人受女人的恶劣对待，也不愿意同其他的人一起受她的恩爱。
- 爱情是排他的，是希图对方偏爱自己的。它同虚荣的区别在于：虚荣是只向对方提出种种要求而自己却什么也不给予对方，是极不公平的；反之，爱情是向对方提出了多少要求，而自己也给予对方多少东西，它本身是一种充满了公平之心的情感。
- 如果说爱情使人忧心不安的话，则尊重是使人信任的；一个诚实的人是不会单单爱而不敬的，因为，我们之所以爱一个人，是由于我们认为那个人具有我们所尊重的品质。

论婚姻和家庭生活

- 是的，我认为，彼此相配的夫妇是经得起一切可能发生的灾难的袭击的，当他们一块儿过着穷困的日子的时候，他们比一对占有全世界的财产的离心离德的夫妻还幸福得多。
- 我常常想，如果我们在结婚之后仍然能保持爱情的甜蜜，我们在地上也等于进了天堂。这一点，迄今还没有人做到过。
- 不论是采用占有或控制的办法都是不能够束缚一个人的

心的。要怎样才能够使温存的关心变成一种义务,把最甜蜜的爱情变成一种权利呢?要使它成为一种权利,就需要双方有共同的愿望,除此以外,在大自然中是找不到其他的办法的。

+ 你们要记住:你们两个人都是自由的,你们之间根本就不存在什么夫妇的权利问题。你们要照着我的话做,彼此不要在表面上假意顺从。
+ 家庭生活的乐趣是抵抗坏风气的毒害的最好良剂。
+ 要能够对恬静的家庭生活感到喜爱,就必须对它有所认识,就必须从童年时期起领略到这种生活的甜蜜。
+ 难道说不需要自然的影响就能形成习俗的联系!难道说我们对亲人的爱不是我们对国家的爱的本原,难道说不是因为我们有那小小的家园我们才依恋那巨大的祖国!难道说不是首先要有好儿子、好丈夫和好父亲,然后才有好公民!

主要资料来源
《爱弥儿:论教育》(上下卷),(法)卢梭著,李平沤译,商务印书馆,1986。

叔本华 21

- 生存的痛苦和虚无
- 幸福主要源自人的内在
- 独处和交往
- 闲暇与无聊
- 理性地面对他人
- 论道德
- 个性指引人生
- 精神禀赋决定生活品质
- 论天才
- 智力活动的特点和规律
- 人性现象
- 虚荣和骄傲
- 荣誉和名声
- 年龄和岁月
- 论性爱

SCHOPENHAUER

亚瑟·叔本华（Arthur Schopenhauer），1788—1860年，德国哲学家。以愤世嫉俗著称，终身不婚，基本上没有朋友，离群索居，形影不离的伙伴是一只白色的小卷毛狗，取名阿特玛，意思是世界的灵魂。大学毕业后，没有申请到教职。二十九岁完成主要著作《作为意志和表象的世界》，书印出后卖不出去，当作废纸处理了。晚年才小有名声，身后获得世界声誉。

叔本华关注人生问题，但他建构了一个悲观主义的哲学体系，大致内容为：世界分为本质和现象两个方面，世界的本质是生命意志，这是一种盲目求生存的冲动，一切生命包括人都是这个冲动的产物；生命意志体现在人身上，就是欲望，欲望即欠缺，欠缺即痛苦，而欲望的满足导致的是无聊，人生就像钟摆一样在痛苦和无聊之间来回摆动，结局则是生命之梦的彻底破灭——死亡；因此，解脱之道是认清生命意志的盲目，和它决裂，彻底禁欲。

虽然叔本华的哲学在总体上是悲观的，但他冷眼看世态和人心，能够看破虚浮的表象，就常有尖锐深刻的见解。他强调幸福主要源自人的内在，个性指引人生，精神禀赋决定生活品质，这是他的思想中的积极因子。他的文风清新直白，一扫德国思辨哲学的沉闷气氛，非常好读。

生存的痛苦和虚无

- 在舞台上,演员扮演各种各样的角色:仆人、士兵,或者王侯、将相。但是,这些角色之间的区别只是外在的、皮毛的,这些表面现象之下的内核是一样的;他们都不外乎是可怜、痛苦和烦恼的戏子。在现实生活当中情形也是一样。各人拥有的不同地位和财富赋予了个人不同的角色,但各人的内在幸福并不会因外在角色的不同而产生对应的区别。相反,这些人同样是充满痛苦和烦恼的可怜虫。
- 生活的艰辛和匮乏产生出了痛苦,而丰裕和安定就产生无聊。因此,我们看见低下的劳动阶层与匮乏——亦即痛苦——进行着永恒的斗争,而有钱的上流社会却旷日持久地与无聊进行一场堪称绝望的搏斗。
- 大自然赋予人们以力量,其原始目的就是使人能够和包围着人们的匮乏作斗争。一旦这场斗争停止了,那再也派不上用场的力量就会成为人的负担。因此,他必须为它们找到消遣,亦即不带任何目的地运用这些力量。因为如果不这样做,人就会马上陷入人生的另一个痛苦——无聊——之中。
- 谋生的问题解决以后,我们经过艰辛努力争取回来的却成了负担。这样,接下来的第二个任务就是如何处理、安排这一生活以抵御无聊,而无聊就像在一旁虎视眈眈的猛兽,伺机而动、随时扑向每一衣食无忧之人。因此,第一个任务就是争取得到某样东西,第二个任务则是在争取得

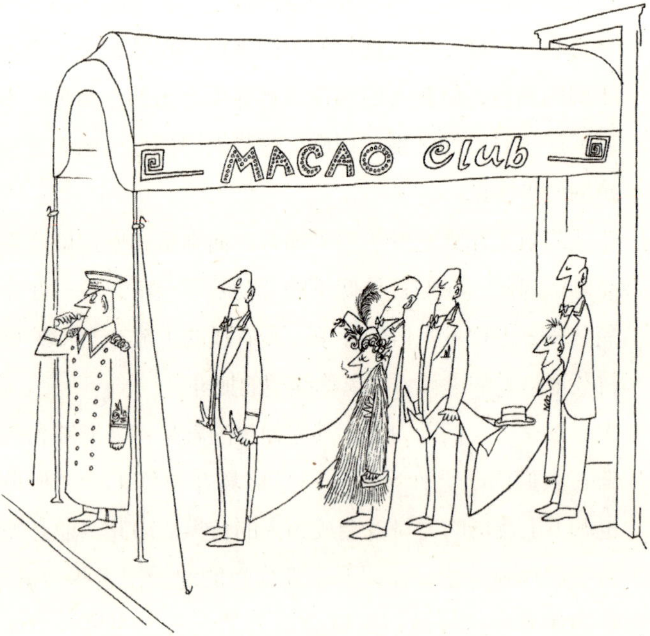
MACAO club

到某样东西以后,又不能让我们感觉到这样东西,因为我们对其有所感觉的话,它也就成了一种负担。

- 在这一世上,每个人都得为自己的存在而遭受惩罚,而且,遭受惩罚的方式因人而异。监狱里的坏处之一就是监狱里的其他犯人。与这些犯人不得不朝夕相处对于更为高贵的人来说,个中滋味到底如何是不用我说的了。本性高贵的人,还有天才,在这一世上的感觉有时就跟一个高贵的政治犯的感觉一样:他现在被迫混杂在一群偷鸡摸狗、杀人越货的惯犯当中在橹船上做苦役;所以,这两种人都不愿与其他人交往。

- 实际上,把劳作、匮乏、磨难、痛苦和最终的死亡视为我们生活的目的——就像婆罗门教、佛教以及真正的基督教所认为的那样——则是更加正确的观点,因为正是所有这些痛苦、磨难导致了对生存意欲的否定。在圣经《新约》里,这一世界被说成是苦海,生活则是净化的过程,而基督教的象征就是一种刑具。

幸福主要源自人的内在

- 我认为决定凡人命运的根本差别在于三项内容,它们是,一、人的自身,即在最广泛意义上属于人的个性的东西。因此,它包括人的健康、力量、外貌、气质、道德品格、精神智力及其潜在发展。二、人所拥有的身外之物,亦即财产和其他占有物。三、人向其他人所显示的样子,这可以理解为人在其他人眼中所呈现的样子，亦即人们对他的看法。他人的看法又可分为名誉、地位和名声。人与人之间在第一项的差别是大自然确定下来的，由此可推断：这些差别比起第二、三项的差别，对于造成人们的幸福抑或不幸福，会产生更加根本和彻底的影响。

+ 对我们的生活幸福而言，我们的自身个性才是最重要和最关键的，因为我们的个性持久不变，它在任何情况下都在发挥着作用；另外，它有别于我列出的第二、第三项好处，保存这些好处只能听天由命，但自身个性却不会被剥夺。与后两项只是相对的好处相比较，我们自身的价值，可以说是绝对的。

+ 人自身拥有的优势，诸如伟大的头脑思想或者伟大的心，与人的地位、出身、优厚财富等诸优势相比，就犹如真正的国王比之于戏剧舞台上假扮的国王一样。

+ 一个人的自身，亦即当这个人单独一人的时候陪伴自己的、别人对此不能予夺的内在素质，其重要性明显胜于任何他能够占有的财物和他在他人眼中呈现的样子。

+ 谁要是通过大自然和命运的恩赐，交上好运得到内在的财富，那他就要小心谨慎地确保自己幸福的这内在源泉畅通无阻。但要达到这一目的，条件就是拥有独立和闲暇。因此，这种人会乐意以俭朴和节制换取上述二者。

+ 常人却寄希望于身外之物，寄望于从财产、地位、妻子、儿女、朋友、社会人群那里获取生活快乐；他把自己一生的幸福寄托在这些上面。因此一旦他失去了这些东西，或者对这些东西的幻想破灭，那他的幸福也就随

- 之烟消云散了。
- 这样的人才成为自己的主人,是自己的时间和自己的力量的主宰。每天早晨他就可以说上一句:"今天是属于我的"。

独处和交往

- 一个人具备了卓越的精神思想就会造成他不喜与人交往。的确,如果社会交往的数量能够代替质量,那么,生活在一个熙熙攘攘的世界也就颇为值得的了。但遗憾的是,一百个傻瓜聚在一起,也仍然产生不了一个聪明的人。
- 我们可以发现:大致而言,一个人对与人交往的爱好程度,跟他的智力的平庸及思想的贫乏成正比。人们在这个世界上要么选择独处,要么选择庸俗,除此以外再没有更多别的选择了。
- 只有当一个人独处的时候,他才可以完全成为自己。社交聚会要求人们做出牺牲,而一个人越具备独特的个性,那他就越难做出这样的牺牲。因此,一个人逃避、忍受抑或喜爱独处是和这一个人自身具备的价值恰成比例。
- 进一步而言,一个人在大自然的级别中所处的位置越高,那他就越孤独,这是根本的,同时也是必然的。如果一个人身体的孤独和精神的孤独互相对应,那反倒对他大有好处。否则,跟与己不同的人进行频繁的交往会扰乱心神,并被夺走自我,而对此损失他并不会得到任何补偿。大自然在人与人之间的道德和智力方面定下了巨大差别,但社会对这些差别视而不见,对每个人都一视同仁。更有甚者,社会地位和等级所造成的人为的差别取代了大自然定下的差别,前者通常和后者背道而驰。

+ 一个人的自身拥有越多,那么,别人能够给予他的也就越少。

+ 正如人们对生命的爱其实只是对死亡的恐惧一样,人们对社会交往的渴望归根到底也不是一种直接的渴望。它并不是基于对社会人群的喜爱,而是出自于对孤独的恐惧。

+ 人们需要外在的活动是因为他们没有内在的活动。一旦他们有了内在的活动,那外在的活动就成了一种麻烦,很多时候的确就是某种可恨的骚扰和负担。

+ 青年人首要学习的一课,就是承受孤独,因为孤独是幸福、安乐的源泉。

+ 谁要是在早年就能适应独处,并且喜欢独处,那他就不啻获得了一个金矿。

+ 如果一个年轻人很早就洞察人事,擅长于与人应接、打交道;因此,在进入社会人际关系时,能够驾轻就熟,那么,从智力和道德的角度考虑,这可是一个糟糕的迹象,它预示这个人属于平庸之辈。但如果在类似的人际关系中,一个年轻人表现出诧异、惊疑、笨拙、颠倒的举止和行为,那反而预示着他具备更高贵的素质。

+ 如果一个人出于对别人的有理由的厌恶,迫于畏惧而选择了孤独的生活,那么,对于孤独生活的晦暗一面他是无法长时间忍受的，尤其正当年轻的时候。我给予这种人的建议就是养成这样的习惯：把部分的孤独带进社会人群中去，学会在人群中保持一定程度上的孤独。这样，他就要学会不要把自己随时随地的想法马上告诉别人；另外，对别人所说的话千万不要太过当真。他不能对别人有太多的期待，无论在道德上抑或在思想上。对于别人的看法，他应锻炼出一副淡漠、无动于衷的态度，因为这是培养值得称道的宽容的一个最切实可行的手段。虽然生活在众人之中，但他不可以完全成为众人的一分子；他与众人应该保持一种尽量客观的联系。

- 在我年轻的时候，当房门响起敲门声时，我会很高兴，因为我想："幸福就要来了。"但在往后的岁月，在相同的情形下，我的反应却变成了类似于害怕："不幸终于到了。"

闲暇与无聊

- 一个具有丰富内在的人对于外在世界确实别无他求，除了这一具有否定性质的礼物——闲暇。他需要闲暇去培养和发展自己的精神才能，享受自己的内在财富。
- 那些具有最高等的精神禀赋、我们称之为天才的一类人，对于这一类人来说，不受外界的打扰，以便忙于自己的思想和作品，实在已经成为迫切的需要。孤身独处正是他们求之不得的，闲暇则是至高无上的赐予。

- 闲暇是人生的精华,但闲暇给大多数人带来了什么呢?如果不是声色享受和胡闹,就是无聊和浑噩。人们消磨闲暇的方式就显示出闲暇对于他们是何等的没有价值。
- 只有闲暇使人得以把握、支配自身,而那些自身具备某些价值的人才可以称得上是幸福的。但对于大多数人来说,闲暇只会造就一个无用的家伙,无所事事,无聊烦闷,他的自身变成了他的包袱。
- 闲暇之于每个人的价值是和这个人自身的价值对等的。
- 为了对抗无聊,人们是无所不用其极的:舞会、社交、看戏、玩牌、赌博、饮酒、旅行、马匹、女人等等。但所有这些都不足以赶走无聊,因为缺少了精神的需求,精神的快乐也就是不可能的。
- 平庸的人每时每刻都全方位地接收所有印象,也就是说,他会眼看耳听所有发生在他身边的事情,甚至最微弱的声响和最微不足道的事情都会立即引起他的注意,就像动物的情形一样。

理性地面对他人

- 指责我们的话语所造成的伤害程度是由这些话语击中目标的程度而定。所以,一个人一旦知道对自己的指责文不对题,那他就会并且也应该自信地对此指责不屑一顾。
- 一个真正有自尊的人面对侮辱、诋毁会淡然处之;如果做不到漠然对待侮辱和诋毁,那么,机智和修养将帮助他顾全面子和掩藏起怒气。
- 谁要是生活在人群当中，那他就绝对不应该拒绝和谴责任何人——只要这个人是大自然安排和产生的作品，哪怕这个人是一个最卑劣、最可笑的人。我们应该把这样一个人视为既成的事实和无法改变：这个人遵循一条永恒的、形而上的规律，只能表现出他的这个样子。
- 要在人群当中生存，我们就必须容许别人以既定的自身个性存在，不管这种个性是什么。
- 针对别人的行为动怒就跟向一块我们前进路上的石头大发脾气同等的愚蠢。
- 对于在现实生活中或者在书本文学中碰到的人的卑鄙和愚蠢，我们可不要生气、动怒。我们应该把人的这些特性纯粹作为我们认识的材料，把它们视为人的某种特性的又一标本，并把它记录下来。我们就好像一个矿物学家偶然发现了某种矿物的典型标本。
- 确实没有比这一迹象更能确切无误地显示出一个人的伟大：对任何敌对的、侮辱性的话语都能够无动于衷，只是把这些东西，正如其他无数的错误一样，归之于说话者肤浅的认识力；因此也就是察觉到这些东西，但却丝毫不受影响。

论道德

- 心的善良是一种超验的素质，它属于某种扩展至此生之外的事物秩序、法则，其他方面的完美是不可以和它相提并论的。当善良的品性达到很高的程度，那它就把心扩大了，从而包含了整个世界。这样，一切事物都尽在他的心中，因为善良的人把所有的生命视为自己本性的同一体。

+ 对于我来说，道德归根到底是以这一真理为基础——印度的《吠陀》以这一既定的神秘信条把这一真理表述为："这就是你。"这一信条适用于所有生物，不管是人类还是动物。

+ 这一世界不仅只是定夺了人们下一辈子的祸福——这些根据人们在这一辈子的善恶而定——其实，在这一世界人们就已经得到了最后的审判，因为每个人根据其自身素质、做出的功德就已经随身获得了酬劳和耻辱。

+ 卓越的思想素质只能获得别人的赞叹，而不是爱戴，后者是留给优秀的道德品质、性格素质的。

+ 美德期待在另一世界得到奖赏；精明则希望在这一生中获得酬劳，思想天才却既不在此生，也不在彼岸博取赏赐，因为天才的思想本身就是天才所获得的奖赏。

+ 如果人们的邪恶行径将在下一世遭到报应，那么，人们愚蠢的行为就是现世报应的，尽管有时候我们会得到某些的赦免。

+ 每个人的内在都有着某些相当恶劣的道德成分，甚至某个有着最好和的确最高贵性格的人也会在某些时候以其个人的不良特性使我们大吃一惊。这样一个人就好比以此方式承认了他与人类的渊源，因为人类有着程度不一的卑鄙、下流，甚至残忍。

+ 别人的例子对某一个人的作用方式却是由这个人的性格所决定。因此，别人的同一个例子对一个人可以产生诱惑、怂恿的作用，对另一个人却会起到威吓、惩戒的效果。我们有很多机会观察到这种情形，例如，与人交往的不当、无礼举止以前是没有的，现在却逐渐扎根、蔓延。某一个注意到这些不良举止的人会想："哟！怎么会有这样的事情？这是很自私的，一点也不为他人考虑！我一定要引以为戒，不能做出这样的事情。"但另外就有二十个人这样想："哈！这个人能够做出这样的事，那我也一样可以的了！"

个性指引人生

+ 尽管在人的一生中，外在变化不断发生，但人的性格却始终如一，这好比虽然有一连串的变奏，但主旋律却维持不变。无人能够脱离自身个性。
+ 我们唯一能够做到的就是尽可能充分地利用我们既定的个性。因此，我们应该循着符合我们个性的方向，努力争取适合个性的发展，除此之外则一概避免。所以，我们必须选择与我们个性相配的地位、职业和生活方式。
+ 一个人的个性越独特，越具有价值和意义，那么，他就越有必要不时地认清自己生命总体发展的大致脉络和自己的计划，这对他大有好处。
+ 一个人的人生历程，无论从表面上看是如何的杂乱无章，其实却是一个自身协调与和谐的整体，它有着某一确定的发展方向。

- 只有当一个人走完了自己的人生之路以后，他才会发现这条道路始终如一地通往同一个方向。
- 并不因为这个人愿意成为这样或者那样的人，他就可以成为这样或者那样的人，不管他的愿望是多么的真诚。这个人的行为发自这个人与生俱来的和不可改变的性格，并由动因特别、具体安排。因此，一个人的行为是性格和动因这两种因素的产物。
- 根据抽象原则行事是困难的，这要经过许多练习以后才能做到，并且，也不是每次都能成功。抽象原则常常是不足够的。相比之下，每个人都有某些与生俱来的具体原则，这些原则深藏于每个人的血液和骨髓之中，因为这些原则是人们全部的思想、感情和意愿的结果。人们并不是在抽象思想中认识到自己的这些原则。只是当我们回首自己一生的时候，才会注意到我们其实无时无刻不在遵循着自己的原则行事，这些原则犹如一条看不见的绳线操纵着我们。这些原则因人而异。人们各自随着这些原则的引领走向幸福或者不幸。

精神禀赋决定生活品质

- 一个人所能得到的属于他的快乐，从一开始就已经由这个人的个性规定了。一个人精神能力的范围尤其决定性地限定了他领略高级快乐的能力。
- 最高级、最丰富多彩以及维持最为恒久的乐趣是精神思想上的乐趣，能否领略这些精神思想的乐趣却首先取决于一个人与生俱来的精神思想能力。
- 如果我们内在丰富的话，我们就不会对运气有太多的要求。
- 命运是残酷的，人类又是可怜可叹的。生活在这样的一个世界里，一个拥有丰富内在的人，就像在冬月的晚上，在漫天冰雪当中拥有一间明亮、温暖、愉快的圣诞小屋。因此，能够拥有优越、丰富的个性，尤其是深邃的精神思想，无疑就是在这地球上得到的最大幸运，尽管命运的发展结果不一定至为辉煌灿烂。
- 精神禀赋卓越的人过着思想丰富、生气勃勃和意味深长的生活；有价值和有兴趣的事物吸引着他们的兴趣，并占据着他们的头脑。这样，最高贵的快乐的源泉就存在于他们的自身。能够刺激他们的外在事物是大自然的杰作和他们所观察的人类事务，还有那各个时代和各个地方的天才人物所创造的为数众多、千姿百态的杰作。只有这种人才可以真正完全地享受到这些杰作，因为只有他们才充分理解和感受到它们。因此，那些历史上的杰出人物才算是真正为他们活着。
- 一切事情最终都取决于我们自身的能力；正如没有一样食品或者药物可以给予我们生命元气，或者取代它，同样，没有哪一本书或拼命地下苦功学习可以给予或者取代我们自身独特的精神思想。
- 每个人只能根据自己的思想智力去明白和理解他人，一

叔本华

个缺乏精神思想的人无法看见他人拥有的精神思想。
- 就算处在同一样的环境,每一个人都生活在不同的世界中。每个人到底生活于何样的世界首先取决于这个人对这个世界的理解。这个世界因为各人头脑和精神的差异而相应不同。因此,每个人的世界是贫瘠的、浅薄的、肤浅的,抑或丰富多彩、趣味盎然和充满意义的——这视各人的头脑而定。在一个思想丰富的人看来是饶有趣味的事情,对于一个肤浅、庸俗头脑的人来说,同样的事情就只不过是平凡世界里面的乏味一幕而已。
- 面对完全一样的客体时,不同的主体就意味着所构成的现实完全不同,反之亦然。由此可知,最美、最好的客体和呆滞、低劣的主体互相结合只能产生出低劣的现实,情形就像恶劣天气之下观赏美丽风景,又或者以糟糕模糊的照相机拍摄这些风景。

论天才

- 天才的真正本质就在于直观认识的完美和力度。
- 一般来说,常人和与自己相等的人在一起时会更加轻松自在,而天才也更喜欢和同等的人交谈,虽然这种交谈一般来说只能借助这些同等的人所留下的作品才得以成为可能。
- 能人能够取得其他人无法取得的成就,但他们的成就不会超越常人的理解。这样,这些成就马上就能找到赏识者。相比之下，天才所取得的成就不仅超出其他人的能力所为，而且还超乎他们的理解。
- 事实上，每个小孩都在某种程度上是一个天才，而每个天才都在某种程度上是一个孩子。
- 天才之所以成为天才，就是因为他把儿童期所特有的、占据优势的感觉系统和认知活动，以某种非同寻常的方式持久不断地保持终生。
- 不管怎么样，对于天才这种人物而言，最明智的做法或许就是：为了不受打扰地成为自己，那么，只要他还活着，他就要让自己满足于享受自己的思想和创作活动所带来的乐趣，这个世界则只是他所指定的承继其丰富一生的受惠者而已。
- 由于人的能力有限，每一个伟大的思想者之所以称得上是这样的人，其前提条件就是这个人有其明显薄弱的一面——甚至在智力方面。也就是说，这个人的某种能力有时候甚至逊色于头脑平庸的人。
- 天才的目标就是完成自己的作品，把它们作为自己生存的真正成果和神圣之物奉献给人类；他把这一人类的财富交付给更具判断力的后代子孙。所有其他的目标都得为此目标让路。

智力活动的特点和规律

- 一切深刻的认识，甚至严格意义上的智慧，都根植于对事物的直观认识。
- 哲学一如艺术和文学，其源泉是我们对这一世界的直观把握。
- 对哲学的奇怪和糟糕的定义就是：哲学是一门由纯粹的概念组成的学问。其实，我们所拥有的概念不是别的，而是我们贮存从直观认识那里借来、乞求得到的东西的器具；而直观认识是我们一切深刻认识的真正和永不枯竭的源泉。
- 哲学家比起任何其他人都更应该从直观知识——这是一切知识的源头——汲取素材；因此哲学家的眼睛应该永远注视着事物本身，让大自然、世事、人生，而不是书本成为他的思想的素材。
- 一个人的智力总会集中在这个人真心关切的地方。
- 智力不是以其广度，而是以其强度或深度见称。所以，在这一方面，一个人可以放心大胆地与一万个人较量一番；一千个傻瓜凑在一起也产生不了一个聪明、理智的人。
- 我们几乎可以认为我们一半的思维是在无意识中进行。在大多数情况下，我们在没有清晰前提之下就得出了某一结论。
- 一个人在无意识的情况下所完成的事情是不费吹灰之力的，这却是任何努力都无法代替的。原初、自发的观念、思想就属于这一类东西——它构成了一切真正成就的根基和内核。因此，与生俱来的才是真正的和无懈可击的。
- 事实上，我们那些最有价值、最富内涵和最深刻的思想会突然在意识中出现，就像灵光在那一刻闪现；并且，这些思想经常马上就以连珠的妙句表达出来。很明显，这些都是长时间无意识思考的结果，经常是在很久的过去无数直观领悟的结晶——但它们作为单个、具体的领悟却已被我们遗忘了。

- 思想不会听从我们的意愿呼之即来，而是选择在它们愿意的一刻降临。

- 对知识的渴求，如果目标瞄准在事物普遍的原理，那就是求知欲；但如果渴求知道的东西只是单个、零星之物，那就应被称为好奇、好打听。

- 一个人到青春期为止，对事情的看法和掌握的知识，就整体而言，要超过在以后所学到的东西，哪怕他以后会变得如何的博学多闻；这是因为他早年获得的直观知识是人的一切知识的基础。

- 从小孩的智力表现我们可无法预测这小孩将来的智力水平。相反，早熟的神童一般都在以后变成了笨伯。相比之下，思想天才在幼年时通常都在理解事情时比较缓慢，也比较吃力，这正是因为他们理解得深刻的缘故。

- 在凝视某一物体一段长时间以后，眼睛就会变得迟钝而无力看清这一物品。同样，太长时间苦思冥想一样事情会使智力迟钝，它也就无力琢磨和把握其思考的对象。在这两种情形里被凝视和思考之物都会变得模糊、混乱。这时候，我们就要暂时把事情放下，到了重新凝视和思考它们时，我们就会发现它们重又展现其清晰的轮廓。

- 在我们处理某一事情时，必须把一切其他别的事情置之度外，在恰当的时间里为某件事情操心、担忧或快乐，其他事情则不予考虑。打个比方说吧,我们必须拥有一个存放思想的抽屉柜,在拉出一个抽屉时,其他的抽屉却保持原位。

人性现象

+ 突然获知我们交上了某一特大好运会轻易造成致命的后果。
+ 人们变得铁石心肠是因为这样一个事实:每个人自己都要承受够多的烦恼,或者自认为是这样。所以,某种非同寻常的幸福状态会使人变得慈善、富于同情心。持续、不变的幸福状态却往往产生出与此相反的效果,因为这种状态使人远离痛苦,以致人们再也无法对痛苦感同身受了。这就是穷人何以有时比富人更加乐意助人的原因。
+ 一个人尽管有千百面镜子的帮助,但仍然无法真正了解自己的模样,也无法在脑海中形成一幅自己本人的图像。我们不会以一双陌生的眼睛注视镜子中的自己,但这样做却是客观了解自己的条件。
+ 我们必须隐藏起自己的意欲,就像我们不得不隐藏起自己的生殖器一样,虽然这二者都是我们本质的根源。我们应该只让我们的认识力显现出来,犹如我们只露出自己的脸。否则,我们就会变得凡俗。
+ 每一个人的优点是与某一缺点相关联——这一缺点是因这一优点太过所致。反过来说,每一缺点又与某一优点相关。

+ 我们日常生活中的琐碎小事和芝麻、绿豆般的烦恼、不幸,只要它们是在现时和在我们身边发生,并因此刺激起我们的感情、忧虑、懊恼和情欲,那么,这些事情就会显得很大、很重要。一旦永不疲倦的时间长河把这些事情带走了一段距离以后,它们就会变得毫无意义,不值一提,并且很快就被我们忘掉,因为这些事情的大小与否全在于它们与我们距离的远近。

+ 由于高兴和悲伤并不是头脑中的表象,而是意欲所受到的刺激,所以它们不会停留在记忆的地盘,我们也无法回想起那些刺激本身,也就是说,我们不能重温它们。相反,我们只能回想起当时与它们相伴的头脑里的表象,特别是在当时由高兴或者悲伤情绪所引发的说话和表现。在事过境迁以后,我们就会对当时的高兴和悲伤无动于衷了,因为这两者的真实本质存在于意欲。而意欲,就其自身而言,是没有记忆的。记忆是智力的一种功能。

+ 我们越能成功地避免由话语和表情上表示愤怒,就越能成功地通过行动把它表现出来。冷血的动物才是唯一有毒的动物。

+ 人类社会也只能通过人的憎恨(或愤怒)与恐惧的互相对立、牵制而组成。因为如果没有相应分量的恐惧以抑制我们的怨恨本性,那这种怨恨心理就有可能使每一个人都成为杀人犯。

+ 虽然嫉妒并不可取,但却是情有可原,并且总的来说也是人之常情。相比之下,幸灾乐祸却是魔鬼的特性,它的冷嘲热讽活脱脱就是地狱发出的笑声。
- 事实上，小事情最能帮助我们认识这一个人，因为在处理更重要的事情时，人们会更加小心控制自己；但在小事情上他们会疏于防备，只循着自己的本性行事。
- 礼貌的言行就像假币，在使用假币时也吝啬、小气就是不智的表现，而慷慨施予则是聪明的做法。不过，为了礼貌的缘故而不惜牺牲自己的利益，这就犹如支付金块，而不是假币了。

虚荣和骄傲

- 事实上，我们对于他人的看法的注重，以及我们在这一方面的担忧，一般都超出了任何合理的程度，它是我们那容易受伤的自尊心——因为它有着病态般的敏感——和所有虚荣、自负、炫耀、排场的基础。一旦不再担心和期望别人的看法，那奢侈、排场十之八九就马上销声匿迹。形形色色的荣誉、骄傲，虽然内容和范围各有各的不同，但却都建立在别人的看法这一基础之上。它们要求人们做出多大的牺牲啊！
- 虚荣和骄傲之间的差别在于：骄傲就是确信自己拥有某一方面的突出价值，但虚荣则尽力让别人确信自己拥有某一方面的突出价值。因此，虚荣使人健谈，但骄傲却让人沉默。
- 不是任何人想骄傲就能骄傲得起来，他顶多只能装扮成

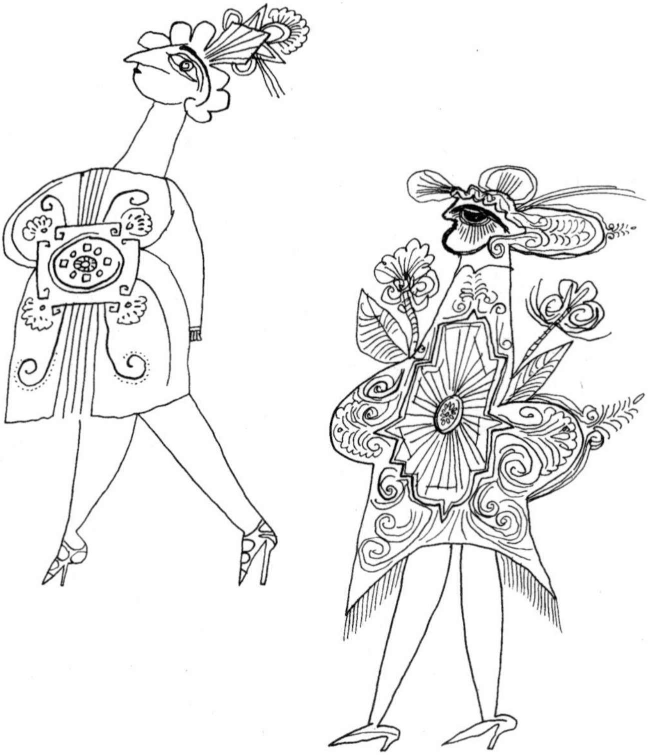

一副骄傲的样子。
- 面对大多数人的恬不知耻和傲慢无知，无论哪一个人，只要他拥有某一方面的优点，就要把自己的优点记在心上，不要把它忘了。因为如果一个人善意地忽略自己的优点，在与他人的交往时一视同仁地看待自己和他人，那么，他人就会公开坦白地把他认定为就是这个样子。
- 货真价实的鄙视正好是真正的骄傲的背面，它是深藏不露的。谁要是把鄙视表现出来，那他就已经流露出了某些尊重的痕迹。
- 真正的鄙视就是坚信一个人是毫无价值的，这种鄙视可以与体谅和容忍并存而相安无事。
- 谦虚是美德——这一句话是蠢人的一项聪明的发明；因为根据这一说法，每个人都要把自己说成像一个傻瓜似的，这就巧妙地把所有人都拉到同一个水平线上。
- 最廉价的骄傲就是民族的自豪感。沾染上民族自豪感的人暴露出这一事实：这个人缺乏个人的、他能够引以为豪的素质。如果情况不是这样，他也不至于抓住那些他和无数百万人所共有的东西为荣了。拥有突出个人素质的人会更加清晰地看到自己民族的缺点，因为这些缺点时刻就在自己的眼前，但每一个可怜巴巴的笨蛋，在这世上没有一样自己能为之感到骄傲的东西，那他就只能出此最后一招：为自己所属的民族而骄傲了。由此他获得了补偿。所以，他充满着感激之情，准备不惜以牙齿和指甲去捍卫自己民族所特有的一切缺点和愚蠢。
- 一个人的独特个性远远优于民族性，在一个人身上所显现的独特个性比起国民性更应受到多一千倍的重视。因为国民性涉及的是大众，所以，坦率地说，它并没有多少值得称道的东西。在每一个国家，人们的狭窄、反常和卑劣都以某种形式表现出来，这就是所谓的国民性。我们对某一民族的国民性感到厌恶以后，就转而称道另一民族的国民性，直到我们同样厌恶它了为止。每一个民族都取笑别的民族，他们的嘲笑都是对的。

荣誉和名声

+ 首先，我们需要给名誉下一个定义。为此目的，如果我说：名誉就是外在的良心，而良心就是内在的名誉，那这个说法或许能够满足很多人。但这种解释华丽、花哨多于清晰、透彻。因此，我认为，客观上，名誉是他人对我们的价值的看法；主观上，则是我们对于他人看法的顾忌。
+ 一般来说，名声到来越迟，维持的时间就越长久，因为任何优秀的东西都只能慢慢地成熟。流芳后世的名声就好比一株慢慢成长起来的橡树。那得来全不费工夫，但却只是昙花一现的名声，只是寿命不过一年的快速长成的植物；而虚假的名声则是迅速茁壮起来，但却很快就被连根拔掉的杂草。
+ 艺术史和文学史告诉我们：人类精神思想的最高级的产物一般都得不到人们的欢迎，这种情况一直维持到优秀的思想者的出现——他们感受到了这些作品发出的呼唤，并使这些作品获得了威望。
- 名声总是逃离追逐它的人，但却会尾随对它毫不在意的人。这是因为前者只投合自己同时代人的口味，但后者却抵制这种口味。
- 撰写哲学著作以获取名声是最困难的，因为这些著作给人们的教益并不确定；另外，它们也没有物质上的用处。所以，哲学著作面向的读者群全由从事哲学的同行所组成。

年龄和岁月

- 伏尔泰曾经相当美妙地说过：一个人如果没有他那种年龄的神韵，那他也就会有他那种年龄特定的种种不幸。
- 一个人的性格看上去会跟他的某一个人生的阶段特别和谐一致。这样，到了那一特定的人生阶段，这个人就显示出他最好的面貌。某些人在少年时代招人喜爱，但这种情况随着时间消逝而去；一些人在中年段特别活跃、能干，但到了老年以后，却变得一无是处；也有不少人到了老年才表现出自己最好的一面，他们既温和又宽容。
- 在童年时期我们就已经打下深刻的或者肤浅的世界观的坚实基础。我们的世界观在以后的时间里会得到拓展和完善，但在本质上却是不会改变的了。
- 从年轻的角度看视生活，生活就是漫长无尽的将来；但从老年的角度观察，生活则是一段极其短暂的过去。

- 有时候，我们相信自己在怀念着某一处遥远的地方，但其实，我们只是怀念着我们在年轻、活泼的时候在那地方所度过的时间。时间戴上空间的面具欺骗了我们，我们只要到那地方一游，就会清楚我们受骗了。
- 在青年时期，我们的直观占据上风，但在老年期，思想却把牢了统治的地位。因此，前者是创作诗歌的时期，而后者却是进行哲学思考的时候。
- 人们还可以在更广泛的意义上说：人生前四十年提供了正文，而随后三十年则提供了对这正文的注释。后者帮助我们正确理解正文的真正含意及其个中相互的关联，并揭示出它包含的道德教训和其他多种微妙之处。
- 真正说来，人的一生既说不上漫长，也难称得上短暂，毕竟人的生命从根本上而言只是我们衡量其他时间长度的标准。

论性爱

- 两个恋人间逐渐加深的爱慕实际上就是新个体的生命意欲，这一个体在这一对男女那充满渴望的四目交投之时，就已经燃起了新生命之火。
- 在这里起作用的其实是着眼于种属利益的本能，但人们自己却误以为只是在为自己寻找更高的快感享受。事实上，我们可以透过这一本能现象获得对所有本能的内在本质的一个富启发意义的解释，而所有的本能几乎总是驱使个体生物为追求种属的利益而活动起来。
- 柏拉图相当确切地说过:"没有什么比性欲更会吹牛的了。"
- 每个人都会寻找在性别特性程度上与自己相应的异性一方。至于两人间在这方面的对应达到了何种程度,那就由男女双方凭本能去感觉。
- 虽然这两个人由于本能的错觉——它是狂热爱情的本质——而走到了一起,这两人在其他方面的差异通常却是很大的。当错觉消失以后——这是必然发生的事情——其他方面的差异就会暴露于光天化日之下。据此,出自爱情的婚姻一般来说都会导致不幸福的结局,因为这样的婚姻就是为了将来的后代而付出了现在的代价。
- 大自然归根到底只把个体视为一种手段而已,只有种属才是她的目的。

主要资料来源

《人生的智慧》,(德)叔本华著,韦启昌译,上海人民出版社,2005。

《叔本华思想随笔》,(德)叔本华著,韦启昌译,上海人民出版社,2004。

穆 勒

22

- 个人自由的原则和社会干涉的界限
- 思想自由和讨论自由
- 个性的价值
- 人类面临个性泯灭的危险
- 防止多数的暴虐
- 限制政府的权力

MILL

约翰·穆勒（John Mill），1806—1873年，英国哲学家。一生大部分岁月在英国东印度公司当秘书，业余搞哲学。十三岁之前已熟读从古希腊到近代的哲学人文经典，是一个天才神童。在哲学上，他在认识论上延续英国经验主义传统，在人性观上属于功利主义学派，在政治理论上被誉为英国自由主义的哲学代言人。在《论自由》中，他首创性地提出开明社会的思想，强调保护个人自由不能仅限于法律对个人利益的保护，也应包括社会对个性价值的尊重和对各种不同思想、言论、生活方式的宽容，对于今天的我们来说，也是公民教育的有益教材。

个人自由的原则和社会干涉的界限

+ 人类之所以有理有权可以个别地或者集体地对其中任何分子的行动自由进行干涉,唯一的目的只是自我防卫。这就是说,对于文明群体中的任一成员,所以能够施用一种权力以反其意志而不失为正当,唯一的目的只是要防止对他人的危害。若说为了那人自己的好处,不论是物质上的或者是精神上的好处,那不成为充足的理由。人们不能强迫一个人去做一件事或者不去做一件事,说因为这对他比较好,因为这会使他比较愉快,因为这在别人的意见认为是聪明的或者甚至是正当的;这样不能算是正当。所有这些理由,若是为了向他规劝,或是为了和他辩理,或是为了对他说服,以至是为了向他恳求,那都是好的;但只是不能借以对他实行强迫,或者说,如果他相反而行的话便要使他遭受什么灾祸。要使强迫成为正当,必须是所要对他加以吓阻的那宗行为将会对他人产生祸害。
+ 任何人的行为,只有涉及他人的那部分才须对社会负责。在仅只涉及本人的那部分,他的独立性在权利上则是绝对的。对于本人自己,对于他自己的身和心,个人乃是最高主权者。
+ 在不妨碍他人的前提下,在涉及自己的事情上,个人有依照自己的意向和判断而行动的自由。
+ 唯一实称其名的自由,乃是按照我们自己的道路去追求我们自己的好处的自由,只要我们不试图剥夺他人的这种自由,不试图阻碍他们取得这种自由的努力。

- 不论是一个人也好，或者是任何多数人也好，都无权对另一个成年人说，为了他自己的益处他不可用其一生去做某件他所选定要用其一生去做的事。因为对于一个人的福祉，本人是关切最深的人，与之相比，他人的关切都微薄而肤浅，社会的关切总是部分的、间接的。
- 要知道，一个人因不听劝告和警告而会犯的一切错误，若和他容让他人逼迫自己去做他们认为对他有好处的事这一罪恶相权起来，后者比前者是远远重得多的。
- 一个人的不涉及他人的行为和性格也可能招致他人观感不佳的评定，他因此而应承受的唯一后果只是与此评定相连的不便。
- 一个人因在自慎或个人尊严上具有缺点而当然会招致的他人观感方面的损失，和因对他人权利有所触犯而应当遭受到的谴责，这二者之间的区分并非仅仅是名义上的区分。
- 自由原则不能要求一个人有不要自由的自由。一个人被允许割让他的自由，这不叫自由。
- 个人必须对社会负责的行为包括：一、不当做的事，做了会贻患于他人；二、当做而不做的事，不做会贻患于他人。
- 社会可以对个人强制的范围包括：一、个人的行为不得损害他人的利益；二、个人必须承担属于他的对社会的一份责任。
- 主要的结论是：第一，个人的行动只要不涉及自身以外什么人的利害，个人就不必向社会负责交代。他人若为着自己的好处而认为有必要时,可以对他忠告、指教、劝说以至远而避之,这些就是社会要对他的行为表示不喜或非难时所仅能采取的正当步骤;第二,关于对他人利益有害的行动,个人则应当负责交代,并且还应当承受或是社会的或是法律的惩罚,假如社会的意见认为需要用这种或那种惩罚来保护它自己的话。

思想自由和讨论自由

+ 思想自由和讨论自由之所以必要,理由有两个:我们永远不能确信我们所力图禁止的意见是一个谬误的意见;假如我们确信,要禁止它也仍然是一个罪恶。
+ 假定一个意见的正确性,其前提是有反对和批驳它的完全自由,而非不许批驳它。
+ 人类判断的全部力量和价值就靠着一个性质,即当它错了时能够被纠正过来,纠正的手段是经验和讨论。讨论必不可少。
+ 一个人的意见,如果没有主动地或被动地针对反对意见的精神活动过程,就无权称作知识。
+ 一切道德教义和宗教信条对于其创始人及直传弟子是充满着意义和生命力的,因为处在与其他信条的争论中。后来,或成为普遍意见,或占据一个固定地盘,争论停止了,并失去了与人类内心生活的联系。
+ 在重大问题上,弱势意见不仅应予宽容,而且应予鼓励和赞助，因为它代表着被忽略了的利益。
- 迫使一个意见不能发表的特殊罪恶乃在它是对整个人类的掠夺，对后代和对现存的一代都是一样，对不同意于那个意见的人比对抱持那个意见的人甚至更甚。假如那意见是对的，那么他们是被剥夺了以错误换真理的机会；假如那意见是错的，那么他们是失掉了一个差不多同样大的利益，那就是从真理与错误冲突中产生出来的对于真理的更加清楚的认识和更加生动的印象。
- 在精神奴役的一般气氛之中，曾经有过并且也会再有伟大的个人思想家，可是从来没有而且也永不会有一种智力活跃的人民。

个性的价值

- 在并非主要涉及他人的事情上，个性一定维持自己的权利，这是可取的。凡在不以自己的性格却以他人的传统或习俗为行为的准则的地方，那里就缺少着人类幸福的主要因素之一，而所缺少的这个因素同时也是个人进步和社会进步中一个颇为主要的因素。
- 凡是听凭世界或他所属的那一部分世界代替自己选择生活方案的人，只需要猿一般的模仿力。自己选择，则要使用他的一切能力。在前者，他也可能被引上某种好的道路。但是作为一个人类，他的相对价值又是怎样呢？真正重要之点不仅在于人们做了什么，还在于做了这事的人是什么样子的人。在人的工作当中，在人类正当地使用其生命以求其完善化和美化的工作当中，居于第一重要地位的无疑是人本身。

+ 精力当然可以被导向坏的用途；但是一个富有精力的人性也永比一个无精神无感觉的人性可以做出较多的好事。凡是最富于自然情感的人也永远是可以培养出最强烈的有教养的情感的人。

+ 个性发展，每个人对于自己更有价值，因而对于他人也能够更有价值。单位中有更多的生命，群体中也就有更多的生命。

+ 天才即是比任何人有较多个性的人，因此比任何人更不能适应社会的有限模子。

+ 首创性这个东西，是无首创性的心灵所不能感到其用处的。他们不能看到它会为他们做些什么——他们怎能看到呢？假如他们能看到，它也不成其为首创性了。

+ 凡一切聪明事物或高贵事物的发端总是也必是出自一些个人，并且最初总是也必是出自某一个个人。一般人的令誉和光荣就在他能跟随那个发端；就在他能够从内心对那些聪明和高贵的事物有所反应，并且睁着眼睛被引向它们。我绝非在鼓吹那种"英雄崇拜"，奖励有天才的强者以强力抓住世界的统治，使世界不顾自身而唯他之命是听。他所能要求的一切只是指出道路的自由。至于强迫他人走上那条道路的权力，那不仅与一切他人的自由和发展相矛盾，而且对这个强者自己说来也足以使他腐化。

+ 要想给每人本性任何公平发展的机会，最主要的事是容许不同的人过不同的生活。
- 一个人只要保有一些说得过去的数量的常识和经验,他自己规划其存在的方式总是最好的,不是因为这方式本身算最好,而是因为这是他自己的方式。
- 一个人不能得到一件合身的外衣或一双可脚的靴子,除非量了他的尺寸来定做,或者除非有满满一堆的货色来供他挑选;难道说要给他一个合适的生活比要给他一件合适的外衣还容易些,或者说人们彼此之间在整个物质的和精神的构造上的相同比在脚形上的相同会多些吗?
- 进步精神不同于自由精神,因为它会把进步强加于不情愿的人。进步的唯一可靠而永久的源泉还是自由,因为一有自由,有多少个人,就可能有多少独立的进步中心。
- 最大的困难在于,人们对于个性自由发展这个目的本身漠不关心,看不到个人自动性的内在价值。

人类面临个性泯灭的危险

- 现在威胁着人性的危险不是个人的冲动和择取过多,而是不足。
- 不仅在涉及他人的事情上,就是在仅关自己的事情上,一个人或者一个家庭之间也从来不对自己问一问:我择取什么?什么合于我的性格和气质,或者,什么能让我身上最好和最崇高的东西得到公平的发挥的机会,使它生长并茂盛起来。他们对自己所问的是:什么合于我的地位？和我位置相同经济情况相同的人们通常做的是什么？或者还要更糟，位置和情况都胜于我的人们通常做的是什么？我的意思还不是说，他们在合乎习俗的与合乎自己意向的两种事情相比之下，舍后者而取前者。他们还不是这样；他们根本是除了趋向合乎习俗的事情外便别无任何意向。如此说来，是心灵本身屈服在枷锁之下了。甚至在玩乐的事情上，他们首先想到的也是投众合时；他们欢喜在人群之中；他们只是在一般常做的事情之中行其选择。趣味上的独特性，行为上的怪僻性，是和犯罪一样要竭力避免的。这样下去，由于他们不许随循其本性，结果就没有本性可以随循。

+ 现在世界的一般趋势是平凡性成为占上风的势力。个人消失在人群中了。在私人生活的道德关系及社会关系中，在公众事务中，都是公众意见统治着世界。

+ 还有更怪的怪事，群众现在并不从教会或国家的贵人那里，也不从公认的领袖那里或者书本当中，取得他们自己的意见。他们的思考乃是由一些和他们自己很相像的人代他们做的，那些人借一时的刺激，以报纸为工具，向他们发言或者以他们的名义发言。

+ 在今天这个时代里，只要仅仅是不屑苟同的一个例子，只要仅仅是拒绝向习俗屈膝，这本身就是一个贡献。恰恰因为意见的暴虐已达到把怪僻性做成一个谴责对象的地步，所以为了突破这种暴虐，人们的怪僻性才更为可取。凡性格力量丰足的时候和地方，怪僻性也就丰足；一个社会中怪僻性的数量一般总是和那个社会中所含天才异秉、精神力量和道德勇气的数量成正比的。今天敢于独行怪僻性的人如此之少，这正是这个时代主要危险的标志。
+ 这个时代的性格理想是要没有任何显著的性格。
+ 中国的教训是个性消灭导致了历史停止。个人之间、阶级之间、国族之间的显著差异使欧洲没有步入这一命运，但公众意见的统治正在促成人类普遍同化。从前，人们生活在不同的世界里。现在，人们在很大程度上生活在相同的世界里，读、听、看相同的东西，去相同的地方，希望和恐惧指向相同的对象，享有相同的权利和自由，握有相同的手段。

防止多数的暴虐

+ 必须防止多数的暴虐，亦即社会暴虐，它比政治专制更可怕，因为它无微不至，奴役到灵魂本身。所谓多数的暴虐，是指社会把得势的观念当作准则强加于持不同意见的人，阻止不同个性的形成和发展，迫使一切人按其模型来剪裁自己。
+ 在社会道德的问题上，在对他人的义务的问题上，公众的意见也即压制的多数的意见虽然常常会错，大概更常常会是对的；因为在这类问题上他们只需要判断他们自己的利害，只需要判断某种行为如任其实行出来将会怎样影响到自己。但是在只关个人自身的行为的问题上，若把一个同样多数的意见作为法律强加于少数，会对会

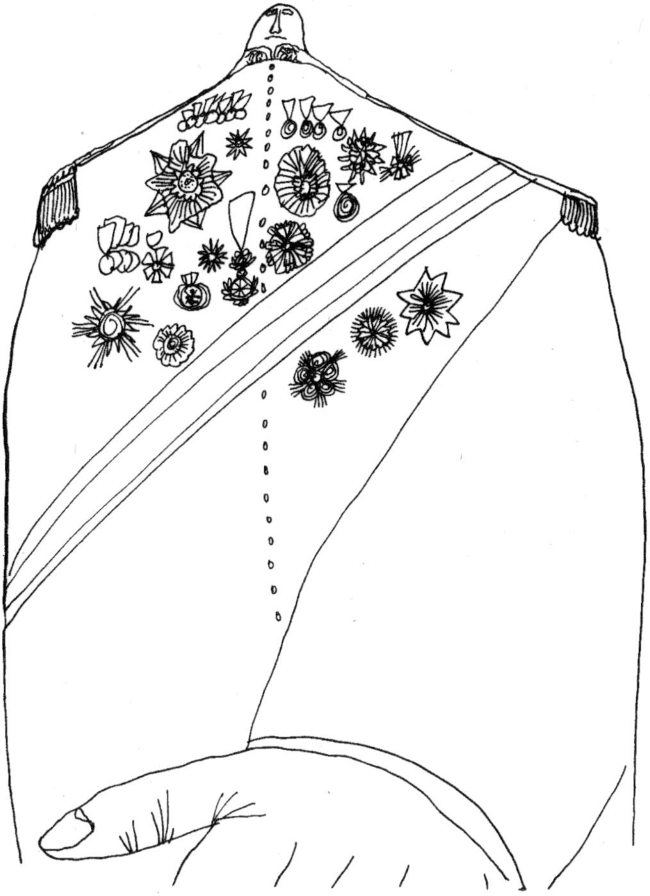

错大概各居一半；因为在这类情事上，所谓公众的意见至好也不过是某些人关于他人的善恶祸福的意见；甚至往往连这个都不是，而不过是公众以完完全全的漠不关心掠过他们所非难的对象的快乐或便利而专去考虑他们自己欢喜怎样和不欢喜怎样罢了。有很多人把他们所厌恶的任何行为看作对自己的一种伤害，愤恨它好像它对于他们的情感是一种暴行。我们常看到，当一个宗教执迷者被责为蔑视他人的宗教情感时，他总是反唇相讥说，正是他人坚持其可恶的崇拜或信条而蔑视了他的宗教情感。一个人坚持其意见的情感和另一个人因他坚持那个意见而感到被触怒的情感，这双方之间是毫无相似之处的，正和窃贼想偷取一个钱袋而物主想保持那个钱袋这两种欲望毫无相似之处一样。一个人的趣味嗜好同他的意见或钱袋一样，同样是特别关于个人自己的事情。实际上，公众在干涉私人行为时很少想到别的什么，只不过想到凡不同于它自己的做法或想法是怎样罪大恶极罢了。

+ 扩展所谓道德警察的界限不到侵及最无疑义的个人合法自由不止，这乃是整个人类最普遍的自然倾向之一。
+ 我所拒绝承认的正是人民运用这种压制的权利，不论是由他们自己来运用或者是由他们的政府来运用。这个权力本身就是不合法的。最好的政府并不比最坏的政府较有资格来运用它。迎合公众的意见来使用它比违反公众的意见来使用它，是同样有害，或者是更加有害。假定全体人类都执有一种意见，而仅仅一人执有相反的意见，这时，人类要使那一人沉默并不比那一人（假如他有权力的话）要使人类沉默较可算为正当。

限制政府的权力

+ 政府掌握全部社会事务，并为此把人才集中在一个庞大的官僚机构中，其结果是，进入这个机构并步步高升成了人们进取的唯一目标。无人包括英明的统治者能改变这个机构。
+ 在惯于自己处理自己的事务的人民当中，景况就迥然不同。美国人在各项行政事务方面就能够做到这样：设若没有政府来管他们，美国人的任何一个团体都能即时组成政府，以足够的智慧、秩序和果断来进行那个或任何其他公共事务。凡自由人民都应该是这样；而凡能够这样的人民必定是有自由的；这样的人民永不会因有什么人或者什么团体能够抓住并控制住中央管理机构就让自己为他们所奴役。对于这样的人民，没有一个官僚机构能希望强使他们去做或者去经受他们所不欢喜的事。可是若在凡事必经官僚机构来办的地方，凡为官僚机构所真正反对的事就没有一件能办得通。这种国度的结构乃是把这个国族的经验和实际能力组织成一个有纪律的团体，为了对其余的人进行管治；这个组织自身愈是完善，它从群体各等级中为自己吸收并训练最能干的人员愈是成功，那么它对包括这官僚机构的成员在内的一切人们的束缚也就愈加完整。因为管治者自己也成为他们的组织和纪律的奴隶，正不亚于被管治者之成为管治者的奴隶。中国的一个大官和一个最卑下的农夫一样，同是一种专制政体的工具和仆役。

+ 一切政府的活动，只要不是妨碍而是帮助和鼓舞个人的努力与发展，那是不厌其多的。可是，政府一到不去发挥个人和团体的活动与力量却以它自己的活动去代替他们的活动的时候；一到不是对他们进行指教、劝导并有时指摘而是叫他们在束缚之下工作，或是叫他们退立一旁而自己去代替他们工作的时候，害处就开始发生了。国家的价值，从长远看来，归根结底还在组成它的全体个人的价值。一个国家若只图在管理技巧方面或者在事务细节实践上所表现的类似的东西方面稍稍较好一些，而竟把全体个人智力的扩展和提高这一基本利益推迟下来；一个国家若只为——即使是为着有益的目的——使人们成为它手中较易制驭的工具而阻碍他们的发展，那么，它终将看到，小的人不能真正做出大的事；它还将看到，它不惜牺牲一切而求得的机器的完善，由于它为求机器较易使用而宁愿撤去了机器的基本动力，结果将使它一无所用。
+ 国家若试图在有争论的题目上使它的公民得到倾于一方的结论，就是一种罪恶。
+ 一个妥当的实践原则是：符合效率原则的最大限度的权力分散。

■ **主要资料来源**
《论自由》，（英）约翰·密尔著，程崇华译，商务印书馆，1959。

插图来源:《线条:斯坦伯格的世界》,汪家明编,活字文化/生活·读书·新知三联书店出版。

因本书参考书目版本较早,一些译者几经周折,不得寻觅,敬请相关版权者看到本书后,与活字文化联系。联系地址:北京市朝阳区酒仙桥路14号31号楼2层202;联系电话:010-84388480;邮箱:info@mtype.cn。